A cozinha venenosa

Silvia Bittencourt

A cozinha venenosa

Um jornal contra Hitler

A história do *Münchener Post*,
o principal inimigo
dos nazistas na imprensa

Copyright © 2013 Três Estrelas – selo editorial da Empresa Folha da Manhã S.A.

Todos os direitos reservados. Nenhuma parte desta obra pode ser reproduzida, arquivada ou transmitida de nenhuma forma ou por nenhum meio sem a permissão expressa e por escrito da Empresa Folha da Manhã S.A., detentora do selo editorial Três Estrelas.

EDITOR Alcino Leite Neto
EDITORA-ASSISTENTE Rita Palmeira
COORDENAÇÃO DE PRODUÇÃO GRÁFICA Mariana Metidieri
PRODUÇÃO GRÁFICA Iris Polachini
CAPA E MAPAS Eliane Stephan
ASSISTENTE GRÁFICO DE CAPA E MAPAS Marcelo Salvador
IMAGENS DA CAPA caricatura a partir de ilustração de Karl Arnold para a revista *Simplicissimus*, de 15/5/1932, e da edição de 29/7/1932 do jornal *Münchener Post* (coleção particular)
PROJETO GRÁFICO DO MIOLO Mayumi Okuyama
EDITORAÇÃO ELETRÔNICA Jussara Fino
PREPARAÇÃO Marcia Menin
REVISÃO Carmen T. S. Costa
APOIO Conib – Confederação Israelita do Brasil

Dados Internacionais de Catalogação na Publicação (CIP)
(Câmara Brasileira do Livro, SP, Brasil)

Bittencourt, Silvia
    A cozinha venenosa: um jornal contra Hitler / Silvia Bittencourt.
    1. ed. – São Paulo: Três Estrelas, 2013.

    ISBN 978-85-65339-15-5

1. Alemanha – Política e governo 2. Hitler, Adolf, 1889-1945
3. Imprensa– Alemanha – História 4. Imprensa e política
5. Jornalismo – Aspectos políticos 6. Münchener Post (Jornal) – História
7. Nazismo I. Título.

13-02433   CDD-070-449320943

Índice para catálogo sistemático:
1. Alemanha: Jornalismo e política   070.449320943

Este livro segue as regras do Acordo Ortográfico da Língua Portuguesa (1990), em vigor desde 1º de janeiro de 2009.

TRÊS
ESTRELAS
Al. Barão de Limeira, 401, 6º andar
CEP 01202-900, São Paulo, SP
Tel.: (11) 3224-2186/2187/2197
editora3estrelas@editora3estrelas.com.br
www.editora3estrelas.com.br

Sumário

8 Introdução *Uma história desconhecida*

14 A noite em que o *Münchener Post* foi destruído
22 Um jornal engajado com a social-democracia
34 A maior guerra da história
44 A onda revolucionária
60 Exércitos particulares
68 Um senhor chamado Hitler
82 Os primeiros confrontos com o *Post*
94 Os nazistas conquistam as manchetes
106 Barricadas de papel
118 Bilhões de marcos por uma assinatura
128 O golpe bufo da cervejaria
150 Os "atos heroicos" das tropas hitleristas
158 Os nazistas na cadeia
168 A lenda da punhalada
176 O *Führer* volta à ativa
186 A guerra dos jornais
194 O "pequeno *duce*" e o caso do Tirol

206 A Alemanha em frangalhos
214 O palácio pardo do "rei da Baviera"
222 A primeira grande vitória de Hitler
230 Batalhas sujas
242 O Terceiro Reich, segundo o *Post*
250 A "hitlerite" contamina o povo
264 A Alemanha aos pés dos nazistas
280 O *Post* despedaçado
288 Perseguição, fuga e exílio
296 A reconstrução da imprensa livre

306 Epílogo *Um monumento à democracia*

309 Notas
325 Fontes e referências bibliográficas
332 Seis artigos do *Münchener Post*
350 Cronologia
361 Índice remissivo
371 Agradecimentos
373 Sobre a autora

A meus pais, Macedo e Luzia

Introdução

Uma história desconhecida

"A batalha travada entre Hitler e os corajosos repórteres do *Post* é um dos grandes dramas nunca relatados da história do jornalismo."
Ron Rosenbaum, *Para entender Hitler*, p. 109

A história do maior adversário de Adolf Hitler na imprensa, o jornal *Münchener Post*, ainda é muito pouco conhecida tanto na Alemanha como fora dela. Raros especialistas, particularmente os que se ocupam do passado da imprensa da Baviera e da ascensão do nazismo, detiveram-se sobre a antiga publicação social-democrata. Para eles, suas páginas são preciosas fontes históricas. Mesmo assim, até hoje nenhum pesquisador achou que valesse a pena contar em detalhes a história do *Post* e dos corajosos redatores que foram os primeiros e os últimos na imprensa alemã a enfrentar os nazistas e alertar sobre o perigo que representavam.

Há várias razões para tal desinteresse na Alemanha, entre elas o fato de, apesar de sua impetuosidade, o *Münchener Post* ser um pequeno jornal, se comparado aos concorrentes, além de muito ideológico e inclinado ao sensacionalismo. Para seus jornalistas, mais importante do que a precisão das informações era o ataque a ser desfechado. Qualquer denúncia, crítica e informação contra Hitler, seu partido e os homens da violenta Sturmabteilung (SA, Tropa de choque), encontrava espaço na publicação, muitas vezes na primeira página.

A história do *Münchener Post* não é muito conhecida nem mesmo entre os descendentes daqueles que trabalharam para o diário. A maioria dos netos e bisnetos dos redatores, colaboradores e advogados do jornal sabe muito pouco da atividade audaciosa, arriscada e persistente de seus avôs e bisavôs.

Esse é o caso do empresário Christian Goldschagg, com quem conversei num escritório no bairro de Feldmoching, em Munique. Ex-ciclista profissional e dono de uma empresa que promove eventos em locomotivas a vapor, ele é neto de Edmund Goldschagg, editor de política do *Post* e cofundador do *Süddeutsche Zeitung*, um dos jornais mais importantes da Alemanha depois da Segunda Guerra. Do avô, entretanto, Christian disse se lembrar muito pouco: apenas de sua figura simpática e sorridente, que percorria as ruas de Munique num carro conduzido por chofer. Ele tinha apenas onze anos quando Edmund morreu, em 1971, e ficou impressionado quando lhe contei sobre as perseguições promovidas pela SA das quais seu avô fora vítima.

O bioquímico Erich Hirschberg, filho do principal advogado do *Post*, o judeu Max Hirschberg, deixou a Alemanha com a família aos doze anos, em 1934. "Não me lembro de ouvir meu pai discutir seu trabalho para o *Münchener Post*", ele me escreveu numa carta, em dezembro de 2011, quatro meses antes de morrer, aos noventa anos, em Hillsboro Beach, na Flórida. Depois da Segunda Guerra, Max não quis voltar para seu país natal e permaneceu com a família nos Estados Unidos. Aconselhava os norte-americanos sobre direito alemão e representava famílias judias nos processos de indenização e restituição dos bens que os nazistas lhes haviam usurpado. Também passou a traduzir escritores russos do século XIX para o alemão.

Erich seguiu carreira científica, tornando-se professor emérito da New Jersey School of Medicine, em Newark. Sua filha, a professora aposentada Judy Atwood, nascida em 1952, só tomou conhecimento do passado turbulento do avô ao ler a biografia dele e as memórias que publicou. Tinha doze anos quando Max Hirschberg morreu, em 1964, em Nova York. "Até muito tempo depois de sua morte não fazia ideia de que fora uma figura significativa para a história alemã", escreveu em um dos vários e-mails que trocamos. Ela se lembra do avô como uma pessoa generosa, que sempre passava os fins de semana na casa do filho Erich, em Valley Stream, nos arredores de Nova York. Ali, tocava piano para a família. "Se conversavam sobre o passado, falavam provavelmente em alemão, que eu não entendia", contou. Hoje, Judy vive em Shelton, Connecticut.

Já Harimella Stock, filha do jurista e político Wilhelm Hoegner, articulista do *Münchener Post*, recorda-se bem do medo que tomou conta da família em 1933, quando ela estava com catorze anos e a perseguição contra os social-democratas foi deflagrada. Até uns tempos atrás, Harimella fazia palestras sobre a vida do pai.

Tinha 91 anos quando me concedeu uma entrevista em sua casa, em Aschaffenburgo, no norte da Baviera, numa tarde quente de julho de 2011. Da mesa de jantar, à qual nos sentamos para conversar, eu podia ver uma sala cheia de móveis e porta-retratos com fotos antigas. Acompanhada do marido, o também social-democrata Rudi Stock, dois anos mais novo do que ela, Harimella me mostrou uma pasta cheia de fotos, artigos de jornal e documentos. Falava de maneira pausada, à medida que ia se lembrando do passado.

Nas fases mais tranquilas da chamada República de Weimar – período entre o final da Primeira Guerra, em 1918, e a chegada dos nazistas ao poder, em 1933 –, a família Hoegner costumava passear no Jardim Botânico de Munique com o político Erhard Auer, editor-responsável do *Münchener Post*. Líder da social-democracia bávara, Auer chefiou o jornal de 1921 a 1933, quando foi fechado definitivamente. "Para mim, Auer era como um avô, sempre tranquilo", disse Harimella. A jovem, que também visitava a redação do *Post* com o pai, passou a ajudá-lo, escrevendo mensagens para correligionários e levando documentos confidenciais ao jornal, sempre que suspeitavam de alguma busca da polícia nazista em sua casa. Numa ocasião, foi ela que preveniu o pai por telefone de que a Schutzstaffel (ss, Escalão de proteção), guarda particular de Hitler, estava em seu encalço. A destruição do apartamento da família Hoegner ficou gravada em sua memória: "Eles quebraram tudo e levaram muita coisa. Até minha harmônica desapareceu". Durante um período, ela, a mãe e o irmão viveram numa pensão em Munique. O pai dormia na casa de social-democratas pouco conhecidos, para não ser encontrado pelos nazistas.

Autor da primeira Constituição da Baviera e governador da região depois da Segunda Guerra, Wilhelm Hoegner escreveu vários livros sobre suas experiências na República de Weimar, durante a perseguição em 1933, o exílio e os anos de reconstrução da Alemanha. Essas memórias costumam ser lidas em encontros públicos em Munique pelo seu bisneto e sobrinho-neto de Harimella, Ludwig, nascido em 1979. Os Hoegners mantêm-se ligados ao Sozialdemokratische Partei Deutschlands (SPD, Partido Social-Democrata da Alemanha), mas hoje ninguém da família ocupa cargo político.

Apesar de o SPD de Munique ter uma editora chamada Münchner Post, mesmo entre os social-democratas da cidade a história do antigo jornal é desconhecida. Quem me assegurou isso foi o advogado e historiador Klaus Warnecke, ex-deputado estadual, durante uma conversa em junho de 2011, numa cervejaria de um antigo reduto social-democrata: o bairro de Sendling, no sul da cidade. Ele está há cinquenta anos no SPD e é um dos que melhor conhecem a história do partido.

A editora Münchner Post edita um pequeno jornal com o mesmo nome da antiga publicação social-democrata. A semelhança, no entanto, para aí. O atual *Münchner Post* (grafado sem o "e" de sua versão antiga) é mais um panfleto, com periodicidade irregular, que circula principalmente em épocas de campanha eleitoral. "Hoje, entre nós, o nome *Münchener Post* só é corrente para designar esses folhetos social-democratas", afirmou Warnecke.

A *cozinha venenosa*, portanto, é o primeiro livro a recuperar e contar em detalhes a história do combatente vespertino *Münchener Post*. Da primavera de 1920, quando começou a falar de Hitler, a 9 de março de 1933, dia em que a redação foi destruída, o *Post* não fraquejou em sua campanha contra o futuro ditador, denunciando por mais de dez anos os métodos e planos do líder nazista. Hitler odiava a publicação e a chamava de *Münchener Pest*, peste de Munique, ou de *Giftküche*, cozinha venenosa. "Cozinhar", no jargão da imprensa, é reescrever um texto já publicado. No caso do *Post*, Hitler dizia que o jornal "preparava" seus textos com "veneno" – ou, como gostava de afirmar, com "inverdades" e "difamações". Foram suas palavras, porém, que de fato envenenaram a Alemanha nos atormentados anos 1930.

Não só em seus discursos, mas também nos artigos publicados no antissemita *Völkischer Beobachter* (Observador Nacionalista), órgão oficial do partido nazista desde 1920, Hitler e seus comparsas esbravejavam e incitavam contra o jornal social-democrata. Com os nazistas amparados por tropas fortemente armadas, não surpreende que os conflitos tenham, com frequência, saído das páginas impressas para a violência física. E é também dessa luta desigual que trata este livro.

A noite em que o *Münchener Post* foi destruído

Quando os nazistas invadiram o prédio de número 19 da Altheimer Eck, uma pequena rua sinuosa no centro de Munique, já era noite e não havia mais ninguém trabalhando na redação do *Münchener Post*. Ferozes e rápidas, as tropas de Hitler começaram a destruir tudo o que encontravam pela frente: estantes, máquinas de escrever, aparelhos de telefone e até as torneiras das pias dos toaletes. Pelas janelas dos três andares ocupados pelo *Post* e sua editora, a Birk & Co., lançaram à rua móveis, cadeiras e mesas. Amontoaram documentos, jornais e fotografias e os queimaram na entrada do edifício – durante muitas horas a vizinhança veria a fumaça e sentiria o cheiro de queimado que emanava do local.

Os nazistas também destroçaram os equipamentos de produção do jornal, como os linotipos. Colocaram barras de ferro nas engrenagens das prensas rotativas, a fim de impedir que elas voltassem a ser usadas, e lançaram os grandes barris de tinta de impressão sobre as calçadas, destruindo-os. Só pouparam a cozinha, como escreveria três anos mais tarde o jornalista Julius Zerfass, e foi ali mesmo que festejaram sua vitória.[1]

Naquela noite de 9 de março de 1933, poucas semanas depois de Adolf Hitler ter sido nomeado chanceler da Alemanha, terminou a história de quase cinquenta anos do vespertino *Münchener Post*, o principal jornal social-democrata da Baviera e um dos mais tradicionais de Munique. A publicação era uma das centenas ligadas ao Sozialdemokratische Partei Deutschlands (SPD, Partido Social-Democrata da Alemanha) e circulava principalmente na capital, de segunda-feira a sábado, com tiragem diária, em 1933, de aproximadamente 15 mil exemplares – número pequeno, se comparado com o de outros jornais, como o *Münchner Neueste Nachrichten*, um dos maiores da Alemanha, que no mesmo ano chegou a imprimir diariamente 130 mil exemplares.

Mesmo assim, o *Post* tornara-se conhecido em todo o país por sua luta incansável contra os nazistas. Esteve atento a Hitler desde que o ex-cabo austríaco começou a fazer, em 1920, inflamados discursos nacionalistas nas cervejarias de Munique. Passou a segui-lo obsessivamente, sempre de maneira crítica. No início daquela década, o jornal parecia se recuperar da crise econômica imposta pela Primeira Guerra e chegou, em sua melhor fase, a rodar tiragens de 60 mil exemplares, com 12 páginas diárias. O *crash* de 1929, entretanto, pôs tudo a perder, e em 1933 a situação havia se agravado ainda mais.

Com cerca de 6 milhões de desempregados, a Alemanha estava afundada numa interminável crise econômica e política, que derrubava um governo atrás do outro. Grandes protestos paravam o país e grupos paramilitares, como a Sturmabteilung (SA), a tropa de choque nazista, espalhavam o terror pelas cidades. A imprensa não foi poupada do caos. Além de ser vítima da censura constante do governo bávaro conservador e dos ataques dos adversários políticos, o *Münchener Post* acumulava problemas financeiros e, como outras publicações social-democratas, viu-se obrigado a reduzir a tiragem e a implorar por assinantes em anúncios que divulgava diariamente.

Em 1933, trazia uma média de dez páginas. Nas duas primeiras páginas vinham geralmente textos de política alemã e assuntos internacionais; nas demais, notícias de economia, da Baviera e dos outros Estados do reino (como era chamado o território alemão na época), além de artigos sobre Munique, cultura e esportes. Semanalmente, uma página era dedicada às mulheres – tratando, sobretudo, de assuntos educacionais –, à ciência ou à jardinagem, hobby comum entre os alemães.

Como nas semanas anteriores, Hitler e os nacional-socialistas foram os alvos preferenciais da edição do *Münchener Post* que circulou na tarde de 9 de março de 1933. A primeira página destacava a nomeação, para os Estados da Saxônia, de Baden e de Württemberg, no sul do país, de um "comissário do reino", um representante de Hitler com poderes para assumir funções administrativas em órgãos importantes, como a polícia. Com isso, o novo chanceler subjugava as autoridades estaduais e ampliava seus poderes nas regiões que não tinham elegido políticos nazistas para seus governos.

Na página 2, o *Post* denunciava os recentes ataques promovidos por grupos da SA contra sindicatos e sindicalistas nas cidades de Breslau e Goslar. Também dava prosseguimento à série "Os atos heroicos das tropas hitleristas", título irônico para as notícias curtas que publicava diariamente sobre atos de violência das tropas nazistas em todo o país: a invasão de um jornal de Colônia, a perseguição humilhante de um líder social-democrata em Darmstadt e a ocupação da casa onde Karl Marx nasceu, em Trier. Na página 5, prosseguia com a seção "Nenhum dia sem proibição", na qual citava os quatro órgãos de imprensa cuja circulação tinha sido proibida pelo governo no dia anterior: dois de Berlim, um de Frankfurt e um de Dortmund. Centenas de jornais já haviam sido proibidos ou censurados desde que Hitler chegara ao poder, em 30 de janeiro de 1933.

Apesar da tensão das últimas semanas, a edição estampava, ainda, anúncios de promoções em lojas de moda e mercearias, as últimas notícias dos esportes de inverno e mais um capítulo do romance do mês, *A rosa branca*, de B. Traven.[2] Entre um texto e outro, continuava sua campanha diária em busca de assinantes: "Trabalhadores manuais e intelectuais! Cuidem da divulgação do *Münchener Post*!".

No final da tarde, o editor de política, Edmund Goldschagg, encontrava-se sozinho na redação. Ele tinha muito a fazer, pois naquele mesmo dia Hitler também enviara à Baviera um comissário, Franz Xaver Ritter von Epp, para apossar-se do segundo maior Estado da Alemanha, depois da Prússia. Apesar de a Baviera ter sido o berço do movimento liderado por Hitler (e Munique, como ele costumava dizer, era sua "pátria adotiva"), o Estado nunca elegera para seu governo o partido nazista – chamado oficialmente Nationalsozialistische Deutsche Arbeiterpartei (NSDAP, Partido Nacional-Socialista dos Trabalhadores Alemães). Além disso, a Baviera gozava, desde a Idade Média, do status de *Freistaat* (Estado livre), com muita autonomia em relação à capital do reino, Berlim. Conservadores, os bávaros negaram até o último minuto entregar o poder a Hitler – e esse era um dos passos mais importantes para ele implantar a ditadura que almejava para a Alemanha.

Poucas horas depois de Hitler impor Epp à Baviera como comissário do reino, grupos da SA já marchavam pelo centro de Munique, posicionando-se em frente aos órgãos públicos da cidade. As forças policiais não interferiram na investida, que culminou numa comemoração na Marienplatz, a praça central, bem à maneira da SA: com badernas e ameaças aos opositores.

Goldschagg trabalhava em um texto, quando começou a ouvir uma gritaria vinda do prédio do jornal *Bayerischer Kurier*, que ficava nos fundos do *Post*. Principal publicação católica da Baviera, tradicionalista e conservador, o *Kurier* também fazia forte oposição a Hitler. Talvez por pressentir que logo poderia receber a visita indesejada dos nazistas, o editor deixou a redação.

Ao sair, percebeu que os portões principais do prédio já estavam trancados. O porteiro mostrou-lhe outra passagem, pelo pátio interno, que desembocava na rua Färbergraben. Mesmo ali, Goldschagg deparou com um bando de homens da SA, que gritavam e cantavam. No entanto, não foi reconhecido pelos nazistas e continuou seu percurso, rumo à Casa dos Artistas, na Lenbachplatz.

Inaugurada no início do século XX, a Casa dos Artistas era um ponto de encontro de intelectuais da cidade. Agora, servia também como lugar de reuniões clandestinas de líderes social-democratas, que tinham a simpatia dos proprietários. Goldschagg lá encontrou o editor-responsável do jornal, o deputado estadual Erhard Auer, bastante conhecido em Munique, pois também comandava a social-democracia da Baviera, e outros importantes nomes da política alemã: o promotor Wilhelm Hoegner, colaborador do *Münchener Post* e deputado do Reichstag (o Parlamento, em Berlim), o deputado Otto Wels, o ex-ministro das Finanças Rudolf Hilferding e o pacifista Hellmut von Gerlach. "Aqui a coisa está ficando mais incômoda do que em Berlim", disse Wels a Goldschagg, como este contou num artigo de 1963.[3] Também participavam da reunião membros do Reichsbanner Schwarz-Rot-Gold (Estandarte do Reino Preto, Vermelho e Dourado), aliança formada em 1924 por veteranos da Primeira Guerra Mundial, sobretudo social-democratas, com o objetivo de defender, com armas se preciso, a República alemã dos grupos de direita. Aos membros da organização, obrigados a desarmar-se no mesmo ano, restavam agora o improviso e a conspiração.

As primeiras informações a chegar à sala reservada da Casa dos Artistas eram que a SA estava prestes a invadir a Confederação dos Sindicatos, ligada ao SPD. O local estava protegido apenas por homens do Reichsbanner, que se defendiam com bombas de bicicleta, câmaras de borracha e jatos d'água. Ao ouvir a notícia, Auer começou a dar vários telefonemas para seus contatos no governo bávaro, pedindo reforço policial. De todos os seus interlocutores ouviu a informação de que a polícia estava a caminho, o que, de fato, nunca ocorreu.

O nervosismo espalhou-se na reunião dos social-democratas. "Ficamos ali sentados, quietos e pálidos, em volta da mesa", conta Hoegner em um de seus livros de memórias.[4] As informações, entretanto, não paravam de chegar: a bandeira com a suástica, símbolo do movimento nazista, já teria sido hasteada na Prefeitura de Munique e na Assembleia do Estado, ocupadas por tropas da SA. Auer ainda não acreditava que o *Münchener Post* estivesse realmente ameaçado: o jornal tinha sido alvo frequente de ataques dos nacional-socialistas nos últimos anos e sempre resistira. Hoegner ofereceu-se, então, para conferir a situação na Altheimer Eck. No caminho, perto da rua Hofstatt, o deputado viu um grupo da SA apreendendo as edições do jornal católico *Der gerade Weg*, chefiado por Fritz Gerlich, outro jornalista que Hitler odiava. O ousado Gerlich chegara a questionar, num artigo de julho de 1932, a origem ariana do líder nazista, provocando-lhe a ira.[5]

Quando Hoegner chegou à rua onde ficava o *Post*, encontrou-a interditada por homens da SA. "A maioria deles tinha cara de menino", lembrou, mais tarde. De longe, avistou o belo edifício *art nouveau* da redação e constatou que estava ocorrendo o que seus correligionários tanto temiam: a destruição do jornal. Nem o apartamento do diretor-administrativo, Ferdinand Mürriger, que morava no mesmo prédio e havia deixado o local naquele dia, fora poupado. "As sombras dos criminosos passavam furtivamente de lá para cá. Os espectadores, do meu lado, nada diziam. Pareciam estarrecidos. Só se ouvia o estrondo abafado dos objetos caindo na rua", escreveu Hoegner.[6] Enfurecido, o deputado deixou o local e, ao encontrar um policial, o único em todo o percurso, pediu que tomasse providências contra o vandalismo. Uma propriedade alheia ali perto estava sendo saqueada e demolida: a polícia toleraria isso? O guarda respondeu, indiferente: "Não fica no meu distrito, não vou me intrometer".[7]

A destruição do patrimônio do *Post* não seria o último ato de barbárie dos homens da SA contra o jornal. Depois de terminarem o serviço na Altheimer Eck, eles decidiram ir atrás dos responsáveis pela "cozinha venenosa", principalmente daqueles que formavam sua linha de frente na luta contra os nazistas: Auer, Goldschagg e Zerfass. Também não se esqueceriam do promotor e deputado Hoegner e do advogado do jornal, o judeu Max Hirschberg. A perseguição aos principais inimigos de Hitler na imprensa estava apenas começando.

Um jornal engajado com a social-democracia

O outono de 1893 já havia começado e os camponeses de Fuchsmühl, uma pequena vila no leste da Baviera, estavam desesperados. Depois de três décadas de briga na Justiça, eles ainda não haviam adquirido o direito de cortar lenha na mata de Steinwald. Em 29 de outubro, um grupo de 180 homens e mulheres decidiu marchar rumo à mata e, mesmo sem permissão, tirar dali a lenha tão necessária a sua sobrevivência no inverno. Soldados intervieram, armados com baionetas, e a expulsão terminou num banho de sangue, com mortos e feridos.

A "batalha da lenha", como a tragédia passou a ser chamada, acabou nos tribunais, tornando-se tema da primeira grande cobertura do *Münchener Post*. E foi com ela que o jornal ganhou projeção também fora da Baviera. O *Post* acompanhou detidamente o julgamento, tornando o destino daqueles camponeses conhecido em toda a Alemanha. Na série de artigos que se estendeu até 1895, mostrava o objetivo de sua linha editorial: denunciar as aberrações políticas e as injustiças sociais do país, como o poder dos grandes proprietários de terra, retratado no caso de Fuchsmühl. Nos primeiros anos de sua existência, as páginas do *Post* já destacavam as precárias condições de vida das classes menos favorecidas na Alemanha, tratando-as como verdadeiros escândalos.

É impossível entender as origens do *Münchener Post* sem considerar a história da social-democracia na Alemanha, que remonta à primeira metade do século XIX. Foi nessa época que muitos grupos, influenciados pelas novas teorias socialistas, começaram a se organizar politicamente em toda a Europa. Na Alemanha, August Bebel e Wilhelm Liebknecht fundaram em 1869 o Sozialdemokratische Arbeiterpartei Deutschlands (SDAP, Partido Social-Democrata dos Trabalhadores da Alemanha), ao qual o *Post* logo estaria ligado. Em 1890, depois de se juntar a outras instituições trabalhistas, o partido foi rebatizado como Sozialdemokratische Partei Deutschlands (SPD, Partido Social-Democrata da Alemanha).

Várias tendências influenciariam a social-democracia já em seus primeiros anos, dividindo o movimento desde o início: de um lado, os grupos mais radicais e revolucionários, como os marxistas; de outro, os mais moderados e reformistas, como os adeptos do líder Ferdinand Lassalle. Favorável a um socialismo democrático, o *Münchener Post* representou, praticamente durante toda a sua história, essa ala reformista.

O terreno era fértil para os jornais políticos e partidários que pipocaram na Alemanha naquele período. "Nunca os jornalistas se esforçaram tanto para se engajar politicamente, quando o poder do Estado não impedia. Nunca os editores aspiraram tanto a servir a uma ideia", escreve o historiador Kurt Koszyk a respeito do atribulado século XIX.[1] Diferentemente dos dias de hoje, naquela época existiam poucas publicações de caráter nitidamente apartidário, que informassem de maneira objetiva e neutra sobre as agremiações atuantes no país. A imprensa espelhava a situação política da Alemanha, fracionada em diversas tendências: nacionalistas, socialistas, liberais e monarquistas, entre outras. Cada órgão tratava sobretudo de seu quinhão partidário e de seus objetivos políticos. Quem quisesse saber sobre todas as tendências tinha de comprar várias publicações.

Dez anos antes da fundação do *Münchener Post*, os social-democratas já contavam com 23 jornais em todo o país, número que quase dobraria em 1878. O principal deles era o *Vorwärts* ("Avante"), que foi lançado em Berlim em 1877 e pouco depois registraria 12 mil assinaturas. A maioria das publicações social-democratas se concentrava nos grandes centros urbanos e industriais, como Berlim e Leipzig.

Na agrária e conservadora Baviera, onde não havia nem indústria nem proletariado fortes, a imprensa social-democrata era minoria. Segundo Koszyk, em 1890, o Estado dispunha de uma imprensa desenvolvida, com mais de quatrocentos jornais, dentre eles apenas sete social-democratas, incluindo o *Post*. Lá, a maioria estava ligada ao católico Deutsche Zentrumspartei (Partido do Centro Alemão), como o *Bayerischer Kurier*, ou tinha tendências liberais, como o *Münchner Neueste Nachrichten*, um dos maiores do país e um dos poucos de caráter suprapartidário, voltado para o público em geral e financiado sobretudo por anúncios. Na época, esse diário registrava tiragem de 70 mil exemplares; antes de estourar a Primeira Guerra Mundial, em 1914, aumentaria para quase 100 mil.

Várias personalidades da social-democracia alemã determinaram os caminhos do *Münchener Post* desde seu lançamento. É o caso de Louis Viereck, provavelmente o primeiro editor do jornal. Quando esse berlinense chegou a Munique em 1881, já era um homem conhecido no meio político e com bastante experiência, apesar de ter apenas trinta anos de idade.

Curiosas haviam sido as circunstâncias de seu nascimento. Viereck era filho ilegítimo de um membro da família real e de uma atriz vinda da Áustria que trabalhava na corte, em Berlim. Várias fontes sugerem que seu pai seria o príncipe Guilherme, da Prússia, que se tornaria o primeiro imperador da Alemanha unificada em 1871, com o título de Guilherme I. Mais tarde, o social-democrata sempre usaria esse "boato" a seu favor, ora confirmando-o, ora desmentindo-o, conforme lhe aprouvesse.

Depois de ter frequentado por um ano o curso de medicina e participado na guerra contra a França em 1870 como enfermeiro, Viereck começou, no final do mesmo ano, a estudar direito em Berlim. Ali foi apresentado às ideias de Karl Marx e da social-democracia, que ganhavam cada vez mais adeptos no país. Logo o jovem estudante trocou a teoria política pela prática, passando a formar quadros de agitadores.

Até então um amontoado de territórios governados por príncipes e duques, a Alemanha havia sido unificada sob a liderança da Prússia e tornava-se um Estado industrial moderno, com uma classe média próspera e um proletariado crescente, formado por trabalhadores que trocaram o campo pelas cidades. Ao mesmo tempo, cresceram as tensões sociais, principalmente nas cidades mais industrializadas do país, como as da região do rio Ruhr, no oeste, onde os operários viviam em condições muito precárias.

Político aristocrata e avesso aos princípios democráticos, Otto von Bismarck tornou-se o primeiro chanceler da Alemanha unificada. O país, no entanto, permaneceu um Estado monarquista até o final da Primeira Guerra, em 1918. Sob a gestão de Bismarck, os nobres e os grandes proprietários de terra, conhecidos como *Junkers*, ainda dominavam a política, apesar da pressão dos novos grupos liberais e socialistas que se formavam no país. Eram sobretudo os socialistas e os social-democratas que o governo combatia, por considerá-los seus principais inimigos.

Pressionado a abandonar o serviço público por causa de seu engajamento político, Viereck resolveu dedicar-se ao jornalismo. Sua carreira em Berlim, porém, durou pouco. Foi expulso da Prússia um ano depois da promulgação da Lei dos Socialistas, em vigor entre 1878 e 1890, que impedia a atuação de socialistas e social-democratas nas instituições públicas, permitia ao Estado proibir partidos, sindicatos e reuniões políticas, além de mandar oposicionistas para o exílio. A lei atingiu de frente os jornais social-democratas, que passaram a ser censurados ou proibidos com frequência.

Viereck não se deixou intimidar. Depois de viver em Leipzig, na Saxônia, entre 1880 e 1881, fez uma "viagem de agitação" e de arrecadação de fundos, que incluiu Nova York, Boston e Londres. Na capital britânica, estabeleceu relações com os também exilados Karl Marx e Friedrich Engels, que foi seu padrinho de casamento, em junho de 1881.

No mesmo ano, ao desembarcar na então provinciana Munique, montou uma editora e tornou-se dono de um império jornalístico, financiado em grande parte pelo próprio bolso e sempre voltado para a difusão dos ideais social-democratas. Seu ímpeto empreendedor, entretanto, logo encontrou novos obstáculos. Em 1884, seu diário *Süddeutsche Post* foi proibido. Dois anos depois, o mesmo aconteceu com outras publicações suas.

Há controvérsias sobre a data exata da fundação do *Münchener Post*, já que só podem ser encontradas atualmente nos arquivos as edições feitas a partir de janeiro de 1889. Segundo um dos primeiros estudos sobre o jornal, escrito pelo historiador Albrecht Knaus,[2] ele teria sido registrado na polícia de Munique, como era lei na época, em 27 de novembro de 1887. Já Ulrich Hess, autor de uma biografia de Viereck,[3] afirma que o jornalista assumiu a publicação em 1888. O próprio *Münchener Post*, por sua vez, considerava 1886 o ano de sua fundação. Na edição de 1º de julho de 1926, o órgão comemorou com um longo artigo nas duas primeiras páginas seus quarenta anos de existência. De acordo com o texto, Viereck teria aproveitado a infraestrutura do pequeno *Thüringer Waldpost* para lançar seu novo jornal.

Na edição comemorativa, não faltaram autoelogios:

> Hoje faz quarenta anos que é publicado o *Münchener Post*, o combatente mais destemido da liberdade e do progresso, o mais sincero defensor dos interesses do povo trabalhador [...]. As gerações mais jovens nem supõem, nem imaginam quanto trabalho, quanto sofrimento e quanto sacrifício foram necessários para conseguir fazer o que agora se toma como algo natural. Mas, para a social-democracia, foi um caminho difícil e angustiante, até que ela pudesse dispor de uma arma corajosa e infalível contra os reacionários e a barbárie, contra a subjugação do pensamento e a exploração do homem.[4]

No início, o *Post* era um semanário de apenas quatro páginas e media 31 cm x 47 cm, o que corresponderia hoje ao chamado formato berlinense. Era publicado aos domingos e tinha cerca de trezentos assinantes. Em 1888, passou a circular também às quartas-feiras e já havia alcançado mais de mil assinaturas.

Até 1889, estampava na capa o seguinte subtítulo: "Jornal independente para qualquer pessoa do povo". Um ano depois, a chamada mudou:

"Um órgão que defende os interesses do povo trabalhador". Também tinha uma vinheta, no canto superior esquerdo da primeira página, que mostrava um homem sentado sobre uma pedra, segurando em uma das mãos uma enxada e na outra uma folha de papel. Raios de sol irradiavam sobre suas costas, dando-lhe uma aparência quase celestial.

Nas páginas internas, apresentava as mais variadas notícias de interesse dos trabalhadores: notas sobre a situação dos marceneiros ou dos alfaiates de Munique, anúncios da social-democracia e dos sindicatos, além de eventos sociais, como festas e bailes das diversas categorias. Na página cultural, trazia sempre um folhetim que abordava a dura vida dos operários, buscando atrair os leitores para as ideias socialistas. Ao longo de 1890, por exemplo, o jornal publicou *Germinal*, o clássico de Émile Zola sobre as condições desumanas de trabalho numa mineradora francesa.

Nos domingos, dedicava duas páginas ao caderno satírico *Postillon* (Mensageiro). Naquele final de século, publicações político-satíricas tornavam-se cada vez mais comuns. Entre elas destacou-se a revista semanal *Simplicissimus*, criada também em Munique, em 1896, como um caderno literário e cultural, mas que logo se tornou a principal publicação no gênero na época do Império (1871-1918) e da República de Weimar (1919-1933). Teve como colaboradores alguns dos renomados autores da literatura de língua alemã, como Rainer Maria Rilke, Herman Hesse e os irmãos Thomas e Heinrich Mann.

Os grandes temas políticos, porém, eram os destaques do *Münchener Post*: questões relativas à luta de classes e ao socialismo e os principais acontecimentos da vida nacional e internacional. A proclamação da República no Brasil foi noticiada cinco dias depois, em 20 de novembro de 1889, num longo artigo de capa, intitulado "Revolução no Brasil", que resumia para o leitor alemão a história brasileira desde o Descobrimento. O redator, parecendo desconhecer o fato de se tratar do único país monarquista do continente, nele saudava o fim da "última monarquia da América":

O júbilo do povo e de uma pequena burguesia esclarecida contrastou com o ressentimento de uma aristocracia agrícola marginalizada. Esta, que já mantinha uma posição cética ao regime liberal de dom Pedro, tornou-se [com o fim da escravatura, no ano anterior] ainda mais adversa. [...] Que a nova forma liberal de Estado também inspire agora o espírito liberal.[5]

Nas duas primeiras décadas, o *Post* seguiu, na aparência, o mesmo padrão dos demais jornais da época na Alemanha. A capa, por exemplo, não trazia uma manchete, com um título em letra de corpo ampliado, como se costuma ver hoje na maioria dos jornais. O que havia era uma série de textos longos, editados em letra de corpo reduzido, que ocupavam várias colunas e se estendiam para as páginas internas. Só muitos anos mais tarde, pouco antes de estourar a Primeira Guerra, a publicação passaria a destacar, com manchetes, os temas mais importantes do dia.

Também o conteúdo não era de fácil assimilação. Apesar de contar com leitores não só da militância social-democrata, mas também do operariado, o *Münchener Post* dedicava vasto espaço às discussões sobre as teorias socialistas, que deveriam interessar sobretudo aos leitores mais intelectualizados.

Em razão da linha ideológica e do engajamento político, o *Post* permaneceu, do início ao fim de sua história, com tiragem baixa, poucos assinantes e anunciantes, além de caro, se comparado com outras publicações da Baviera. Tinha quase o mesmo preço dos jornais burgueses, maiores e mais abrangentes. Antes da Primeira Guerra, sua assinatura mensal custava 90 centavos, enquanto a do *Neueste Nachrichten* era 1 marco, com duas edições diárias. Apesar disso, as reportagens polêmicas do órgão social-democrata tornaram-no conhecido não só em Munique e na Baviera, mas entre as elites políticas de todas as partes do país.

Viereck deixou o *Post* no final de 1889. Além de ter problemas com a redação, entrou em conflito com o chefe da social-democracia bávara, Georg von Vollmar, representante, na época, de uma linha mais radical. Poucos anos depois, Viereck abandonaria também a política para dedicar-se à medicina natural, uma de suas paixões. Em pouco mais de dez anos de carreira jornalística, dezesseis publicações de cunho político haviam passado por suas mãos.

Sua saída coincidiu com o fim da Lei dos Socialistas, em 1890. O *Münchener Post* ficou sob o controle do SPD e ganhou dois novos editores, Georg von Vollmar e Georg Birk. O primeiro era um ex-militar católico, que antes havia pertencido à guarda papal, em Roma. Ferido em 1871, durante a guerra contra a França, passou a se dedicar à política e à social-democracia. No início da carreira, como deputado em Berlim, mesmo preso a uma cadeira de rodas, era um político revolucionário, que, segundo o biógrafo Reinhard Jansen, chamava a atenção por sua "aparência ditatorial".[6] Anos depois, ele seria um político moderado e adepto ferrenho do parlamentarismo.

Jornalistas sem formação universitária eram comuns na imprensa da época. Vários nomes do *Münchener Post* começaram a vida como simples trabalhadores ou artesãos; depois foram para a militância, viraram funcionários ou políticos do partido e, então, jornalistas. Georg Birk, o parceiro de Vollmar no jornal, era ex-açougueiro e dono do restaurante que servia de ponto de encontro dos social-democratas de Munique; mais tarde, tornou-se parlamentar do Reichstag, editor e acionista do *Post*.

Assim como a social-democracia alemã, que em três anos duplicou o número de seus eleitores para 1,4 milhão, na última década do século XIX também o *Post* entrou numa nova fase. Em 1º de janeiro de 1890, começou a ser publicado todos os dias, exceto aos domingos, com tiragem de 8 mil exemplares. Também do ponto de vista empresarial houve mudanças. A recém-criada editora Birk & Co. passou a produzir o jornal, sob a administração do berlinense Louis Cohn.

Segundo Paul Hoser, especialista da história da imprensa bávara, em seus primeiros anos de existência o *Post* dependeu de subsídios do SPD e de empréstimos bancários. Ele só ficaria livre das dívidas na primeira década do século XX. A partir daí, suas principais fontes de recursos seriam as assinaturas e os anúncios. Como muitos documentos referentes ao jornal foram destruídos ao longo de sua história, não há provas de que ele teria recebido, em outras épocas, contribuições de fora.[7]

Ao mandar Cohn para Munique, a central do SPD, em Berlim, pretendia não apenas melhorar a gestão, mas também controlar a orientação política do jornal. Seguindo a mesma tendência da social-democracia bávara, o *Münchener Post* mantinha uma postura independente dos ditames da central do partido. Em Berlim, os social-democratas tendiam para o marxismo, defendiam uma organização centralizada e almejavam um partido de trabalhadores revolucionário. Já os bávaros eram parlamentaristas e federalistas, buscando a autonomia. Defendiam um partido popular, democrático, e distanciavam-se das ideias revolucionárias. O administrador Cohn logo entraria em conflito com a chefia do *Post*, fracassando na segunda tarefa, a de submeter a publicação à política.

Do ponto de vista jornalístico, a principal mudança aconteceu em 1893, com a chegada do jovem Adolf Müller, que, pouco depois de publicar suas reportagens sobre o caso Fuchsmühl, tornou-se o diretor de redação do jornal. De família bem situada, Müller foi uma figura misteriosa, cheia de segredos sobre sua origem e formação. Era judeu, mas silenciou a esse respeito até sua morte, na Suíça, em 1943. Acredita-se que tenha estudado medicina e economia em Estrasburgo e Berlim. Seu biógrafo, Karl Heinrich Pohl, entretanto, nunca encontrou um diploma ou qualquer documento provando isso. Fato é que, sob a direção de Müller, o *Post* logo se transformou em um dos jornais social-democratas mais respeitados em todo o país e importante formador de opinião na Baviera.

Müller tinha ótimos contatos no governo, o que permitia ao jornal gozar de certa liberdade com as autoridades e trazer boas notícias de bastidores. Com informantes nas instituições públicas e nos partidos de oposição, o *Post* ficaria famoso por ser um dos jornais de Munique mais bem atualizados politicamente. Além disso, a redação passou a ter jornalistas fixos, acabando com a rotatividade comum até então. Para manter isso, Müller pagava, no começo do novo século, os melhores salários da imprensa na cidade. Ele próprio era o redator mais bem pago entre os jornalistas social-democratas, o que lhe valeu o apelido de "o rei de Munique". Em 1899, elegeu-se deputado estadual, função que exerceria paralelamente à de diretor do jornal.

Outros nomes logo se destacariam no *Post* sob a gestão Müller: Eduard Schmid, Martin Gruber e Kurt Eisner. Carpinteiro de formação, Schmid trabalhou para o jornal durante quase trinta anos, até tornar-se o primeiro prefeito social-democrata de Munique, em 1919. Quase foi enforcado pelos nazistas durante o "golpe da cervejaria", em 1923.

Gruber estudou ciências naturais e serviu por uma curta temporada no Exército bávaro antes de começar a colaborar no *Post*, em 1890. Já nos primeiros anos como jornalista, escreveu artigos que lhe renderam processos na Justiça. Com humor e oratória afiada, gostava de fazer a própria defesa nos tribunais, "dando inveja a muitos advogados", como afirmou o *Post* em maio de 1926, por ocasião do sexagésimo aniversário de Gruber.[8] O talento para falar, porém, não evitou sua prisão na primeira década do século. Como contou o jornal no mesmo texto, ele foi obrigado a passar "catorze dias de férias" na prisão de Stadelheim, em Munique, vivendo de pão e água, provavelmente porque costumava escrever artigos críticos à política imperialista da Alemanha. Acumulou assim bastante experiência até os anos 1920, quando se tornou, na condição de editor-executivo do *Post*, uma de suas figuras-chave na luta contra a horda de Adolf Hitler.

Filho de um fabricante de roupas judeu, Kurt Eisner já havia trabalhado na redação do *Vorwärts*, do qual fora demitido depois de divergências com a central do SPD. Como Müller, era intelectual, e seu talento jornalístico era conhecido entre os social-democratas. Começou a atuar no *Münchener Post* em 1910 e foi uma das principais cabeças do jornal até a eclosão da Primeira Guerra, quando entrou em conflito com Müller e passou a liderar o movimento pacifista na Baviera.

Em 1912, na última eleição da época do Império, o SPD tornou-se o partido mais forte no Reichstag. Continuou, entretanto, excluído do governo do país – sempre nomeado pelo imperador –, formando uma forte oposição. A imprensa social-democrata também havia prosperado. Pouco antes do início da guerra, em 1914, o SPD possuía 91 jornais, oito deles na Baviera, e 65 editoras em toda a Alemanha. Além disso, ampliara sua agência de notícias, serviço criado em 1877 para abastecer seus jornais com informações do Reichstag e do movimento socialista.

O *Münchener Post* aproveitou essa boa fase. Em 1901, passou a ser produzido em tipografia própria. Seis anos depois, quando dispunha de seis redatores fixos e quatro colaboradores, tornou-se sociedade limitada e mudou-se da Windenmacherstrasse, no centro de Munique, para o prédio da Altheimer Eck, onde também foi instalada a sala de máquinas, além da editora Birk & Co., de uma livraria e de um escritório do SPD. Na primeira década do século XX, o *Post* ampliou o leque de temas abordados em suas edições, dedicando também extenso espaço às críticas à política imperialista do governo. A Alemanha encontrava-se no auge da "era guilhermina", como ficou conhecido o reinado do imperador Guilherme II (1890-1918), uma época de progresso tecnológico e industrial, marcadamente nacionalista e militarista. O país não escondia suas ambições imperialistas e tentava conquistar novos mercados, ampliando suas colônias na região do Pacífico e na África e concorrendo com outras potências mundiais, como a Grã-Bretanha e a França. Para isso, investia em armamentos, sobretudo para a Marinha, a menina dos olhos do imperador.

Desse período destacam-se os artigos de Martin Gruber atacando a violência do colonizador alemão Carl Peters na África Oriental, publicados no *Münchener Post* em 1908. Já os textos sobre a política armamentista do imperador tinham geralmente tom crítico ou irônico. Em 4 de junho daquele ano, uma nota na capa, intitulada "Guilherme, o Grande", relatou uma exposição que acabava de ser inaugurada em Berlim, com a presença dos soberanos alemão e sueco. Ao transcrever parte do discurso oficial feito para Guilherme II, exaltando-o como o "grande criador e promotor da construção naval alemã" e pedindo a ele gritos de "hurra", o *Post* concluiu: "O fato é que a Marinha de Guerra foi esboçada por engenheiros especializados, construída por trabalhadores e paga por todo o povo. Sobrou pouca coisa para Guilherme II fazer".[9]

A maior guerra
da história

O alarme soou em toda a Europa em 28 de junho de 1914, quando o sucessor do trono do Império Austro-Húngaro, Francisco Ferdinando, e sua mulher foram assassinados por um estudante nacionalista em Sarajevo, na Bósnia. Convencido do perigo iminente de uma guerra, o engajado *Münchener Post* passou a conclamar seus leitores a participar das manifestações pela paz que social-democratas e sindicatos promoviam em Munique. Numa delas, realizada na cervejaria Kindl, uma das maiores da cidade, o jornalista Kurt Eisner, do *Post*, advertiu da ameaça de guerra num longo discurso, publicado no dia seguinte no jornal:

> Agora será colocada a questão: como ficaremos nós, social-democratas, neste momento, quando a catástrofe está prestes a acontecer? A resposta a essa pergunta é tremendamente fácil. Nós só podemos dirigir uma advertência a todos: não deixemos chegar a uma guerra europeia. [...] Nós [social-democratas] não podemos deixar que ameacem nossa liberdade de consciência. Declaramos que a Europa precisa da paz, que nenhuma contradição divide os proletários de todos os países; nenhum deles prejudicou o outro; todos eles carregam o mesmo peso e não querem culpar-se pela morte do proletário do outro lado da fronteira. [...] Estamos prontos para nos defender do ataque do inimigo e proteger nossa pátria. Mas em todos os países civilizados o povo precisa, no último momento, erguer-se e declarar: "Nós queremos a paz!".[1]

Mais do que gritos de paz, porém, o que se viu foi uma onda de nacionalismo tomando o país, fomentada pela imprensa conservadora. Em toda parte, os alemães juntavam-se nas praças centrais, cantando refrões patrióticos e "derramando lágrimas não de horror, mas de emoção", como descreveu o cientista político Christian Graf von Krockow.² O êxtase coletivo tomaria conta de Munique. Milhares de pessoas passariam a se reunir no centro da cidade, como se já comemorassem o evento da guerra.

Uma foto tirada em 2 de agosto de 1914 mostra uma grande manifestação na Odeonsplatz. Ali, um homem de bigode parece sorrir de exaltação no meio da multidão: o desconhecido Adolf Hitler. Nascido na Áustria em 1889, ele havia se mudado para Munique em maio de 1913, onde passava os dias como um diletante. Malvestido, sem dinheiro e sem formação alguma, aos 24 anos sobrevivia como pintor de cartões-postais, que vendia nos cafés e nas cervejarias da capital da Baviera. Sua vida parecia sem rumo até aquele agosto de 1914, quando decidiu se alistar no Exército da Alemanha, tradicional aliada do Império Austro-Húngaro. Dez anos depois, Hitler escreveria no livro *Mein Kampf* (*Minha luta*) sobre os dias que antecederam a Primeira Guerra:

> Para mim aquelas horas apareceram como uma libertação dos sentimentos desagradáveis da juventude. Também hoje não me envergonho de dizer que, tomado por esse entusiasmo tempestuoso, me ajoelhei e agradeci aos céus, com o coração cheio, por me dar a sorte de viver nesses tempos.³

Poucos dias após o assassinato em Sarajevo, o imperador Guilherme II havia enviado um telegrama a Viena, solidarizando-se com a Áustria-Hungria e colocando a Alemanha à disposição de sua aliada. Esse documento, datado de 6 de julho, ficou conhecido como "cheque em branco". Para a Áustria-Hungria, a Sérvia teria sido a mandante do crime em Sarajevo e estaria por trás dos movimentos nacionalistas na região dos Bálcãs, que o Império Austro-Húngaro havia ocupado e incorporado alguns anos antes. Temendo a expansão dos austro-húngaros, a Rússia havia se mobilizado a favor da Sérvia, o que o governo alemão viu como uma ameaça. As negociações diplomáticas logo se mostraram ineficientes, desencadeando a chamada "crise de julho": uma série de ultimatos e mobilizações militares, que levaram a Alemanha a declarar guerra à Rússia em 1º de agosto de 1914. Começava a Primeira Guerra Mundial.

A eclosão do conflito mudou radicalmente o quadro político para a social-democracia alemã. Num primeiro momento, como se percebe no discurso de Kurt Eisner, os social-democratas mostraram-se unidos a favor da paz, reiterando seus ideais de solidariedade com o movimento operário internacional e reivindicando uma solução diplomática. No entanto, dez dias depois, como escreve o historiador Kurt Koszyk, eles enfrentavam-se uns aos outros, com armas nas mãos.[4]

A virada da social-democracia aconteceu na primeira semana de agosto, logo depois de a Alemanha declarar guerra à Rússia. No dia 4, o imperador Guilherme II fez no Reichstag um apelo à unidade e à solidariedade nacional, pedindo uma trégua aos partidos. "Não conheço mais partidos, conheço apenas alemães", disse. O SPD aceitou a trégua e aprovou, com os demais partidos, a verba necessária à entrada da Alemanha na guerra: 98 bilhões de marcos.

O apoio do SPD surpreendeu a opinião pública alemã e estrangeira. O jornal sindical britânico *Daily Citizen*, por exemplo, afirmou que a social-democracia alemã teria sido comprada pelo governo, depois de ser ameaçada com prisões e censura – notícia desmentida pela liderança do partido, que alegou ter considerado a necessidade de defesa do país.

A guinada custou caro ao partido e a todo o movimento socialista, acentuando as divergências que havia entre um e outro desde o século anterior. Os social-democratas que se opunham à guerra optaram pela ruptura e fundaram, em 1917, o Unabhängige Sozialdemokratische Partei Deutschlands (USPD, Partido Social-Democrata Independente da Alemanha), do qual também participaram grupos mais radicais, como a Liga Spartacus, de Rosa Luxemburgo e Karl Liebknecht, filho de Wilhelm

Liebknecht, cofundador do SPD. Dois anos depois aconteceu uma nova cisão dramática da esquerda, com a criação do Kommunistische Partei Deutschlands (KPD, Partido Comunista da Alemanha) – ao lado dos nazistas, os adversários mais aguerridos do SPD na década de 1920.

Não demorou muito para que o próprio *Münchener Post* – assim como a imprensa social-democrata de modo geral – enfrentasse conflitos internos. O chefe do jornal, Adolf Müller, que era também deputado estadual na Baviera, não só decidiu apoiar o governo conservador de Guilherme II, como também se empenhou em convencer seus correligionários em Berlim a aprovar a liberação do crédito para a guerra. Estava convencido de que a Rússia era o elemento agressor no conflito e que o governo alemão simplesmente seguia uma política defensiva.

Apesar de não participar da euforia em torno da guerra, até Eisner compartilhava, no início, dessa opinião. Segundo o biógrafo Bernhard Grau, ele reveria sua posição depois da divulgação no Reichstag de um telegrama de Nicolau II mostrando o interesse do czar russo em tratar do conflito numa conferência em Haia. Para Eisner pareceu claro que não fora a Rússia que recusara uma solução diplomática para a crise, e sim a Alemanha, com sua política bélica e expansionista.

Se nos anos anteriores Eisner e Müller haviam mantido um convívio respeitoso e harmônico na redação do *Münchener Post*, as divergências agora eram incontornáveis e os dois romperam relações. Eisner foi obrigado a afastar-se da editoria de política para dedicar-se apenas às críticas de arte e teatro. Ele passou a ser marginalizado pelo partido e suas opiniões negativas sobre o governo não encontraram eco nos primeiros anos da guerra. Em poucas semanas, entre agosto e setembro de 1914, conclui o biógrafo Karl Heinrich Pohl, Müller e Eisner se tornaram "adversários políticos dos mais rancorosos".[5] E as divergências aumentariam ainda mais em 1917, quando Eisner assumiu a liderança do novo USPD na Baviera.

A aprovação do crédito foi o tema principal do *Post* naquelas primeiras semanas da guerra e, nessa questão, o jornal não pareceu ter muitos problemas de consciência em apoiar o conflito. Ao justificar a posição social-democrata, seus artigos apresentavam às vezes até mesmo um tom patriótico. Em 6 de agosto, o texto da manchete "Pelo direito e pela liberdade" esclarecia:

> Agora que a fração social-democrata do Reichstag aprova, por unanimidade, o crédito para a guerra, [...] não se trata de uma "jogada tática", mas da consequência natural da posição de um partido que sempre esteve pronto a destacar um exército do povo para defender o país.[6]

Durante os quatro anos do conflito, o *Münchener Post* trazia diariamente na capa e nas páginas internas notícias sobre os acontecimentos no front. Vindos de agências controladas pelo governo, porém, esses textos eram muitas vezes redigidos e editados de maneira seca e burocrática, sob a rubrica "A situação da guerra". Desde que a Alemanha entrara no conflito, nenhuma informação era divulgada sem passar pela censura do governo. Pelo apoio ao crédito e pelos bons contatos que Müller mantinha em Berlim e na Baviera, o *Münchener Post* foi poupado durante os anos de guerra, mesmo publicando, com certa frequência, artigos relativamente críticos. Um dos relatórios escritos pelas autoridades da censura a respeito do jornal, que o historiador Albrecht Knaus encontrou no Ministério da Guerra, em Munique, dizia:

> O *Münchener Post* é reconhecidamente o órgão líder da social-democracia bávara. Apesar de vários deslizes, ele vem se comportando, durante a guerra, de maneira leal e patriota. [...] Uma ação rígida oprimindo o jornal pelos postos de censura poderia levá-lo a abandonar sua valiosa colaboração patriótica e ir para a oposição, o que só incentivaria as reivindicações perigosas dos social-democratas radicais.[7]

A censura e as questões morais e políticas sobre o apoio à guerra, entretanto, não foram os únicos problemas dos jornais na época do conflito. A imprensa também se deparou com sérias dificuldades financeiras. Já em 1913 a Alemanha entrara numa crise econômica, deflagrada por especulações na área da construção e pela queda da exportação no setor têxtil, que só se acirrou com a guerra. Faltavam papel e carvão para a produção dos jornais e vários materiais foram apreendidos para fins bélicos, como borracha dos pneus e gasolina, atrasando a entrega das edições. Isso levou à redução do tamanho das publicações e à queda do número de assinantes e anunciantes. Segundo um documento divulgado pelo SPD em 1916, a imprensa social-democrata teria perdido, nas primeiras seis semanas do conflito, 20% de seus assinantes.[8]

Antes mesmo de estourar a guerra, quando apresentava tiragem aproximada de 30 mil exemplares, o *Post* empenhava-se na busca de mais leitores. Em 1913, chegou a deslanchar uma campanha curiosa para atrair assinantes, oferecendo aos leitores que comprassem o jornal um seguro de vida e invalidez de 1.000 marcos. A promoção, que continuaria até a década de 1930, foi alvo de críticas dos próprios social-democratas, que a comparavam com os métodos usados pela imprensa burguesa para chamar assinantes. Não há números mostrando se a campanha foi ou não eficaz, mas é fato que o *Post*, ainda que com tantos obstáculos impostos pela guerra, conseguiu manter-se economicamente durante o conflito. Em sua edição comemorativa de quarenta anos, o jornal lembraria: "Apesar de uma consolidação financeira saudável, a aquisição de meios financeiros naquela época era quase impossível e, hoje, olhando para trás, é surpreendente o fato de a crise ter sido superada sem grandes abalos".[9]

Outro grande problema foi a falta de pessoal, uma vez que muitos jovens jornalistas e colaboradores dos órgãos de comunicação foram chamados para o front. Nos dois primeiros anos do conflito, só o SPD viu 63% de seus membros partir para os campos de batalha. Foi o caso de Edmund Goldschagg, que antes de estourar a guerra trabalhava no diário *Chemnitzer Volksstimme*, na Saxônia, e mais tarde se tornaria editor do *Post*. Ele foi ferido no campo de batalha e carregou pelo resto da vida uma cicatriz nas costas. Por seus méritos, foi condecorado oficial do Exército Imperial, um dos primeiros social-democratas nessa função.

A guerra, porém, não chegou a reduzir significativamente o número de jornais em circulação na Alemanha, segundo Kurt Koszyk. Das cerca de 4.200 publicações que circulavam em 1914, aproximadamente 500 fecharam nos primeiros anos do conflito – menos de 12% –, a maioria delas formada por pequenos jornais.[10]

A vida do diretor de redação Adolf Müller tomou novos rumos com a eclosão do conflito. Em pouco tempo ele deixou de ser jornalista e social-democrata oposicionista para tornar-se colaborador extraoficial do imperador alemão. Passou a viajar para o exterior já no outono de 1914, oficialmente como um social-democrata em missão particular, mas na realidade apoiado pelos governos de Berlim e da Baviera. Tornou-se uma espécie de agente secreto, formando uma rede de informantes e colaboradores em toda a Europa. Apesar de manter-se como diretor do *Münchener Post*, fixou-se em 1915 na Suíça, que por sua localização e neutralidade se tornara um centro da diplomacia.

Por causa da ausência frequente de Müller, foi o redator de política, Paul Kampffmeyer, quem comandou o *Post* nos anos finais da guerra. Esse jornalista vinha de uma família abastada e começara a atuar na social-democracia quando ainda era estudante, em Berlim. De perfil intelectual, escreveria mais tarde uma série de artigos sobre a história da civilização e o marxismo.

À medida que a guerra evoluía, tomando dimensões supracontinentais, a superioridade da Tríplice Entente, como era chamada a aliança entre Rússia, França e Reino Unido, ficava cada vez mais clara tanto nos campos de batalha (só a Rússia mobilizara 19 milhões de soldados) quanto nos bloqueios marítimos que ela impusera aos países adversários. Por isso, o *Post* também destacava em suas páginas a falta de alimentos e a grave situação da população alemã. Os apelos para um acordo de paz começaram então a soar mais altos, agora vindos dos social-democratas moderados, reunidos no Mehrheitssozialdemokratische Partei Deutschlands (MSPD, Partido da Maioria Social-Democrata da Alemanha), o concorrente do USPD de Kurt Eisner. O *Post* passou a clamar pela paz em longos artigos de capa, mas parecia ainda acreditar na vitória da Alemanha. Nos últimos anos da guerra, entretanto, suas análises tornaram-se cada vez mais pessimistas e, às vezes, o jornal "pintava um quadro apocalíptico", como escreve Albrecht Knaus,[11] ao citar o artigo "Se o front ocidental romper", publicado em 1º de outubro de 1918, poucas semanas antes de acabar o conflito, e que dizia:

> Ninguém pode negar mais que o povo alemão teme por sua existência. É isso o que aconteceria se o front ocidental rompesse e o inimigo invadisse nosso país: cidades alemãs seriam consumidas pela fumaça e pelas chamas. Bandos de refugiados partiriam em direção ao leste, se misturariam com os exércitos retornando de maneira desordenada, invadiriam as cidades, superpovoariam as casas e acampariam ao ar livre, colocando as autoridades diante de uma tarefa insolúvel e difundindo um sentimento desesperado de derrota.
>
> O abastecimento de alimentos [...] falharia definitivamente. [...] Não haveria mais carvão, consequentemente não haveria mais luz nem bondes. A indústria paralisaria [...] e demitiria seus trabalhadores.[12]

Ficou próximo desse quadro o que se viu na Alemanha nos meses que antecederam o fim da guerra, na segunda metade de 1918. Enquanto o conflito continuava nas fronteiras ocidentais, ainda matando muita gente no front, o país mergulhava numa onda de greves e protestos contra a fome, em escala nunca vista – e a situação pioraria no outono, pois a população temia mais um longo inverno sem alimentos. Os social-democratas do *Post*, ligados ao moderado MSPD, mostravam-se cada vez mais insatisfeitos com os rumos que o governo conservador em Berlim dava à guerra e reivindicavam mudanças. Já no ano anterior, o jornal publicara vários artigos a favor de uma democracia parlamentarista – agora, uma das bandeiras do MSPD e de sua imprensa.

O mundo precisa convencer-se de que ele não tem a ver apenas com um imperador, seus ministros e generais, mas com o próprio povo alemão, que lutará quanto for necessário para garantir sua honra, sua liberdade e seu desenvolvimento econômico, mas que também está, a qualquer momento, pronto para firmar a paz, sem subjugar outros povos, vivendo como um povo livre entre povos livres. Uma prova disso só pode ser dada abolindo-se o sistema hoje em vigor. Não podemos ter, no reino alemão, representantes do povo que mereçam esse nome sem ter como base o direito do voto; não podemos ter, no reino alemão, um governo que não se apresente claramente, para o exterior, como representante da vontade do povo alemão. Precisamos, então, do sistema parlamentarista; e não amanhã ou depois de amanhã, mas sim hoje.[13]

Entretanto, até a instituição definitiva de um regime parlamentarista e democrático, a Alemanha passaria por meses muito tumultuados e violentos. Impulsionados pelo movimento revolucionário que atingia a Rússia desde 1917, os alemães rebelaram-se de norte a sul, inclusive na conservadora Baviera. Chegava a hora de os socialistas assumirem o poder.

A onda revolucionária

A revolução começou no norte do país. Apesar de todos os fatos indicarem a proximidade da derrota da Alemanha na guerra, as forças nacionais exigiram dos marinheiros da cidade de Kiel que eles atacassem uma frota britânica no canal da Mancha. Já revoltados com as condições de trabalho desumanas nos navios, os marujos logo perceberam que estavam sendo mandados para uma viagem sem volta. Começaram então uma grande rebelião em 30 de outubro de 1918, que deflagrou várias manifestações violentas e logo ganhou o apoio dos soldados e dos trabalhadores dos estaleiros. "A caserna revolucionou a fábrica", definiu o historiador Ulrich Kluge.[1] Em poucos dias, uma onda revolucionária espalhou-se pelo país, enquanto as duas agremiações socialistas, o radical USPD – em Munique comandado por Kurt Eisner – e o moderado MSPD – liderado na Baviera por seu novo chefe, Erhard Auer, futuro editor do *Münchener Post* –, tentavam tomar as rédeas do movimento.

Uma semana depois dos acontecimentos em Kiel, uma multidão caminhou em direção à Theresienwiese, no sul da estação central de Munique, para mais uma manifestação pelo fim da guerra. Esse imenso descampado, onde os habitantes da cidade costumavam celebrar a tradicional Oktoberfest, também se tornara palco das manifestações de paz, agora promovidas pelos sindicatos, pelo USPD e pelo MSPD. Os dois partidos buscavam naquelas semanas superar suas divergências e unir-se nos grandes protestos.

No início de 1918, Eisner praticamente deixara de lado as críticas de teatro que publicava no *Post* e em outros órgãos socialistas para liderar o movimento pacifista na Baviera. Gostava de reunir seus camaradas no Café Stefanie, no bairro boêmio de Schwabing, que se tornara um ponto de encontro dos intelectuais judeus da cidade (mais tarde, também seria frequentado por Hitler e seus adeptos). Depois de organizar em Munique a grande greve geral que atingira a Alemanha em janeiro, Eisner ficou preso por quase nove meses, acusado de traição à pátria. No entanto, voltou imediatamente para a política, guiando no outono daquele ano a revolução que acabaria com a monarquia no Estado.

Seu maior rival nessa época era Erhard Auer, comerciante vindo de uma família pobre, que entrara ainda jovem para a social-democracia na Baviera e fizera carreira no partido, até tornar-se um dos principais políticos no Estado. Até do ponto de vista físico os dois líderes se diferenciavam. Auer era um homem corpulento e de rosto redondo, cuja barriga evidenciava o seu pendor pelas cervejas e as cervejarias – um bávaro típico, enfim. Perto do magro e modesto Eisner, o social-democrata moderado e parlamentarista convicto era um *bon-vivant*, que não escondia o alto padrão de vida que levava. Também não ocultava certo preconceito. Enquanto negociava com Eisner estratégias comuns para os protestos de paz e o fim da monarquia, Auer fazia para interlocutores comentários maldosos, de tons antissemitas, sobre o líder do USPD. Insinuava, por exemplo, que o partido de Eisner fosse financiado por "dinheiro judeu".[2] Também menosprezava o poder dos socialistas independentes. Acreditava, por exemplo, que ele mesmo teria o controle sobre a massa reunida naquela grande manifestação da Theresienwiese.

Era uma quinta-feira, 7 de novembro, quase três horas da tarde. Por todo lado viam-se bandeiras vermelhas e cartazes dos socialistas. "Viva a revolução!", diziam alguns deles. A expectativa era que esse protesto pela liberdade e pela paz terminasse numa festa popular, como às vezes costumava acontecer no local, mesmo durante a guerra. O clima naquela tarde, porém, estava particularmente tenso, e a multidão reunida ali, muito agitada: trabalhadores de fábrica, camponeses vindos do interior, famílias com crianças e, como escreveu o historiador norte-americano

David Clay Large, os "baderneiros habituais", sempre atrás de uma diversão.[3] Quem mais chamava atenção, entretanto, eram os muitos oficiais uniformizados, especialmente os da Marinha, pouco comuns numa cidade sem porto.

Seguindo Auer, os social-democratas e os sindicalistas entraram marchando e posicionaram-se no oeste da praça, em frente à escadaria da *Baviera*, a estátua de bronze simbolizando o Estado. Eisner, por sua vez, reuniu um pequeno grupo de simpatizantes (seu partido contava com apenas algumas centenas de membros) e praticamente todos os cerca de mil soldados presentes no local. Estima-se que cerca de 60 mil pessoas estavam reunidas na Theresienwiese.

Depois dos discursos de seus líderes, os social-democratas e sindicalistas, acompanhados de uma banda de música e de grande parte da multidão, saíram pacífica e organizadamente para uma passeata, que cruzaria o centro de Munique em direção ao leste, terminando no *Anjo da paz*, uma estátua dourada próxima ao Jardim Inglês. A ideia era também levar para o governo bávaro uma série de reivindicações em prol dos trabalhadores e desempregados. Guiada por Auer, a maioria dos manifestantes nem percebeu que caminhos tomou o outro grupo, liderado por Eisner.

Em cima de uma caixa de sabão, este discursou "sem rodeios" para seus simpatizantes, como escreveria o amigo e jornalista Felix Fechenbach em suas memórias.[4] Fazia anos que se falava muito; havia chegado a hora de agir, teria dito Eisner. Com uma bandeira vermelha na mão, Fechenbach gritou para a multidão, lembrando-a dos soldados que não haviam conseguido deixar os quartéis naquele dia: "Já para a caserna! Libertemos nossos camaradas! Que viva a revolução!".[5]

O grupo, no qual predominavam soldados, seguiu, determinado, em direção ao norte. Os rebeldes invadiram e ocuparam a Goldeinschule, uma escola militar; em seguida, tomaram os quartéis mais próximos dali. Renderam os que faziam a guarda, entraram nos depósitos, levaram armas e munições, praticamente sem enfrentar resistência. Ao contrário, até viram os demais soldados abandonar seus postos e juntar-se aos manifestantes.

Depois de tomarem as casernas, os rebeldes marcharam em direção à cervejaria Mathäser, no centro da cidade. À base de muito álcool, num ambiente barulhento e enfumaçado, entre fregueses que assistiam à movimentação por trás dos copos de cerveja, seria formado o primeiro conselho de operários, soldados e camponeses de Munique. Fazia um ano que a Rússia vivera sua grande revolução e agora os sovietes – os conselhos com poder deliberativo – serviriam de modelo para os socialistas de toda a Alemanha, não só nas fábricas e no campo, mas também entre os soldados que voltavam derrotados para casa. Enquanto isso, na calçada em frente à Mathäser, eram distribuídas, a quem chegava, armas e munições para a tomada dos prédios públicos, onde os rebeldes também não encontrariam obstáculos.

Acompanhados de homens fortemente armados, Eisner e os novos líderes dos conselhos ocuparam a Assembleia, na Prannerstrasse. Ali, perto das dez horas da noite, o ex-colaborador do *Münchener Post* escreveria um importante episódio da história alemã: diante do plenário, anunciou a vitória da revolução e proclamou a República do Estado Livre da Baviera. Chegava ao fim a dinastia dos Wittelsbachs. Um dos Estados mais conservadores da Alemanha, a Baviera seria o primeiro a derrubar uma monarquia com mais de setecentos anos de existência – e isso sob a liderança de um jornalista judeu, socialista, vindo de um Estado protestante dominador, a Prússia, que os bávaros detestavam.

Se durante a guerra a censura da imprensa fora feita "por cima", agora ela viria "de baixo", dos grupos revolucionários. Na mesma noite, os rebeldes tomaram a redação do maior jornal da cidade, o *Münchner Neueste Nachrichten*, e proibiram a circulação da maioria das demais publicações. Várias invasões aconteceram na semana seguinte – sempre aos gritos de que chegara a hora de socializar a imprensa –, mas elas foram malsucedidas, pois os comunistas e os socialistas radicais simplesmente não contavam com pessoal suficiente e experiente para assumir as redações.⁶ No final de dezembro, o USPD de Eisner decidiu fundar um órgão próprio, o *Neue Zeitung* (Novo Jornal). O moderado *Münchener Post* seria poupado da maioria das invasões, mas não de frequentes proibições, no futuro.

No dia seguinte à manifestação na Theresienwiese, o *Post* destacou na capa e nas páginas internas os protestos envolvendo os dois grupos rivais, o MSPD e o USPD. Ao mesmo tempo que um artigo do moderado Erhard Auer comentava o sucesso da marcha que liderara, um texto apresentava as resoluções do novo conselho de operários, soldados e camponeses, assinadas por Eisner. Escrito provavelmente antes da proclamação da República feita na Assembleia, terminava com uma avaliação correta dos acontecimentos: "Estava claro que os conselhos recém-eleitos tinham o poder de Munique nas mãos".⁷

Depois de os conselhos nomearem Eisner como ministro-presidente (governador) e chanceler da República bávara (a Baviera mantinha um corpo diplomático próprio), ele formou um governo provisório no qual havia também membros do concorrente MSPD, como o rival Erhard Auer, que se tornou ministro do Interior. Eisner sabia que não conseguiria governar com seus poucos correligionários e sem o apoio dos social-democratas moderados. As divergências entre os dois grupos, entretanto, permaneceram, principalmente no que se referia ao poder dos conselhos. Segundo seu biógrafo, Eisner era, na verdade, mais um democrata pacifista do que um revolucionário convicto.⁸ Graças a suas intervenções, seus correligionários recuaram várias vezes nas invasões promovidas contra os chamados "jornais burgueses". Ele via os conselhos, porém, como um meio para a Alemanha alcançar a democracia.

Já o antirrevolucionário Erhard Auer temia o poder demasiado que esses novos órgãos concentravam, defendendo um Parlamento forte. Na condição de ministro do Interior do novo governo bávaro, empenhou-se pela restituição da ordem no Estado. Não foi poupado, entretanto, da violência que marcou a época. Mal havia assumido o cargo, foi acordado na madrugada de 7 de dezembro de 1918 por centenas de jovens soldados armados, que ocuparam, aos gritos, o prédio e o apartamento onde morava, na Nussbaumstrasse. Ameaçado com agressões, o líder social-democrata concordou em anunciar ali mesmo sua renúncia. Contudo, voltaria atrás no dia seguinte, depois de Eisner lamentar e condenar a balbúrdia e a violência de seus adeptos.

Logo após os acontecimentos na Baviera, a revolução continuou alastrando-se por várias cidades alemãs, onde os rebeldes proclamaram as "repúblicas dos conselhos", até chegar a Berlim. Na capital, os acontecimentos não poderiam ter sido mais caóticos. Em 9 de novembro, com a cidade tomada por protestos e paralisações, a população simplesmente assistiu, em questão de horas, a duas proclamações da República, uma delas feita de uma janela do Reichstag pelo social-democrata moderado Philipp Scheidemann e a outra, de uma sacada do Palácio Municipal, onde se juntavam os radicais do USPD, em torno do líder Karl Liebknecht. A massa reunida nas ruas comemorou as duas.

Em apenas dez dias, o poder na Alemanha ganhava uma feição nova, rompendo com tradições seculares, sem que ocorressem massacres. Enquanto o imperador e seus colegas monarcas, entre eles Luís III, da Baviera, fugiam para o exterior, o Conselho dos Representantes do Povo assumia o poder na capital – uma espécie de governo provisório, unindo, como na Baviera, representantes do MSPD e USPD.

Mal haviam sido confirmadas as notícias sobre a renúncia do imperador, o *Münchener Post* comemorou em sua capa de 9 de novembro com um texto solene: "A Europa torna-se republicana". O jornal até parecia, naqueles primeiros dias da revolução, não ter nada contra o sistema de conselhos que os socialistas mais radicais instalavam no país, publicando com destaque os informes do novo governo provisório da Baviera e escrevendo:

> A história mundial deu um passo extraordinário: a monarquia por direito divino sucumbiu por todo o reino alemão e às dores sangrentas da guerra mundial seguiu-se o nascimento da República baseada na vontade do

povo. [...] Cada vilarejo do interior da Alemanha logo terá seu conselho de operários e de soldados. Por toda parte, com uma violência tremenda, impôs-se nos últimos dias o furacão do movimento popular. Um movimento elementar, que nós, do *Münchener Post*, sempre apresentamos como a precondição verdadeira para uma remodelação profunda da Alemanha e da Prússia. O de baixo organiza-se e derruba completamente o de cima, já vacilante.[9]

Quem vociferava contra os revolucionários eram os jornais de direita, que seriam ocupados ou proibidos pelos novos governos. "A catástrofe aproxima-se",[10] escreveu o pequeno semanário *Münchener Beobachter*, publicação antissemita disfarçada de jornal esportivo. Com sua visão apocalíptica, insistia em apontar "a dominância do judaísmo"[11] como causa principal da situação revolucionária na Rússia e na Alemanha.

Na manhã de 11 de novembro, a Alemanha assinou a trégua com os aliados, que já vinha sendo negociada por representantes do imperador. O encerramento do conflito, que durara mais de quatro anos e causara quase 2 milhões de mortes, não representou, entretanto, o fim do sofrimento da população. O bloqueio econômico imposto pelos aliados durante a guerra continuaria, mantendo a crise de alimentos, a revolta e os protestos contra a fome no país.

Enquanto isso, num hospital militar da cidade de Pasewalk, no nordeste de Berlim, o cabo Adolf Hitler recuperava-se de uma intoxicação por gás mostarda, que o atingira semanas antes durante uma batalha na Bélgica, atacando principalmente os olhos. Os acontecimentos políticos preparavam-lhe "dias horríveis e noites ainda piores", como escreveria anos depois em *Mein Kampf*.[12] No livro, Hitler considera os social-democratas – e os líderes judeus da revolução, como Kurt Eisner – os grandes traidores da pátria, culpando-os pela derrota na guerra. Também afirma ter sido em Pasewalk, cidade hoje fronteiriça com a Polônia, que tomou a decisão de ingressar na política. Seus biógrafos, porém, estão convencidos de que isso só aconteceria mais tarde, em Munique. O que devia realmente incomodar Hitler era a perspectiva de perder seu primeiro e único ganha-pão, o Exército, e voltar para uma vida incerta na capital da Baviera.[13] O retorno aconteceu em 21 de novembro de 1918, quando encontrou Munique totalmente transformada e seu antigo batalhão sob o comando de um conselho de soldados recém-formado.

Em Berlim, as divergências entre as duas agremiações social-democratas se acirraram nas semanas seguintes aos acontecimentos de 9 de novembro. No início de 1919, enquanto o MSPD dirigia o governo provisório em direção a uma Assembleia Constituinte, os radicais do USPD e do novo Kommunistische Partei Deutschlands (KPD, Partido Comunista da Alemanha) promoviam rebeliões violentas nas ruas, tentando expandir a revolução e impor no país o sistema de conselhos nos moldes da Rússia. Uma dessas manifestações, em janeiro, terminou com vários mortos e feridos. Na ocasião, os revoltosos também tomaram o chamado "bairro dos jornais", onde ficavam as grandes e tradicionais editoras alemãs, no centro da cidade. A ocupação aconteceu de maneira tão violenta e enfrentou tanta resistência que a região ao redor do cruzamento da Friedrichstrasse com a Kochstrasse se tornou um verdadeiro campo de batalha.

A revolução entrava numa nova fase, mais radical, e a violência, então, passou a permear o dia a dia nas grandes cidades. Nem mesmo as primeiras eleições gerais no país, realizadas em janeiro, acalmaram os ânimos da população. O pleito contou com um fato inédito: o voto feminino – uma conquista dos social-democratas, devidamente comemorada no *Münchener Post*. Além disso, ele apontaria para uma nova paisagem partidária que se moldava no país.

Os social-democratas moderados do MSPD foram os vencedores das eleições, seguidos pelo liberal e progressista Deutsche Demokratische Partei (DDP, Partido Democrático Alemão) e pelo católico Centro – três agremiações democráticas, que, coligadas, formariam o primeiro governo eleito do pós-guerra. Na oposição ficaram o comunista KPD, o antissemita Deutschnationale Volkspartei (DNVP, Partido Popular Nacional Alemão) e os monarquistas Deutsche Volkspartei (DVP, Partido Popular Alemão) e Bayerische Volkspartei (BVP, Partido Popular Bávaro).

O conservador BVP, uma dissidência do Centro, era o maior partido da Baviera. Anticomunista ferrenho, ele manteria o poder no Estado até 1933. Formaria por todo esse tempo uma forte oposição aos governantes social-democratas em Berlim, além de impor grandes obstáculos ao SPD bávaro e seus jornais, como o *Münchener Post*.

Depois das eleições de janeiro, uma nova cidade foi escolhida para as reuniões da recém-eleita Assembleia Nacional: Weimar, localizada no centro do país, símbolo da tradição humanista e clássica da Alemanha. Ali, longe do foco das manifestações em Berlim, os representantes do povo alemão começaram a elaborar uma nova Carta e prestaram juramento ao primeiro governo eleito democraticamente, liderado pelo presidente social-democrata Friedrich Ebert. "Começa uma nova época da história alemã", comemorou o *Münchener Post* em sua edição de 6 de fevereiro de 1919. Quase cinquenta anos depois da unificação, ocorrida em 1871, a Alemanha viveria sua primeira experiência democrática, a República de Weimar.

A violência, entretanto, continuava nas ruas. Na Baviera, insatisfeitos com a evolução do governo Eisner, comunistas e socialistas radicais prosseguiam com suas ações brutais, dando munição para a campanha de seus opositores, os grupos de direita reunidos em torno do BVP. O *Post* cobria os protestos violentos contra o desemprego, advertindo para os perigos de uma guerra civil em Munique, semelhante à que vinha acontecendo nas ruas de Berlim.

Se Eisner ganhou muita autoridade durante a revolução, ele mostrava-se agora, principalmente na visão dos simpatizantes de seu partido, inseguro e indeciso diante do poderoso MSPD. Além disso, o líder socialista reafirmava publicamente a culpa da Alemanha pela guerra e suas obrigações com os aliados. Num discurso feito em janeiro, em Berna, na Suíça, chegou a sugerir que prisioneiros de guerra alemães ajudassem na reconstrução da França. A proposta foi a gota d'água não só para seus adversários políticos, como também para os eleitores. Eisner tornava-se um "traidor da pátria", na opinião geral.

O *Post* trouxe, no início de 1919, várias críticas ao governador no que se referia às relações da Alemanha com os países da Entente e mostrava claramente, em artigos e anúncios do MSPD, sua posição favorável a um parlamentarismo democrático.

Apesar de ser uma figura simples e simpática – como governador, até recusava receber salário e dormia numa cama de campanha –, Eisner tornou-se um político impopular. Nas eleições de 12 de janeiro, seu partido, o USPD, recebeu 2,5% dos votos, conquistando apenas três cadeiras na Assembleia da Baviera. Os socialistas moderados ficaram com 33% e os conservadores do BVP, apoiados por grupos nacionalistas e antissemitas, com 35%. Pressionado por todos os lados, entretanto, Eisner relutou em renunciar. Ele decidiu deixar o cargo só pouco mais de um mês depois, em 21 de fevereiro – muito tarde na visão de seus inimigos. Perto das dez horas da manhã daquele dia, foi assassinado pelas costas, com dois tiros, pelo estudante e oficial licenciado Anton Graf von Arco auf Valley, de 22 anos.

Arco auf Valley vinha de uma família nobre de origem judia como Eisner. Relacionava-se com grupos nacionalistas que abominavam os socialistas e os revolucionários de Munique. Entre esses grupos estava a Sociedade Thule.

Secreta e antissemita, a organização foi criada em 1918 para combater a revolução, os comunistas e o governo socialista e dela sairiam vários membros do futuro partido de Adolf Hitler. Seus associados eram, sobretudo, acadêmicos, artistocratas e empresários, que se reuniam no luxuoso hotel Quatro Estações, no centro de Munique. Tinham a suástica como símbolo e usavam entre eles a saudação *"Sieg und Heil!"* (Vitória e salvação!), também adotadas mais tarde pelos nazistas. Era no semanário *Münchener Beobachter* que a Sociedade Thule divulgava suas ideias. Apesar do nacionalismo de Arco auf Valley, a organização havia recusado o jovem como sócio, por causa de suas origens judaicas.

Kurt Eisner estava na Promenadestrasse, a caminho da Assembleia, onde faria seu discurso de renúncia, quando foi atingido pelas balas. O governador e líder socialista morreu imediatamente. Um soldado atirou várias vezes contra Arco auf Valley, mas este sobreviveu, depois de operado pelo médico Ferdinand Sauerbruch, o cirurgião mais famoso da Alemanha naquela época.

A violência naquele dia não terminaria ali. Minutos depois do atentado, uma assembleia em polvorosa ouvia Auer discursar em memória do líder assassinado, quando o açougueiro Alois Lindner invadiu a tribuna e atirou duas vezes contra o peito do orador. Cofundador de um dos conselhos durante a revolução, Lindner considerava Auer o mandante do atentado contra o chefe do USPD e por isso decidira-se pela vingança. No tumulto, duas pessoas foram mortas. Num quarto de hospital, a poucos metros de onde convalescia o criminoso Arco auf Valley, Auer passou vários dias inconsciente, mas sobreviveu, também graças ao talento do cirurgião Sauerbruch.

Não bastasse a agitação em torno dos dois novos pacientes feridos, a clínica universitária de Munique ainda viveria naqueles dias um caso curioso. Quando Auer ainda se encontrava em estado inconsciente, uma de suas filhas apareceu ali com um grande buquê de rosas nas mãos. No início, os enfermeiros nem deram atenção ao fato – afinal, nada mais normal do que uma filha levar flores para um pai hospitalizado. O problema é que as flores não eram para Erhard Auer, e sim para Arco auf Valley, que a filha quis congratular pessoalmente pelo assassinato de Eisner. O fato seria lembrado pelos adversários do líder social-democrata, entre eles alguns correligionários. Após sua recuperação, Auer voltou à política, como deputado estadual e chefe do MSPD bávaro. No entanto, seria sempre perseguido pelo chamado "caso do buquê".

No início de 1919, o *Münchener Post* estava sob a chefia do jornalista Max Kratzsch, antigo responsável pela cobertura de temas sindicais. Formavam a redação Martin Gruber, que cuidava das notícias da Baviera, E. Strauss e Carl Sotier, que se dedicavam ao noticiário sobre a

Justiça. Também faziam parte da equipe Jakob Eisenschink, que tratava de política municipal, e Eduard Schmid, responsável pela seção local, mas que deixaria o jornal no mesmo ano para se tornar prefeito de Munique. Como era costume na imprensa da época, os textos eram publicados, na maioria das vezes, de maneira anônima, e hoje, portanto, é impossível identificar a autoria de cada artigo. Naquelas semanas de grande tumulto, porém, presume-se que grande parte dos redatores tenha se envolvido diretamente na cobertura dos acontecimentos.

Logo depois do atentado contra Eisner, seus seguidores saíram às ruas pedindo vingança. Num protesto na Theresienwiese, homens gritaram e marcharam, também procurando armas. Bancos e órgãos públicos foram tomados pelo chamado "exército vermelho" – as tropas comunistas –, aviões manobraram no céu e jogaram panfletos anunciando o estado de sítio e a luta pela defesa da revolução. Vários jornais foram ocupados e proibidos. O vespertino *Münchener Post* ainda conseguiu, pouco antes de seu fechamento, dar uma notícia curta sobre a morte do líder socialista. "Um crime monstruoso!", informava o título, no alto da capa. Contudo, no dia seguinte, o órgão social-democrata foi proibido, como quase toda a imprensa da cidade. Apenas o *Neue Zeitung*, publicação dos socialistas independentes, saiu no dia 22 de fevereiro. Sedento por notícias, o povo praticamente arrancava os jornais das mãos dos vendedores nas ruas.[14]

O *Post* voltou a circular apenas no dia 24 – quando publicou um longo necrológio e uma reportagem com detalhes do crime –, e os outros jornais, no dia 26. Mas todos os artigos foram obrigados a passar pelo crivo de uma comissão de imprensa, criada pelo Conselho Central de Trabalhadores e Soldados – mais uma vez, a censura voltava a fazer parte do dia a dia das redações da cidade.

De político impopular e odiado por muitos, Eisner tornou-se um mártir. Uma multidão deixou flores no local do crime, outra protestou na frente do jornal *Münchner Neueste Nachrichten*, o principal representante da imprensa burguesa, na Sendlingerstrasse. Dias depois, uma verdadeira massa de pessoas acompanhou o enterro do líder assassinado. Com a manchete "Eisner e o front da unidade", o *Münchener Post* lembrou o ex-colega num longo e único artigo de capa: "De fato, a ideia da revolta em Munique partiu do impaciente Kurt Eisner, que durante dois anos havia batalhado incansavelmente pelo fim do sistema dominante, militar e autoritário". No mesmo texto, porém, o órgão social-democrata fez ressalvas: "Como um guia visionário, ele viveu frequentemente no futuro, desconsiderando as preocupações políticas e as necessidades do presente".[15]

Os grupos de extrema direita não escondiam sua satisfação com a morte do político socialista. Quando não estavam sob censura, continuavam usando as expressões de sempre para falar do líder assassinado, como "hebreu velho" e "impostor".

Mais de um mês depois do crime e de uma longa disputa entre comunistas, socialistas radicais e moderados pelo poder, os habitantes de Munique acordaram na manhã de 7 de abril de 1919 com um novo governo. Durante a madrugada, havia sido proclamada a República dos Conselhos – primeiramente, sob a liderança de socialistas e anarquistas; depois, dos comunistas do KPD, apoiados por seu "exército vermelho". A exemplo dos soviéticos, essas tropas comunistas defendiam a ditadura do proletariado, instigando os despossuídos a tomar propriedades desabitadas e a saquear os ricos. Enquanto cenas brutais dominavam as ruas da cidade, o *Münchener Post* tratava em suas páginas do processo de socialização da imprensa e das indústrias, deflagrado pelo novo governo revolucionário.

Não demorou muito para o órgão social-democrata moderado ser proibido pelos revolucionários, em 13 de abril. Só depois de dez dias o *Post* voltou a ser publicado, quando reclamou das péssimas condições para a imprensa: "Hoje, é impossível para o jornalista sério, pesquisador, dar ao leitor um quadro fiel da atual situação política".[16] No dia seguinte, 24 de abril, deixou de circular mais uma vez, mas agora por vontade própria, solidarizando-se com os órgãos que continuavam proibidos.

Foi nessa época, segundo o historiador Paul Hoser, que o *Münchener Post*, fazendo clara oposição à esquerda radical, adquiriu maior reputação perante a burguesia da cidade.[17]

A situação política era realmente confusa. Se de um lado os comunistas mantinham à força o poder em Munique, de outro o social-democrata moderado Johannes Hoffmann, que assumira no lugar de Kurt Eisner, tocava um governo paralelo no norte do Estado, na cidade de Bamberg, para onde havia fugido. Enquanto tentava organizar apoio militar para sufocar a nova investida comunista, Hoffmann mandou que aviões lançassem sobre a capital jornais e panfletos com propaganda contra os conselhos. Além das ruas e cervejarias, até o céu de Munique havia se tornado um espaço de campanha e luta políticas.

Exércitos particulares

A chamada "Munique vermelha" e sua República dos Conselhos duraram menos de um mês. Poucas semanas depois de instituído, o novo governo comunista foi derrubado por tropas do *Reichswehr* (o Exército do reino), vindas de Berlim, em 1º de maio de 1919. Enfraquecidas e desmoralizadas pela guerra, elas não teriam conseguido realizar, sozinhas, tal empreitada sem o apoio dos *Freikorps* (corpos de voluntários) e das *Einwohnerwehren* (milícias de bairro).

Os *Freikorps* eram unidades paramilitares formadas em grande parte por ex-soldados que ficaram sem trabalho depois da guerra. Recrutados pelos próprios governantes social-democratas para ajudar no combate aos grupos radicais de esquerda, compunham um contingente de aproximadamente 400 mil homens em todo o país. Tornaram-se tropas de confiança do governo em Berlim, para o qual lutaram até o começo dos anos 1920, quando foram obrigados a desarmar-se pelos países aliados da Primeira Guerra. Um desses grupos foi o responsável pelo assassinato de Rosa Luxemburgo e Karl Liebknecht, líderes do KPD, em janeiro de 1919, em Berlim.

Semelhantes aos *Freikorps*, as *Einwohnerwehren* consistiam em milícias de cidadãos comuns, praticamente de todas as camadas sociais. Eram grupos suprapartidários, organizados nos vilarejos e nos bairros das grandes cidades. Com as universidades fechadas, neles também se engajavam estudantes como voluntários, e o mesmo faziam alguns fazendeiros, "aventureiros o suficiente para deixar suas vilas".[1] Contavam com o apoio da burguesia de Munique, para a qual não bastava a presença da polícia e das tropas do Exército para combater os grupos radicais e impedir que suas lojas fossem saqueadas. Seus membros chegavam aos pontos de recrutamento e eram iniciados no uso de armas e munições, equipando-se dos efetivos do *Reichswehr*.

Já os operários estavam pouco representados por esses exércitos particulares que se formavam. Se não apoiavam os comunistas, estavam ligados à social-democracia, notadamente antimilitarista e avessa à violência. Não surpreende, então, que alguns socialistas tenham tido problemas com a instituição dessas milícias, que logo ganharam o nome de "guarda branca" – o mesmo das tropas antirrevolucionárias que lutaram contra os bolchevistas e participaram de vários extermínios na Rússia. Ao apoiá-las para conter as investidas comunistas, os socialistas moderados alemães pareciam agora renegar a revolução da qual haviam participado. Foi o caso do governador Hoffmann, da Baviera, que justificou o envio de milícias para combater os "grupos inescrupulosos" que vinham controlando Munique. "Protejamos os frutos da revolução, salvemos o socialismo e a democracia",[2] declarava Hoffmann.

A derrubada da "Munique vermelha" naquela primeira semana de maio fez da cidade um campo de batalha e palco de sequestros e execuções. O conflito chegou a tomar proporções de uma guerra civil, deixando centenas de mortos, de diferentes matizes ideológicos. Em 4 de maio, os jornais da capital voltaram finalmente a circular, trazendo as últimas notícias. O destaque do *Münchener Post* foi a violência registrada nas semanas anteriores. "Ações sangrentas", "dias de luto" e "vítimas sem sentido" foram algumas das expressões usadas pelo jornal em sua cobertura. "Munique, a cidade das artes e de um estilo de vida baseado na gentileza e no bom humor, tornou-se um local de fratricídio",[3] escreveu. No mesmo texto, apontou os culpados: "Isso porque um punhado de comunistas violentos acreditava conseguir, de maneira irresponsável, virar o mundo de pernas para o ar e despertar, dos fundamentos do crime, um novo Estado".[4]

Na edição seguinte, justificou a investida do governo Hoffmann, o qual apoiava, defendendo a ação das milícias: "A violenta repressão de uma tirania cruel foi uma necessidade, e essas pessoas valentes, dispostas a se sacrificar por tal necessidade, merecem nosso reconhecimento – o reconhecimento de um povo libertado do terrorismo".[5]

No final do mês, o governador social-democrata Johannes Hoffmann reassumiu o poder na capital bávara, mas agora numa coalizão com partidos conservadores, como o BVP. Hoffmann seria o segundo e último governador social-democrata da Baviera durante toda a República de Weimar; no ano seguinte, seu MSPD perderia o poder definitivamente para os conservadores do BVP, o que viria a favorecer tremendamente a ação de grupos nacionalistas e de direita no Estado.

Apesar de abafadas as repúblicas dos conselhos, o país não se acalmou. Logo os alemães foram confrontados com as duras resoluções do Tratado de Versalhes impostas pelas nações vencedoras da guerra, que obrigavam o país a reconhecer a culpa total pelo conflito, a entregar todas as suas colônias [Tanzânia, Ruanda, Burundi e Camarões, na África, e parte de Papua Nova Guiné, no Pacífico Sul, entre outras] e a abdicar de várias regiões, como a Alsácia, perdendo assim cerca de 13% de seu território e 10% de sua população. O Exército deveria ser reduzido drasticamente para 100 mil homens, e a área do rio Reno, densa em fábricas de munição, desmilitarizada e ocupada pelos aliados. Por fim, a Alemanha teria de pagar reparações enormes, tanto na forma de produtos como em dinheiro, dívida que, nos anos seguintes, levaria o país à falência – e que ele quitaria só em 2010, mais de noventa anos depois da Primeira Guerra.

O Tratado de Versalhes deflagrou uma onda de indignação na Alemanha, compartilhada por todas as classes sociais e partidos, independentemente do matiz político. Mais uma vez os alemães saíram irados às ruas, apoiados praticamente por toda a imprensa. Também o *Münchener Post* considerava tudo aquilo inadmissível, chamando o tratado de *Gewaltfrieden* (paz forçada). Entretanto, seguindo a posição oficial de seu partido, o MSPD, acabou aceitando as resoluções dos países aliados. Em 24 de junho, pouco antes da ratificação do tratado pela Alemanha, anunciou em sua manchete, de maneira quase ingênua: "O início de uma nova vida". Faltava pouco, porém, para o país entrar em uma das piores crises econômicas de sua história.

O clima não melhorou com a aprovação da nova Carta pela Assembleia Nacional, no final de julho. Entre outras coisas, a Constituição de Weimar garantia os direitos básicos dos cidadãos e previa para a Alemanha um sistema político mais centralizado, unindo elementos parlamentaristas e presidencialistas. O país não só teria um Parlamento forte, mas também um presidente poderoso, que os críticos chamariam de "substituto do imperador". Este poderia, por exemplo, nomear e demitir o chanceler, suspender temporariamente os direitos de liberdade de expressão e de reunião e, na condição de comandante das Forças Armadas, declarar o estado de exceção.

Além disso, a Carta reduziu enormemente a autonomia da Baviera dentro da Alemanha, acirrando ainda mais a população e os grupos conservadores daquele Estado contra a nova República. A Baviera deixou de ter, por exemplo, comando militar e diplomacia próprios; também viu seus direitos de soberania reduzidos, como nas áreas da tributação e das comunicações. Exaltados, alguns políticos do BVP até passaram a reivindicar a separação do Estado do resto do país.

No verão de 1919, Munique encontrava-se numa situação desoladora. Se havia sido a primeira cidade alemã a derrubar a monarquia, seria uma das últimas a voltar à normalidade. Ocupada pelo Exército e por milícias, também sofria com a falta de empregos, moradias e alimentos, além dos preços altos – problemas que o *Münchener Post* continuava apontando em suas páginas.

O terreno tornava-se cada vez mais fértil para a pregação dos grupos nacionalistas, que agora se alastravam como "cogumelos pelo chão", nas palavras do historiador Georg Franz-Willing, praguejando contra os revolucionários "estrangeiros, bolchevistas e judeus".[6] Traumatizados pela guerra, os habitantes de Munique nunca haviam se convencido da necessidade de uma revolução. Esta havia sido mais uma obra de operários vindos da Saxônia e de "forasteiros" do norte, como o berlinense Kurt Eisner, do que dos próprios bávaros. Alguns esquerdistas mais céticos, citados pelo historiador David Clay Large, resumiram bem a situação: "Nós, bávaros, não somos russos".[7]

Foi nessa Munique inflamada pelos revolucionários de esquerda e suscetível às ideias xenófobas e antissemitas dos agitadores de direita que Adolf Hitler desembarcou, vindo da guerra. Com quase trinta anos de idade, ele continuava no Exército, pois este lhe garantia, pelo menos, casa e comida. Na confusão política que marcou os primeiros meses da revolução, foi eleito representante de seu batalhão e, como tal, participou das discussões nos departamentos de propaganda recém-instituídos pelos conselhos de soldados, dando suas primeiras palestras. Ali Hitler não fez discursos contra o marxismo ou contra seus superiores revolucionários. Ao contrário, acompanhou os acontecimentos de maneira neutra e passiva, apenas cumprindo suas funções. Por isso, alguns anos mais tarde, em 1923, tendo consultado a ficha pessoal de Hitler dos tempos do Exército, o *Münchener Post* sugeriria que o então cabo tivera certa simpatia pela social-democracia: "Na época, ele achava compatível com suas convicções proferir [...] palestras a favor do Estado democrático e republicano!".[8]

Depois de sufocada a República dos Conselhos, Hitler passou a frequentar cursos especiais "de esclarecimento", ministrados na Universidade de Munique, para se tornar informante do Segundo Regimento da Infantaria. Por meio de leituras e discussões, aprofundou-se nos temas políticos da época, como o marxismo, o bolchevismo e o nacionalismo, e os professores já notavam o jeito exaltado de discutir daquele cabo de bigodinho.

Os cursos faziam parte de uma investida do governo para formar pessoas que reeducassem os soldados, observando e controlando suas atitudes não só dentro do Exército, mas também nos agrupamentos políticos. Foi assim que Hitler, praticamente na condição de espião, vestido à paisana, entrou em contato com o pequeno e desconhecido Deutsche Arbeiterpartei (DAP, Partido dos Trabalhadores Alemães).

Isso aconteceu em 12 de setembro de 1919, sexta-feira, numa sala nos fundos da cervejaria Sternecker, no centro da cidade. Segundo a versão de Hitler em *Mein Kampf*, duas horas depois de ouvir palestras, ele já pensava em deixar o local quando entrou por acaso numa discussão sobre separatismo. Chamou a atenção do líder do partido, Anton Drexler, mecânico de uma oficina ferroviária, que havia fundado o DAP em janeiro daquele ano e, apesar da origem proletária, também circulava na Sociedade Thule. "Gente, como ele fala bem; o homem pode ser útil",[9] teria dito Drexler, com forte sotaque bávaro, ao ouvir as intervenções daquele desconhecido. Poucos dias depois, Hitler tornava-se membro do DAP, que então contava com cerca de cinquenta filiados. Começava ali sua carreira política. Logo passou a discutir e discursar em público, escrever artigos e empenhar-se no crescimento do partido.

Não demoraria muito para o *Münchener Post* descobrir o principal adversário político de sua história.

Um senhor chamado Hitler

Com uma pequena nota em sua edição de 14 de maio de 1920, sexta-feira, o *Münchener Post* mencionou, pela primeira vez, a existência de Adolf Hitler na cena política da cidade:

> Uma espécie de partido, que ainda anda de fraldas e aparenta ter saúde bem fraca, vem aparecendo às vezes em público, sob o nome de "Partido Nacional-Socialista dos Trabalhadores Alemães". Na terça-feira à noite, um senhor chamado Hitler falou sobre o programa desse "partido". Ele soltou as mesmas palavras e disparou os mesmos clichês que somos obrigados a ouvir nos eventos de propaganda nacionalista. Caluniou a social-democracia por sua defesa da Internacional e pregou o antissemitismo nos moldes nacionalistas. Os confrades da suástica e os membros desse partido nacional-socialista "de trabalhadores" podem seguir seguramente de braços dados; afinal, todos eles têm o mesmo e único pai.[1]

Intitulado "Irmãos iguais, raças iguais", o texto foi publicado sem destaque, no pé de uma página da seção local, que o jornal chamava de "Assuntos de Munique". Ali sairia, nos primeiros anos do partido nazista, a maioria das notícias referentes a Hitler e sua agremiação. Para o *Post*, aquilo não passava, então, de uma questão local.

Entre os jornais influentes de Munique, o *Münchener Post* foi o primeiro a cobrir regularmente a organização nazista que vinha agitando a cidade. Se no início não lhe deu muita importância, como mostra a citação anterior, nos meses seguintes passou a alertar para o perigo que ela representava. Antes do *Post*, outras publicações já tinham mencionado em notas curtas o novo partido, mas não se preocuparam em cobrir sua evolução. Foi o caso do tradicional *Münchner Neueste Nachrichten*, do antissemita *Völkischer Beobachter* (sucessor do *Münchener Beobachter*) e de seu adversário, *Der Kampf* (A Luta), o novo órgão dos socialistas independentes do USPD.

As primeiras notas do *Post* consideraram a organização nazista apenas "mais um" dos vários agrupamentos nacionalistas e antissemitas que se formaram depois da Primeira Guerra em todo o país. Alguns agora até estavam representados no Reichstag ou nas assembleias estaduais, mas a maioria formava uma espécie de oposição extraparlamentar, organizada em clubes ou associações extremamente ativas.

Na Baviera, um dos grupos mais conhecidos era o Deutschnationale Volkspartei (DNVP, Partido Popular Nacional Alemão), agremiação antidemocrática e extremista, que fazia parte da coalizão de direita que governaria o Estado durante toda a República de Weimar e contava com o apoio de grupos nacionalistas, além de agricultores e membros da burguesia protestante da Francônia, no norte da Baviera. Por sua linha antissemita e antirrepublicana, já vinha sendo alvo de críticas do *Post*. O jornal trataria o DNVP e o partido de Hitler praticamente como farinha do mesmo saco – ou, em suas palavras, como "irmãos iguais", "filhos" do movimento pangermânico, nacionalista e expansionista, que se formara na Alemanha no século anterior.

Quando o órgão social-democrata começou a relatar sobre os nazistas, fazia mais de seis meses que Adolf Hitler ingressara no DAP, um agrupamento de extrema direita ainda sem recursos, que se reunia numa sala de cervejaria, de maneira quase conspiratória, e que começava a chamar a atenção do público. Ocupada com a grave crise política e econômica da época, entretanto, a imprensa da cidade praticamente ignorou as primeiras atividades daquele partido, que em fevereiro de 1920, um ano depois de sua fundação, foi rebatizado como Nationalsozialistische Deutsche Arbeiterpartei (NSDAP, Partido Nacional-Socialista dos Trabalhadores Alemães), nome que manteria até o final da Segunda Guerra Mundial.

Meses depois de reprimidas a revolução e as investidas comunistas, a Alemanha ainda fervia politicamente. Os ventos sopravam agora em outra direção, a favor dos grupos de direita e contra os socialistas, de modo geral. Estes logo pagariam o preço de ter participado dos eventos de 1918: praticamente durante toda a República de Weimar, até os mais moderados social-democratas seriam tachados de "marxistas" e "comunistas" pela imprensa e por políticos conservadores. Já os extremistas de direita sempre tratariam os socialistas como "os criminosos de novembro" (o mês da revolução).

A violência continuava dominando a política. Em 26 de janeiro de 1920, o ministro das Finanças do reino, Matthias Erzberger, membro do partido católico Centro, foi vítima de um atentado a bala em Berlim. Por ser defensor do cumprimento, pela Alemanha, do Tratado de Versalhes, era odiado por grupos nacionalistas. Erzberger sobreviveu, mas não teria a mesma sorte no ano seguinte, quando extremistas de direita o mataram durante um passeio na Floresta Negra, no sul do país.

Em março de 1920, Berlim também enfrentou o *Kapp-Lüttwitz-Putsch*, golpe contra a república recém-instaurada e o governo central, nas mãos dos social-democratas do MSPD. Reunidos em torno do general Walther von Lüttwitz e do administrador da região de Königsberg (Prússia), Wolfgang Kapp, grupos insatisfeitos do Exército tomaram a capital, conseguindo expulsar de lá o governo do então chanceler do país, o social-democrata Gustav Bauer. O golpe fracassou quatro dias depois, porém deixou claro o quanto a nova república era instável e suscetível às ameaças da direita. A partir daí, Berlim assistiria a um verdadeiro troca-troca de governos, cada vez com uma coalizão diferente assumindo o poder.

Enquanto isso, na Baviera era o conservador BVP que detinha as rédeas do governo. Com o apoio do Exército, da polícia e das *Einwohner-*

wehren, o partido tomara o poder aproveitando a agitação em Berlim. A cobertura do *Münchener Post* logo se voltou contra o novo governador, o jurista sem partido Gustav Ritter von Kahr. Apoiado pelo BVP, esse político monarquista, de extrema direita, era um homem baixinho e intrigante,[2] que procurava fazer da Baviera uma *Ordnungszelle*, ou seja, uma "célula da ordem" dentro do Estado republicano.

Sob sua gestão, a Baviera se mostraria claramente em confronto com o governo em Berlim. "República de judeus", "falsificadores de dinheiro", "república de ladrões e impostores", "malandros" e "governo de bordel" eram alguns dos insultos que a imprensa bávara conservadora dirigia à capital do país.[3] Tudo isso era tolerado por Kahr, que em relação aos jornais de esquerda, como o *Münchener Post,* tinha outro comportamento.

Ele não poupava os partidos políticos de oposição no Estado e, logo depois de assumir o poder, ordenou uma série de proibições a seus jornais. Em março de 1920, a redação do *Post* foi, por um curto período, interditada pela polícia. No mês seguinte, o governo se voltou contra as publicações de esquerda mais radicais, censurando o *Der Kampf*, do USPD, e o *Neue Zeitung*, agora nas mãos dos comunistas.

O *Post* foi a única publicação de peso em Munique a fazer forte oposição ao governo Kahr, segundo Paul Hoser.[4] O jornal social-democrata denunciou em vários artigos a política antirrepublicana do governador bávaro e a proteção que ele dava aos grupos radicais de direita no Estado:

> Sob o governo do senhor V. Kahr, os golpistas de direita são protegidos, os antissemitas violentos formalmente encorajados e os agressores caluniosos do governo em Berlim tratados com a suavidade da "ideologia cristã" [...]. E esse governo tem hoje a audácia de se apresentar como um governo da ordem.[5]

O *Post* foi ainda mais longe em suas análises, insinuando que o governo Kahr incentivava os atentados contra membros de grupos da esquerda. Chamados de *Fememorde* (assassinatos políticos), esses crimes eram cometidos contra oposicionistas – como foi o caso dos líderes Karl Liebknecht e Rosa Luxemburgo – ou contra pretensos traidores da causa nacionalista. Na Baviera, os crimes eram praticados sobretudo pelas *Einwohnerwehren*, as milícias de bairro, das quais Kahr se tornara defensor. Se antes essas milícias haviam apoiado o governo social-democrata de Johannes Hoffmann contra os revolucionários, agora elas se voltavam violentamente contra os próprios socialistas.

A existência das *Einwohnerwehren* logo se tornou um dos principais pontos de discórdia entre os governos da Baviera e de Berlim. E a disputa se agravou em março de 1920, quando os países aliados começaram a exigir o desarmamento total dos *Freikorps*, os corpos de voluntários, e daquelas milíciais locais, cada vez mais poderosas nas ruas de Munique. Os *Freikorps* já estavam em processo de dissolução em quase todo o país, mas Kahr negava-se a acabar com as *Einwohnerwehren* em seu Estado, provocando um conflito que ocuparia, durante todo o ano, as páginas dos jornais. O governador impunha como precondição o desarmamento total de grupos radicais de esquerda – como os comunistas, que continuavam a agir com violência na cidade, apesar de enfraquecidos politicamente depois da revolução.

Conhecido por sua falta de tato político, Kahr até provocava Berlim, permitindo marchas e desfiles das milícias de bairro pelo centro de Munique. O governador acabou cedendo no ano seguinte, quando também renunciou ao cargo. A dissolução das *Einwohnerwehren*, entretanto, ficou apenas no papel: em vez de entregar as armas, a maioria de seus membros as esconderia e simplesmente mudaria para outras organizações paramilitares que se formavam na cidade, como a futura SA de Adolf Hitler.

Munique não tinha sossego. Desde o fim da revolução, vigorava ali o estado de exceção, que agora, sob uma gestão ultraconservadora, dificultava a ação dos partidos de esquerda e de seus jornais. Não faltava assunto para a imprensa local.

Trazendo oito páginas diárias, duas delas de publicidade, o *Münchener Post* voltava a ter Paul Kampffmeyer como diretor de redação. O jornal ainda sofria com as dificuldades econômicas do pós-guerra, como a queda de anúncios e o racionamento de papel, mas aos poucos conseguiria aumentar sua circulação, chegando a 60 mil exemplares diários a partir de 1924. A política continuou a ser o forte da publicação, que não perderia o caráter de órgão combatente e engajado.

Um mês antes de mencionar o nome de Adolf Hitler, o *Post* até já havia publicado uma nota sobre o partido nacional-socialista. "Sob o símbolo da suástica" foi o título de seu primeiro texto sobre o NSDAP, que tratava das palestras noturnas da agremiação e tinha o tom irônico que o jornal usava habitualmente contra os adversários políticos:

> O Partido Nacional-Socialista dos Trabalhadores Alemães – ainda não sabemos quem está por trás desse produto – anunciou para esta semana duas noites de palestras científico-populares, das quais uma foi realizada na terça-feira, no salão de festas da Hofbräuhaus [cervejaria da corte]. [...] Sob um dos painéis armados pelo orador sobressaía a suástica.[6]

Símbolo milenar com origens na Europa e na Ásia, a suástica passara a ser adotada, desde o começo do século XX, por grupos nacionalistas e antissemitas europeus. O *Post* faria com frequência menção a ela, sempre que relatava sobre esses grupos.

A nota só trazia o nome de um palestrante, o escritor Rudolf John Gorsleben, que parecia não ter o mesmo talento de Hitler para falar: "Por duas horas o orador torturou seus ouvintes com um sermão filológico sobre a linguística germânica antiga. [...] Quando finalmente chegou ao ponto, boa parte do público já havia debandado".[7]

Só após a publicação dos primeiros textos do *Post*, na primavera de 1920, o principal jornal da cidade, o *Münchner Neueste Nachrichten*, daria mais atenção ao novo partido. Também enfrentando dificuldades financeiras depois da Primeira Guerra, essa publicação liberal passou naquele ano para as mãos da indústria pesada e de grandes empresas. O *Neueste Nachrichten* permaneceria um dos maiores concorrentes do *Post*. Trazia diariamente o dobro de páginas, dificultando a vida do órgão social-democrata em sua campanha por assinantes.

No mesmo ano, assumiram a redação do *Münchner Neueste Nachrichten* o editor Paul Nikolaus Cossmann e o arquivista Fritz Gerlich, dois nomes que se tornariam importantes na cena jornalística da cidade e, por suas tendências conservadoras, grandes adversários do *Post*. Cossmann era um intelectual de origem judaica, convertido ao catolicismo e de forte inclinação nacionalista e monarquista. Gerlich, a princípio um protestante indiferente à religião, mais tarde se tornaria católico convicto. Como diretor de redação do *Neueste Nachrichten*, ele apoiava o governo ultraconservador de Kahr e tolerava o NSDAP. Só depois do chamado "golpe da cervejaria", em 1923, seu jornal passaria a fazer oposição ao líder nazista.

Desde que ingressara na política, no outono de 1919, o ex-cabo Adolf Hitler concentrava suas atividades na propaganda, empenhando-se em tornar seu partido conhecido. Logo começou a vituperar contra o capitalismo e o marxismo, assim como contra o tratado de paz recém-firmado pela Alemanha, que seria também o tema preferido de seus futuros discursos contra os social-democratas. Hitler escreveu, naquela época, provavelmente seu primeiro texto sobre a "questão judaica" – na verdade, uma carta para um dos participantes dos "cursos de esclarecimento", na qual pregava um antissemitismo baseado na "razão". Este visaria "à luta e à eliminação planejada e legal dos privilégios que o judeu possui, diferentemente dos outros estrangeiros que vivem entre nós. [...] O objetivo final deve ser, de maneira inalterável, a remoção definitiva dos judeus".[8]

Seu primeiro discurso em público ocorreu no mês seguinte a sua filiação. Já havia "treinado" anteriormente diante dos colegas, dando palestras nas casernas, mas, em 16 de outubro de 1919, falou pela primeira vez para um público geral, numa pequena sala da cervejaria Hofbräukeller (ou "porão da cervejaria da corte"), na Wiener Platz.

Hitler foi o segundo orador da noite – o primeiro, geralmente, era um membro da Sociedade Thule que tivesse algum renome ou, pelo menos, título ou currículo apresentável. Cerca de cem pessoas estavam presentes quando ele começou a discursar. Atacou os jornais adversários, defendendo a promoção de publicações "alemãs" em detrimento do que chamava de "imprensa de judeus". Hitler cunharia dessa maneira os jornais de esquerda, segundo ele financiados por "dinheiro judaico", entre os quais incluía o *Münchener Post*.

O discurso lhe serviu para confirmar seu talento de orador. Assim ele descreve, em *Mein Kampf*, a reação do público na cervejaria:

> O que eu antigamente sentia dentro de mim, sem saber direito, era agora comprovado pela realidade: eu sabia falar! Depois de trinta minutos as pessoas naquela pequena sala estavam eletrizadas, e a animação delas expressou-se inicialmente no fato de que meu apelo para que fizessem um sacrifício motivou a doação de 300 marcos.[9]

Naquela época, o DAP vivia apenas das minguadas contribuições feitas pelos poucos membros e simpatizantes.

Os modos exaltados de Hitler despertaram a atenção dos espectadores. De um "ninguém de Viena",[10] como o chamou o biógrafo Ian Kershaw, ele passava a ser agora um "homem da publicidade" – como o próprio Hitler se definiu numa carta de 1919 –, concentrado na tarefa de fazer de seu partido uma agremiação que atingisse o grande público. Se no início agitava apenas as casernas e as monótonas reuniões do DAP, logo se tornaria o "tocador de tambor", incitando a massa reunida nas cervejarias. Foi assim que começou a ganhar cada vez mais espaço dentro do partido, mesmo sem ocupar um cargo oficial.

Não demorou, entretanto, para que Hitler entrasse em conflito com algumas figuras da agremiação, como o jornalista esportivo Karl Harrer, do nacionalista *Münchener Beobachter*, o jornal precursor do órgão nazista *Völkischer Beobachter*. Harrer havia fundado o DAP com Anton

Drexler e estava mais interessado nas organizações secretas, nos moldes da Sociedade Thule, do que em eventos de massa. Saiu logo derrotado do conflito com Hitler e deixou, em janeiro de 1920, a presidência do partido.

Nos primeiros tempos no DAP, Hitler foi apresentado a algumas pessoas que se tornariam importantes tanto para sua carreira política como para o movimento nazista, como o ex-capitão Ernst Röhm, o poeta Dietrich Eckart e o arquiteto e escritor Alfred Rosenberg. Membro de um *Freikorp*, Röhm havia desempenhado importante papel na contrarrevolução em Munique e viria a ser o assessor de Hitler para questões militares, além de chefe da futura tropa de choque nazista, a SA. Homossexual, ele teria, anos depois, sua vida devassada pelo *Münchener Post*.

Eckart assumiria a chefia da redação do *Völkischer Beobachter*, tornando-se, além de grande amigo, o mentor intelectual de Hitler. Nacionalista e antissemita ao extremo, também criaria as canções da SA, entre elas a *Sturmlied* (Canção da tormenta). Dela sairia o grito de guerra nazista *Deutschland erwache!* (Alemanha, desperte!):

> Em volta só queimadas, torturas e mortes,
> Chamem a tormenta, para que a terra se erga,
> Sob o trovão da vingança salvadora:
> Ai do povo que hoje ainda sonha!
> Alemanha, desperte! Desperte![11]

Criado na Rússia, Rosenberg se tornaria o teórico do futuro NSDAP. Publicou uma série de textos racistas e antissemitas, como "O mito do século XX" (1930), que formariam a base da ideologia de raças nazista. Depois da morte de Eckart, em 1923, passaria a chefiar o *Völkischer Beobachter*.

O primeiro grande evento do DAP aconteceu no dia 24 de fevereiro de 1920. Os enormes cartazes vermelhos que haviam sido espalhados pela cidade nem mencionavam o nome de Hitler, e sim o do principal orador do encontro, o médico Johann Dingfelder, já conhecido por suas posições nacionalistas. No entanto, a atração da noite seria Hitler. Trajando seu casaco habitual, escuro e surrado, ele falou pela primeira vez para uma massa de cerca de 2 mil pessoas, espremidas no salão de festas da cervejaria Hofbräuhaus, na Platzl, uma pequena praça no centro de Munique. Após o discurso, anunciou o programa da nova agremiação nacional-socialista, que dias mais tarde mudaria seu nome para NSDAP. No início de sua fala, porém, operários e agitadores da oposição, provavelmente simpatizantes dos comunistas e socialistas, começaram a vaiá-lo e a jogar canecas de cerveja em sua direção, obrigando Hitler a procurar proteção. "Fora!",[12] gritavam os badernheiros. Atacados com chicotes, cassetetes de borracha e canecas de cerveja, os agitadores foram expulsos do local e saíram cantando A Internacional, o hino dos socialistas, pelas vielas escuras do centro da cidade.

A presença de agitadores em reuniões partidárias era comum na cena política alemã da época, sobretudo nas grandes cidades, como Munique. Eles simplesmente apareciam, geralmente à noite, com a única tarefa de atrapalhar os encontros de seus adversários com vaias e agressões. Essa tática era usada tanto por grupos de direita como de esquerda. Por isso, a maioria dos partidos logo instituiu sua *Saalschutz*, uma tropa de "proteção da sala", com o intuito não só de impedir a ação de oposicionistas em seus eventos, mas também de dar-lhes uma lição, afastando-os brutalmente.

Nos primeiros tempos do movimento nacional-socialista, até o líder social-democrata Erhard Auer (que oficialmente ainda convalescia em casa, recuperando-se das consequências do atentado no ano anterior) apoiou o envio de camaradas para importunar os eventos do novo adversário.[13] Esses homens eram, na maioria das vezes, trabalhadores vindos dos bairros operários de Sendlingen, no sudeste, ou de Haidhausen, no leste, tradicionalmente "vermelhos". Registrando naqueles anos alto índice de desemprego, tais bairros eram, com frequência, palco de manifestações violentas.

Por onde andava a polícia da cidade durante os conflitos nas cervejarias? Ela costumava estar presente nesses eventos, espionando os políticos e os militantes, com o objetivo de evitar conspirações, mas pouco cuidava de seu papel de resguardar a ordem. Presidida pelo ultranacionalista Ernst Pöhner, braço direito de Gustav Ritter von Kahr no Estado, a polícia perseguia com rigor os grupos de esquerda, inclusive os social-democratas do MSPD, encobria os assassinatos políticos promovidos pelas *Einwohnerwehren* e tolerava descaradamente os extremistas de direita e suas associações, assim como suas milícias. É consensual entre os historiadores que a proteção dada pela polícia naqueles anos aos grupos nacionalistas e antissemitas favoreceu enormemente o crescimento do partido de Adolf Hitler.

O novo líder ainda seria interrompido várias vezes por protestos dos espectadores, mas conseguia captar o público em seu favor. Num discurso curto e agressivo, não poupou ataques e insultos aos judeus, à democracia e aos governantes de Berlim, como o ministro Matthias Erzberger. "É incompreensível que esse senhor ainda não esteja na cadeia",[14] afirmou, sob aplausos calorosos.

No final, Hitler anunciou as 25 teses do programa da nova agremiação. Entre elas estavam a união dos povos germânicos, a suspensão do Tratado de Versalhes, a reaquisição das colônias perdidas pela Alemanha depois da guerra, a adoção de medidas discriminatórias contra os judeus e a construção de um Estado autoritário. O programa trazia também alguns pontos referentes ao "socialismo" defendido pelos nazistas: a ruptura do que chamavam de "escravidão dos juros", a estatização do solo e a participação nos lucros de grandes empresas – reivindicações, entretanto, que o partido logo abandonaria.

Hitler foi ovacionado e deixou a Hofbräuhaus satisfeito. Afinal, apesar dos momentos de tensão entre os espectadores, a assembleia terminara sem o quebra-quebra esperado e fora um sucesso de público, considerando que se tratava do evento de um partido pequeno e desconhecido. No futuro, Hitler escreveria que naquele dia "um movimento" havia começado, "uma chama" havia sido acesa.[15]

Foi um exagero. Afinal, a imprensa de Munique mal noticiou o evento da agremiação nazista e ainda demorou para mencionar a existência de Hitler. O *Münchner Neueste Nachrichten* chegou a dar uma nota a respeito, citando sobretudo o discurso de Dingfelder, o primeiro palestrante, mas nem se preocupou em ir atrás do nome do segundo homem a falar, informando apenas que "um orador, com ataques espantosos contra Erzberger e o judaísmo", teria provocado confusão.[16]

Para o *Münchener Post*, o assunto mais importante naquela semana era a situação econômica catastrófica de Munique e de praticamente todo o país. Sob o comando do prefeito social-democrata Eduard Schmid, ex-jornalista do *Post*, a capital bávara sofria duramente com as consequências da grande crise econômica por que passava a Alemanha no pós-guerra. Faltavam empregos, alimentos e moradias, os preços aumentavam constantemente e a moeda desvalorizava-se. Pobreza e desnutrição atingiam grande parte da população, inclusive as crianças. Desempregados faziam fila, todos os dias, em frente às instituições de caridade, em busca de comida ou de algum apoio. Sempre atento às questões sociais, o *Post* tratava diariamente do assunto tanto em sua seção local como na coluna "A situação da nutrição", sobre a crise em outras regiões do país, além da Baviera.

Passada a assembleia na Hofbräuhaus, Hitler intensificou ainda mais suas atividades na propaganda, sempre visando a tornar o NSDAP um partido popular, que conquistasse as páginas dos principais jornais da cidade. Ele faria, então, um discurso após o outro, e as grandes assembleias da agremiação seriam realizadas principalmente nas famosas cervejarias de Munique. Até o final de 1920, o partido nazista promoveria mais de trinta eventos de massa, além de uma série de encontros menores, nos quais Hitler também costumava discursar. E já naquele começo de carreira o líder nazista não descartava a violência como meio de fazer política. Segundo um relatório do Exército datado de 15 de maio, o cabo teria dito num dos discursos feitos naquele mês: "Chegará o dia no qual nossos objetivos serão realizados, e para isso precisamos de ação e violência; mesmo com uma polícia que não quer saber de ação e violência, o fato é que precisamos da violência para impor nossa luta".[17]

Com suas palavras agressivas, nacionalistas e antissemitas, Hitler passou a atrair para o NSDAP uma verdadeira massa de insatisfeitos, tornando o partido, nas palavras de Wilhelm Hoegner, "um depósito de decepcionados".[18] Contudo, entre seus primeiros simpatizantes também se destacavam mulheres e jovens – as primeiras, pela atração que o novo líder exercia; os outros, não só pela falta de perspectiva, como por puro idealismo, segundo o historiador Franz-Willing. "O grande impulso para esse sucesso fabuloso [dos nacional-socialistas] veio da vontade de inovação da juventude alemã. [...] Por meio do idealismo e do sentido de autossacrifício, o movimento hitlerista foi parar nas alturas [...]."[19] Logo o NSDAP começou a se sobressair entre os agrupamentos de direita que atuavam na cidade, e Hitler foi se transformando no principal homem do partido e em estrela da vida política de Munique.

No final de março de 1920, ele deixou o Exército para dedicar-se exclusivamente à política. Passava o tempo preparando suas falas ou lendo jornais, de onde tirava, segundo Ian Kershaw, as "munições" para os discursos. Havia se mudado para um apartamento modesto não muito longe do centro, na Thierschstrasse, nº 41, e, quando não estava no escritório do partido, na Sterneckerbräu, podia ser encontrado nos cafés do centro ou do bairro de Schwabing. Seus locais preferidos eram o Café Neumayr, no mercado Viktualien, e o Café Heck, na Galeriestrasse, onde costumava ter uma mesa reservada para si e seus correligionários. Vivia provavelmente da ajuda de amigos, como Dietrich Eckart. O mistério que mantinha, entretanto, a respeito de seus meios de sustento acabaria por provocar conflitos dentro do próprio partido – e também seria um bom "gancho" para uma das primeiras campanhas do *Münchener Post* contra Hitler.

Os primeiros confrontos com o *Post*

O nome de Adolf Hitler em pouco tempo começou a ganhar mais e mais destaque nos cartazes do NSDAP. "Um orador brilhante", dizia um deles, chamando o público para um dos eventos. O partido também começou a crescer. No final de 1919, tinha menos de duzentos membros. Em junho de 1920, os nazistas já chegavam a mais de mil. No início de 1921, havia 2.500 deles na Alemanha. À medida que Hitler se impunha como a principal figura do partido, o *Münchener Post* intensificava sua cobertura, criticando principalmente o antissemitismo agressivo da nova agremiação.

As notas do jornal sobre os nazistas tornaram-se cada vez maiores, mais frequentes e mais afiadas, deixando os pés de página para ganhar destaque na seção local. Agora, enfatizava-se a presença de desocupados e do público jovem nas reuniões do NSDAP. Muitos estudantes da época haviam servido no Exército e nos *Freikorps*, tendendo politicamente para grupos conservadores, nacionalistas e antissemitas. O *Post* continuava mostrando certa indignação a respeito do nome da agremiação e negando-se a admitir que também pequenos comerciantes, soldados insatisfeitos e desempregados estivessem sendo atraídos pelos grandes eventos do NSDAP.

Em 20 de maio, o jornal assim comentou a respeito de uma assembleia do Partido Nacional-Socialista dos Trabalhadores Alemães:

> Ele [o NSDAP] autodenomina-se, de maneira bombástica, "Partido dos Trabalhadores". Ontem, no salão de festas da Hofbräuhaus, viu-se de tudo,

exceto trabalhadores. No lugar deles estava uma claque de estudantes, adolescentes de suástica e beberrões de cerveja.[1]

Em junho, voltou a se referir a Hitler no texto "Caçada aos judeus", sobre um encontro dos nazistas:

> Apareceram burgueses antissemitas e estudantes mais jovens, acompanhados dos pais ou de outros adultos. Quem falou foi o senhor Hitler, que se comportou mais como um comediante. Sua palestra, lembrando uma cantiga, trazia a cada três frases o refrão: "A culpa é dos hebreus". Não há infâmia ou porcaria que não seja atribuída aos judeus. [...] E os antissemitas reunidos, que têm a ousadia de chamar seu partido de Partido dos Trabalhadores, jubilavam e aplaudiam.[2]

Como de costume nos relatos do jornal, um comentário irônico arrematava o texto: "Uma obra-prima de assembleia".

Nem mesmo no quente verão de 1920 o NSDAP deu folga aos jornalistas de Munique, promovendo quase toda semana uma nova assembleia do partido. O *Münchener Post* publicou pequenos textos sobre esses eventos, escritos provavelmente por seu repórter local, Carl Sotier, ou por testemunhas que lá haviam estado – um recurso usado com certa constância pela redação, pouco contribuindo para obter um relato objetivo dos acontecimentos. Não raro, o jornal até usava cartas de leitores para noticiar os fatos, não ocultando, porém, a fonte e avisando de antemão: "Um leitor nos relatou…".

De todo modo, as notas publicadas, embora geralmente curtas, não só criticavam os discursos antissemitas de Hitler, como também atacavam a complacência do governo Kahr com o radicalismo daquele grupo. No texto "Ignorância ou crime", o jornal denunciou a escalada dos vitupérios contra o Tratado de Versalhes e contra os judeus feitos por agrupamentos de direita como o NSDAP: "Em Munique, as pessoas reunidas em torno da suástica têm carta branca para agir".[3]

Também não demorou muito para que o *Post* chamasse Hitler de "o instigador mais astuto que vem tumultuando Munique"[4] e destacasse alguns métodos antidemocráticos do NSDAP. Desde que ingressara na política, segundo o historiador Franz-Willing, Hitler não tinha escrúpulos para combater os princípios democráticos dentro do partido. Sua linha seria compartilhada pelo correligionário Anton Drexler, para quem todo movimento revolucionário precisava de uma "cabeça ditatorial".[5] O *Post*, por enquanto, tratava apenas da proibição que os nazistas impuseram a seus partidários de criticar a agremiação. Sobre o caso de um pódio de discussão no qual um participante insatisfeito fora impedido de falar, o jornal concluiu: "Isso mostra pelo menos um avanço, já que o costume é simplesmente pôr os convidados incômodos para fora".[6]

Em 10 de setembro, ao noticiar uma discussão entre os membros do NSDAP, o *Post* qualificou o líder do partido de "o não tão desconhecido senhor Hitler". Também fez um pequeno balanço de sua cobertura antinazista, não poupando autoelogios. "O *Münchener Post* foi o primeiro a revelar a nocividade dessa instigação política e, desde o começo, a combatê-la de maneira decisiva e consequente."[7]

Hitler, no entanto, não se intimidou com os comentários do jornal naquele seu primeiro ano como "tocador de tambor". Ao contrário, revidou as críticas em várias ocasiões. Em junho, durante discurso em uma assembleia do NSDAP, provocou o repórter do *Post* ali presente, segundo um relatório da polícia: "O orador desafiou quem quisesse subir ao pódio para falar do que não gostava. O homem do *Münchener Post* deveria tirar sua pele de lobo, dali sairia então um burro e com suas orelhas ele poderia ouvir o que ele [Hitler] dizia".[8]

Esses primeiros ataques recíprocos entre Hitler e o *Post* são amenos, se comparados com o que estava por vir. Nos eventos políticos, tornavam-se cada vez mais frequentes as interrupções que terminavam em pancadarias entre arruaceiros de direita e de esquerda, nas quais também social-democratas moderados estavam envolvidos. Para "lidar" com seus adversários, o NSDAP criou, em novembro de 1920, um "departamento de ginástica e esportes". Por trás do nome inofensivo, ocultava-se, na verdade, uma tropa de combate, que originaria no ano seguinte a poderosa organização paramilitar SA.

Já os social-democratas contavam com a Guarda de Auer, uma tropa de proteção para suas assembleias, instituída em 1919, depois do atentado contra Erhard Auer. No início, tratava-se apenas de um grupo de guarda-costas. Depois, recebeu o apoio de operários que haviam guardado as espingardas das milícias de bairro para caçar veados nos arredores de Munique, como contaria Carl Landauer, um dos chefes do grupo.[9] Com essas armas, eles passaram a proteger as reuniões social-democratas e também a tumultuar os encontros dos oposicionistas. Comparada, porém, com a SA de Hitler, a Guarda de Auer era bem menos potente, pois não dispunha de tantas armas como os capangas nazistas.

Hitler e seu NSDAP terminaram 1920 com uma importante aquisição. Além de ganhar cada vez mais destaque na imprensa de Munique, o partido nazista comprou em dezembro o jornal de extrema direita *Völkischer Beobachter*, sucessor do *Münchener Beobachter*, que estava ligado à Sociedade Thule na época da revolução. Se antes atendia ao movimento nacionalista e antissemita em geral, a publicação passou a servir unicamente à propaganda do NSDAP. Logo se tornaria o principal adversário do *Münchener Post* na imprensa.

O primeiro artigo de Hitler no *Völkischer Beobachter* foi publicado na primeira página da edição de 1º de janeiro de 1921. Intitulado "O pensamento nacionalista e o partido", o texto atacava os judeus, pregava contra o "bolchevismo judaico" na Rússia, contra a "semitização" do Estado alemão e questionava: "Um povo de poetas e pensadores tornando-se um povo de hilotas?". Naquele ano, Hitler também intensificaria sua campanha tanto em Munique como no interior da Baviera, além de buscar doações em outras cidades do país, como Berlim.

Segundo o biógrafo Ian Kershaw, crises serviam como "oxigênio" para Hitler,[10] e foi assim desde o início de sua carreira política. No final de janeiro, os países aliados fixaram, em uma conferência realizada em

Paris, a dívida astronômica de 226 bilhões de marcos-ouro a ser paga pela Alemanha em um período de 42 anos, como reparação dos danos causados pela Primeira Guerra Mundial. A indignação tomou conta do país. Na edição de 2 de fevereiro, a manchete do *Post* perguntaria: "Quarenta e dois anos de 'trabalhos forçados' como castigo?".

Hitler não perdeu tempo. Decidiu sozinho convocar para o dia 3 de fevereiro uma assembleia no mais famoso circo de Munique, o Zirkus Krone, próximo da estação central e cujo dono simpatizava com os nazistas. O evento foi organizado às pressas, sem tempo para muita publicidade. Dois caminhões, envoltos com a cor vermelha e as bandeiras do partido, saíram jogando panfletos pelas ruas – uma das várias técnicas de campanha que os nacional-socialistas copiariam dos comunistas. Hitler passou o dia sob tensão. Temia o fracasso de público e a ação violenta de agitadores oposicionistas. O NSDAP contava com suas "tropas de proteção", mas elas ainda eram pequenas e poderiam não conseguir cobrir o espaço imenso oferecido pelo Zirkus Krone. Além disso, começou a chover forte na cidade.

A assembleia estava marcada para as oito horas da noite e, quando Hitler chegou, com apenas dois minutos de atraso, surpreendeu-se: "Só depois que consegui atravessar a multidão e chegar ao pódio instalado mais ao alto vi a dimensão do sucesso. Aquele salão encontrava-se na minha frente, como uma concha gigante, repleto de milhares e milhares de pessoas. Até o picadeiro estava ocupado".[11]

Mais de 6 mil pessoas juntaram-se ali, no maior evento promovido pelos nazistas até então, para ouvir o discurso "Futuro ou declínio". Hitler falou por mais de duas horas, criticando a "escravização" do povo alemão pelo tratado de paz de Versalhes e atacando o governo em Berlim por aceitar as exigências de reparações dos aliados. Encerrada com o hino da Alemanha e sem tumulto algum, a assembleia representou um relevante sucesso para os nazistas. Segundo o historiador Franz--Willing, Hitler confirmou, naquela ocasião, seu instinto para escolher o momento certo de fazer propaganda.[12]

O *Post* ignorou o evento no Zirkus Krone. Estava ocupado demais com as resoluções de Paris e, usando expressões semelhantes às de Hitler, também denunciou nos dias seguintes o que chamava de "escravização" da Alemanha.

O jornal social-democrata, entretanto, logo voltou a provocar o líder nazista e seu partido na seção local. E Hitler rebatia tanto em discursos como em artigos para o *Völkischer Beobachter*. Num deles, "Mentiram e imprimiram", publicado em 8 de maio e assinado apenas com as iniciais A. H., chamou o *Münchener Post* de "sapo judaizante" e, pela primeira vez, comparou as campanhas do jornal a "veneno":

> Houve um tempo em que não se passava um dia sequer sem que o *Münchener Post*, uma das publicações judaicas mais imundas, manchasse e sujasse pessoas corretas. Não havia um ministro, uma autoridade de índole boa e sincera, na qual esse sapo judaizante da Altheimer Eck não injetasse seu veneno.[13]

Hitler passou a adotar com frequência o atributo "venenoso" ao mencionar seus principais adversários, reservando-o, como escreveu o jornalista Ron Rosenbaum no livro *Para entender Hitler*, "para aqueles a quem odiava mais profundamente".[14] Usava-o para se referir tanto aos judeus como à redação social-democrata do *Münchener Post*, que chamava de "cozinha venenosa". Hitler falou de "veneno" até mesmo horas antes de se suicidar num *bunker* em Berlim, na madrugada de 29 de abril de 1945. No último documento que escreveu, exortou o povo alemão a jamais abandonar a resistência "contra o judaísmo internacional, o envenenador de todos os povos".[15]

A partir da primavera de 1921, o líder nazista não economizaria adjetivos para atacar o *Münchener Post*, qualificando-o sobretudo de "jornal judeu e marxista", mas igualmente de "arremessador piolhento de lama da Stachus",[16] nome popular de uma importante praça de Munique, a Karlsplatz, situada bem perto do jornal.

Mesmo sem um cargo formal, Hitler tornava-se, indiscutivelmente, o principal líder do NSDAP. Enquanto o partido crescia também no interior da Baviera e chegava até mesmo a algumas cidades de fora do Estado, o ex-cabo adquiria cada vez mais poderes dentro da agremiação. Em 11 de julho, após um conflito em torno de uma eventual fusão do partido nazista com outro agrupamento nacionalista, ele deixou o NSDAP. Criticava os programas incompatíveis dos dois partidos, opondo-se à união – na verdade, temia perder espaço num partido maior. Seu afastamento revelou-se um modo de obter mais poder. Quinze dias depois de sua saída, Hitler voltou para o NSDAP na condição de presidente "com poderes ditatoriais".[17] O partido estava finalmente sob seu controle.

O caso trouxe muito descontentamento entre os próprios correligionários nazistas, o que seria devidamente destacado no *Münchener Post*. Em 3 de agosto, no alto da seção local, o texto "Adolf Hitler, traidor?" trouxe as linhas mais provocadoras publicadas até então contra o nazista. Nele, o jornal transcrevia um panfleto contra Hitler, escrito anonimamente por membros insatisfeitos do NSDAP – o *Post* recebia com frequência informações e documentos encaminhados por correligionários nazistas descontentes com a evolução do partido.

Segundo o panfleto, Hitler estaria usando a agremiação como um "trampolim para fins imundos". Para tanto, postulava uma "ditadura exclusiva", recusando-se a discutir e negociar com os demais membros do partido. O texto também questionava as origens das doações feitas ao NSDAP, assim como a profissão e o sustento do novo líder. Afirmava que Hitler, ao ser indagado a respeito, sempre tinha ataques "de raiva e de nervos". O panfleto ironizava o fato de o novo "rei de Munique", como o chefe do NSDAP já costumava ser chamado por jornalistas locais, fazer sucesso entre as mulheres, que se tornavam cada vez mais numerosas nos eventos do partido, e concluía: "Nacional-socialistas! Julguem, vocês mesmos, tal caráter. Hitler é demagogo e só se apoia no talento para falar!".[18]

O texto foi um duro golpe para Hitler e, com isso, o *Post* entrou definitivamente na mira do líder nazista, que processou o jornal por injúria. A reação imediata à divulgação do panfleto veio do novo diretor de redação do *Völkischer Beobachter*, Dietrich Eckart, que escreveu uma série de artigos defendendo Hitler das acusações e chamando os autores do documento de "trapos anônimos".[19] Naquela época, Eckart havia assumido a autoria dos principais textos do *Beobachter*, enquanto Hitler voltava a concentrar-se nos eventos de massa. O julgamento do caso aconteceu em dezembro. Nos depoimentos para o tribunal, que Hitler usava como palco para seus discursos, ele exigiu a retratação das "mentiras, embustes e logros" e reivindicou a "prisão perpétua" para os redatores.[20] Essa foi a primeira disputa na Justiça entre os dois adversários, e dela o *Post* saiu derrotado: o redator Eugen Kirchpfening, responsável pelo jornal no dia da publicação do texto, foi condenado a pagar uma indenização de 600 marcos ao nazista.

Em setembro de 1921, o líder social-democrata Erhard Auer, então com 47 anos, assumiu a direção do *Post*, na condição de acionista e editor-responsável. Depois da gestão Adolf Müller, a publicação voltava a ter um chefe dividido entre a redação e a política, o que traria algumas vantagens: com o redator Hans Dill, funcionário do MSPD, Auer abasteceria o jornal com tantas informações de bastidores e notícias exclusivas da política que ele se tornaria, nas palavras do historiador Klaus Piepenstock, "insuperável na Baviera".[21]

Os capangas de Hitler, entretanto, continuariam de olho no *Münchener Post*. Cartas e telefonemas anônimos, até mesmo para o apartamento particular de Auer, assim como janelas quebradas na redação da Altheimer Eck, começaram a fazer parte do dia a dia dos jornalistas. Não restava dúvida de que também eles corriam risco. Três granadas foram jogadas dentro do jornal, em 12 de julho, mas por alguma falha não explodiram. Na noite de 25 de outubro, Auer foi atacado por duas pessoas. Ele chegou a disparar contra os agressores, porém estes conseguiram fugir e jamais foram presos. Dois dias depois, o *Post* publicou um artigo longo e detalhado elogiando o sangue-frio de seu editor e atacando o novo governo bávaro, agora nas mãos do conde Hugo de

Lerchenfeld, ligado ao monarquista BVP, por sua condescendência com os grupos de direita e os crimes políticos que ocorriam no Estado.

O clima político piorou muito no outono de 1921. No final de agosto, o ministro das Finanças, Matthias Erzberger, havia sido assassinado no sul do país, o que levou o *Post* a intensificar sua campanha contra os *Fememorde* e as violentas milícias de bairro que ainda atuavam na Baviera. Praticamente não havia um dia sem que o jornal noticiasse um ataque nos becos de Munique envolvendo militantes políticos.

Ao mesmo tempo, aumentava a instigação antissemita. Em setembro, a imprensa da cidade denunciou tantas vezes a distribuição de panfletos contra os judeus que a polícia prendeu Hitler, agora líder oficial do partido, soltando-o pouco depois, por falta de provas. Os panfletos anônimos eram lançados à população do alto da Prefeitura, das torres das igrejas e até mesmo das montanhas-russas da Oktoberfest, com provocações como "Judeus soviéticos como ministros" e "Revolução dos trabalhadores ou ditadura de judeus?".

Além disso, outro problema incomodava as autoridades bávaras: a nova organização paramilitar nazista, a SA, cuja agressividade era patente desde seu surgimento. Quando foi fundada, em outubro de 1921, a SA reunia cerca de trezentos homens, que atuavam não só em Munique, mas também em outras cidades da Baviera nas quais o partido nazista começava a se organizar. Seus membros foram recrutados das *Einwohnerwehren*, as milícias de bairro, quando estas entraram em fase de dissolução. Era formada principalmente por jovens desempregados, artesãos e estudantes, que nela tinham comida e algum sustento garantidos, e financiada com doações e contribuições pagas pelos filiados.

Se, no começo, seus membros se armavam com cassetetes de borracha, bastões e socos-ingleses, logo passaram a dispor de uma verdadeira artilharia para lidar com seus adversários. Seu campo de ação não se limitava às ruas e às reuniões dos grupos oposicionistas: invadiam até mesmo peças de teatro e palestras científicas, sempre que estas iam contra as ideias do partido nazista.

Foi o jovem relojoeiro Emil Maurice, que também trabalhava como motorista de Hitler, quem chefiou a organização nos primeiros tempos. Era um homem alto e moreno, que apreciava música romântica e tocava vários instrumentos. Gostava ainda de lutar boxe nas horas livres e tinha um temperamento colérico e explosivo,[22] características que o levariam a liderar os ataques da SA contra os adversários, entre eles o *Münchener Post*, na Altheimer Eck.

Por ser, além de chofer, guarda-costas informal de Hitler, Maurice tornou-se o melhor amigo do futuro *Führer* e uma das poucas pessoas que o tratavam por "você" – e não por "senhor", como era costume na época entre patrões e empregados ou mesmo entre correligionários. Maurice dividia com o chefe não apenas o antissemitismo declarado, mas também a paixão por automóveis e a predileção pela vida de solteiro. Havia, porém, um grave problema: a família de "Moritzl" (Mauricinho), como Hitler apelidara o empregado, tinha origens judaicas, apesar de sua tendência conservadora e nacionalista. Esse fato, que o líder nazista desconhecia no início, traria depois uma série de complicações ao jovem relojoeiro e ao próprio *Führer*.

O batismo de fogo da nova tropa de choque aconteceu em 4 de novembro de 1921, em uma assembleia do NSDAP na cervejaria Hofbräuhaus. O local estava protegido por cerca de cinquenta homens da organização, liderados por Maurice. Em mais um de seus longos discursos, realizado como de costume sobre uma mesa, Hitler voltou a atacar com violência os judeus e os "criminosos de novembro", provocando os socialistas e os comunistas ali presentes. Foi várias vezes vaiado, mas conseguiu falar por mais de uma hora – até começar a arruaça.

Há diferentes versões sobre quem teria iniciado o conflito. Para Hitler, os responsáveis foram, obviamente, os agitadores de esquerda. Fato é que, aos gritos de "Liberdade!", canecas de cerveja e cadeiras começaram a voar sobre a multidão ali reunida e o caos tomou conta do local. Os capangas de Hitler não desapontaram seu líder, que escreveria anos depois:

> Fiquei parado no meu lugar, observando como meus jovens cumpriam inteiramente sua obrigação. [...] Eles partiram em bandos, como lobos, para cima dos adversários, colocando-os, aos poucos, para fora do salão. Cinco minutos depois não vi nem um sequer que não estivesse banhado em sangue.[23]

A confusão durou cerca de vinte minutos, deixando muita gente ferida, e foi sufocada não pela ação da SA, mas da polícia. Em *Mein Kampf*, Hitler concluiria seu relato sobre "a batalha do salão", como ficou conhecido o incidente, fazendo uma menção ao *Post*: "Nossos adversários não esqueceriam a lição que havíamos dado. Até o outono de 1923, o *Münchener Post* não nos mostraria mais o punho do proletariado".[24]

O jornal, todavia, não silenciou. No dia seguinte, deu sua versão do caso, chamando os socialistas e comunistas ali presentes simplesmente de "trabalhadores" e evitando tratá-los de agitadores de esquerda. Segundo o *Post*, um jovem da SA teria começado o conflito: "A tropa de choque espumava com seus cassetetes de borracha, um costume dessas assembleias que os operários não conheciam; por isso, estes partiram para a resistência, numa excitação compreensível".[25]

Os nazistas conquistam as manchetes

O ano 1921 foi apenas o prenúncio de uma batalha maior entre o *Münchener Post* e Hitler; em 1922, ela se acirraria ainda mais. O jornal atacava agora em duas frentes: além de denunciar todos os dias a violência promovida por militantes nazistas nas ruas de Munique, sobretudo contra judeus, passou a criticar mais duramente a complacência do governo e da Justiça. "A Promotoria em Munique tem dificuldades de se decidir por apanhar os nacional-socialistas. [...] Se esquerdistas radicais instigassem generais da mesma forma, qual teria sido a condenação?",[1] escreveu, em abril, a respeito da pena branda concedida a nazistas que haviam distribuído um panfleto antissemita.

O *Post* também destacou os cada vez mais frequentes processos por calúnia, injúria e difamação envolvendo nacional-socialistas e partidos da oposição. Desde a publicação pelo jornal do panfleto contra Hitler, o *Völkischer Beobachter* vinha divulgando uma série de artigos caluniosos contra Erhard Auer, do *Post*. O caso foi parar na Justiça e Dietrich Eckart, responsável pelo jornal antissemita, foi condenado a pagar uma multa leve ao editor social-democrata, uma das poucas vezes em que o *Post* ganhou uma causa.

Também em 1922, em outro caso, relacionado a conflitos físicos com seus adversários, Hitler foi condenado a três meses de prisão por perturbar a ordem pública. Na ocasião, o governo bávaro até especulou sobre a eventual expulsão daquele cidadão austríaco que vinha causando badernas na cidade. No entanto, a Justiça mais uma vez mostrou-se condescendente, e o líder nazista ficou preso na cadeia de Stadelheim, em Munique, por apenas um mês.

Apesar da campanha do *Post*, o NSDAP continuou a crescer, e Hitler, a fazer novas "aquisições". Em maio de 1922, numa palestra para empresários de Munique, reunidos no Herrenclub, provou que não fazia sucesso apenas entre os desocupados e arruaceiros típicos das cervejarias, mas cooptava também homens influentes da cidade. Assim, começou a frequentar os salões e as casas de famílias importantes – uma grande conquista pessoal para o ex-cabo e para o partido, que passara a registrar então 6 mil filiados, quase três vezes mais do que em 1921.

Um dos principais financiadores, Ernst Franz Sedgwick Hanfstaengl, apelidado de Putzi, era filho de um abastado editor de livros de arte de Munique e de uma norte-americana. Acabara de retornar à Alemanha depois de uma estada de alguns anos nos Estados Unidos, onde havia estudado em Harvard com o futuro presidente Franklin D. Roosevelt e trabalhado na galeria de arte dos pais, em Nova York, que contava com Charles Chaplin entre seus clientes. Hanfstaengl conheceu Hitler numa assembleia do NSDAP em novembro de 1922 e ficou "fascinado", conforme relata em suas memórias.[2] O convívio entre os dois se estreitou, incentivado também pelo fato de Putzi ser bom pianista, o que agradava a Hitler, que era apaixonado por música clássica, em particular por Richard Wagner. Hanfstaengl logo se tornaria não só importante financiador do NSDAP, como também assessor do líder nazista para contatos e assuntos internacionais.

Por intermédio de Putzi, Hitler entrou no círculo dos wagnerianos, ao qual pertencia a família Bechstein, proprietária de uma tradicional fábrica de pianos de Berlim. Quando se encontrava em Munique, Helene Bechstein costumava dar recepções em sua suíte do hotel Bayerischer Hof, para as quais convidava autores, músicos e membros da alta sociedade, entre eles Elsa Bruckmann, princesa nascida na Romênia, cujo marido, Hugo Bruckmann, era dono de uma importante editora de livros de arte – e de algumas obras antissemitas. Pela casa dos Bruckmanns já haviam passado importantes intelectuais da virada do século, como Rainer Maria Rilke e Friedrich Nietzsche.

Hitler logo cativou as duas mulheres, com seus galanteios e sua educação musical. Elsa Bruckmann e Helene Bechstein mimavam-no com presentes e boa comida, principalmente bolos e tortas, nos quais ele era viciado. Elas o ajudariam também em algo ainda mais importante: introduzir o futuro ditador nas regras da alta sociedade, úteis no contato com novos patrocinadores. Hitler e o NSDAP ganhavam, enfim, adeptos influentes, tornando-se, como escreve o historiador Franz-Willing, cada vez mais "dignos de crédito".[3] Altas somas de dinheiro começariam, então, a fluir na direção do partido, que andava com sérios problemas financeiros desde a compra do *Völkischer Beobachter*.

A Alemanha continuava em estado de ebulição. Em 24 de junho, o ministro do Exterior, Walter Rathenau, industrial e intelectual judeu, foi assassinado dentro de seu carro, em Berlim. Prestigiado no exterior, Rathenau vinha desempenhando bom trabalho na política de distensão do governo alemão com os antigos inimigos da Primeira Guerra, motivo pelo qual era odiado pelos nacionalistas. O crime ocorrido na capital teve consequências em todo o país, provocando a escalada da violência entre grupos de esquerda e direita nas grandes cidades e aumentando o clima de guerra civil.

Para conter os protestos, o governo central lançou dois decretos e uma lei "de proteção à República", proibindo organizações de extrema direita e autorizando sua perseguição. Vários escritórios do NSDAP nos Estados da Prússia, Saxônia e Turíngia foram fechados. Isso só fez aumentar o ódio dos grupos nacionalistas pelo governo em Berlim, agora nas mãos do chanceler Joseph Wirth, do partido católico Centro. Sempre contra as intervenções vindas de Berlim, o governo bávaro recusou as novas medidas, mantendo livres as agremiações nacionalistas e antissemitas, que continuaram com sua agitação violenta.

A chegada do verão veio acompanhada de uma onda de manifestações políticas. Enquanto em Munique grupos paramilitares protestavam nas ruas contra as medidas do governo central, organizações socialistas em Berlim pediam uma ação militar contra a Baviera. O conflito deflagrou uma crise dentro do próprio governo bávaro, já que muitos membros do conservador BVP achavam Lerchenfeld fraco demais nas negociações com a capital. O governador foi obrigado a mudar seu secretariado e a buscar novos apoios, passando a ser sustentado também pelo partido antissemita DNVP, cujos membros o *Post* gostava de chamar de "confrades da suástica". Com isso, a Baviera dava mais um passo para a direita.

O conde de Lerchenfeld renunciou em novembro. No entanto, permaneceu o perigo de golpe por grupos nacionalistas e antirrepublicanos, sempre apoiados por membros do Exército insatisfeitos com os rumos tomados pelo governo central. Apesar de úteis no combate aos radicais de esquerda, essas associações nacionalistas começavam a tornar-se uma ameaça ao Estado. Com seus desfiles feitos livremente no centro das grandes cidades, tentavam demonstrar força e manter a crença no poderio militar alemão, muito alquebrado ao final da Primeira Guerra.

O primeiro desfile das tropas nazistas fora de Munique aconteceu em outubro de 1922 em Coburgo, no norte da Baviera, por ocasião do *Deutscher Tag* (dia alemão), quando os principais grupos nacionalistas do país costumavam se exibir nas ruas. Hitler apareceu marchando com cerca de 650 membros da SA uniformizados, e ali ficou claro que a tropa de choque nazista era um verdadeiro exército, a serviço de um único partido. O evento terminou numa grande batalha de rua com grupos de esquerda, com pancadaria e quebra-quebra, deixando feridos por todos os lados, inclusive policiais.

Os conflitos ocuparam durante dias a atenção da imprensa em todo o país. Além disso, serviram para o NSDAP ficar conhecido em outras regiões, conquistar adeptos no norte da Baviera e, finalmente, facilitar sua união com o também antissemita Deutschsozialistische Partei (DSP, Partido Socialista Alemão), de Nuremberg. Na condição de "ditador" do NSDAP, Hitler já colocara de lado sua aversão a fusões com outros grupos nacionalistas.

Mais um nome ligado à nobreza da Baviera chefiava agora o governo: o jurista Eugen Ritter von Knilling, ligado ao BVP. Sob sua gestão, continuou a perseguição aos grupos e partidos de esquerda, embora a pior ameaça viesse da extrema direita. Dois dias depois de nomeado pela Assembleia, Knilling autorizou a polícia a invadir o *Münchener Post*.

Em 10 de novembro, sexta-feira, os jornalistas do *Post* tomavam as últimas medidas para o fechamento da edição do dia, previsto para o meio-dia, quando ouviram um tumulto na Altheimer Eck. Por volta de onze horas, um destacamento da polícia entrou no prédio e ocupou a redação. O motivo da ação policial era uma ação movida por "traição à pátria" contra o escritor e redator Julius Zerfass, que, na ausência do editor, respondia por todo o jornal, embora fosse apenas o responsável pela página cultural.

Semanas antes, o *Post* havia publicado um texto sobre depósitos ilegais de armas mantidos pelos nazistas na Francônia – notícia, aliás, dada originalmente por outra publicação –, provocando o processo. O problema é que nem Zerfass nem ninguém da redação sabia da existência de uma denúncia contra o redator do jornal. Os policiais permaneceram no prédio por três horas, fazendo buscas e apreendendo documentos. Sob protestos dos jornalistas, reviraram não só a redação, mas também o escritório de Erhard Auer e a administração da editora Birk & Co., responsável pela publicação. "Trata-se de um procedimento vindo de uma polícia política, que carece de base jurídica. O ataque ao *Post* foi uma investida planejada há muito tempo; a notícia foi apenas um pretexto", escreveu o jornal na edição do fim de semana.[4]

Apesar do susto que levou com a invasão e o processo, Zerfass não se abalou. Aos 36 anos, esse poeta-jornalista já havia passado por dificuldades bem maiores. A pobreza dominou sua infância e juventude em Kirn, no oeste da Alemanha, onde nasceu. Sua primeira formação foi a de jardineiro e, nessa função, sofreu em 1909 um acidente que lhe deixou uma terrível consequência para o resto da vida: a paralisia de uma das pernas. Incapacitado para fazer trabalhos pesados, interessou-se por literatura e jornalismo, que começou a praticar em publicações sindicais. Entrou para o *Post* em 1919, durante os meses agitados da revolução. Conta-se que os colegas reconheciam sua chegada à redação da Altheimer Eck pelo arrastar da perna manca. Cuidava do folhetim e das críticas culturais, mas também publicava artigos e poemas, muitos deles voltados para a situação dos operários, em outros órgãos social-democratas, como o *Vorwärts*, de Berlim.

O movimento nacional-socialista tornava-se perigoso até mesmo para os governantes bávaros, que, embora temessem a possibilidade de golpe, não tomavam medida alguma para conter Hitler, que seguia em sua campanha intensiva, batendo recordes de público na promoção de assembleias. Num único dia, em 1º de dezembro, o NSDAP fez cinco grandes eventos públicos; no dia 13, dez assembleias. Segundo o historiador Franz-Willing, mobilizando a população de tal maneira e crescendo continuamente, o partido tornava-se um "fator dominante" da política na Baviera.[5]

As páginas do *Post* continuavam repletas de textos sobre ações antissemitas promovidas pela SA, a respeito das quais o jornal fazia uma cobertura muito mais policial do que política: ataques noturnos contra passantes, comerciantes judeus vítimas de roubos e maus-tratos, quebra-quebras em cafés e protestos que terminavam em arruaça. Como os nazistas, o *Post* usava adjetivos bombásticos para denominar seus adversários: "zaragateiros", "bandoleiros", "bolchevistas de direita" e "cavaleiros da suástica". E também mandava recados irônicos para as autoridades, como este: "Trazemos essas informações para ajudar a polícia em sua tarefa de zelar pela paz e pela ordem".[6]

Com a expansão da violência, o jornal intensificou sua propaganda a favor da guarda social-democrata, visando a aumentar não só a proteção dos políticos e correligionários do partido, mas também a de seus jornalistas e sua redação. A entrada do número 19 da Altheimer

Eck passou a ser protegida por uma pequena tropa armada, sempre que havia ameaças ao diário. Como escreveu Carl Landauer, a ideia era, no caso de um ataque ou mesmo de um golpe, "manter em Munique uma ilha preto-vermelho-dourada [as cores da República], até que chegasse socorro do norte".[7] Estranhamente, a Guarda de Auer ganhou o nome de SA (de Sicherheitsabteilung, departamento de segurança), a mesma sigla da tropa de choque de Hitler.

O *Post* publicava anúncios chamando novos adeptos para as reuniões da guarda social-democrata. Essas notas pareciam mensagens cifradas, "como se estivessem escondendo algo muito importante".[8] "SA – segunda-feira, 25 de setembro. 7 horas da noite. Cada um com dois homens",[9] dizia uma delas. Assim, o jornal parecia tentar intimidar os adversários com algo que na verdade não existia, ou seja, uma tropa tão eficiente quanto a SA de Hitler. Para as autoridades, os social-democratas e seu jornal enfatizavam a função "defensiva" ou "de resistência" de sua "SA". No entanto, os boletins policiais mostram que ela também agia com violência. Os comunistas chamavam-na, depreciativamente, de "bois de Auer".

Em 31 de outubro de 1922, os nazistas finalmente conquistaram a primeira página do *Münchener Post*. Ao migrarem das notas policiais para as páginas de política, foram comparados no artigo "Fascismo e a polícia bávara" aos seguidores de Benito Mussolini, que acabara de tomar o poder na Itália. A publicação criticou duramente a tolerância das autoridades com as tropas do NSDAP, assim como a simpatia de policiais pelo partido:

> A social-democracia entende como são difíceis as tarefas da polícia como órgão de proteção, sobretudo em tempos de carência econômica e comoção do povo. [...] Mas também precisa criticar com rigor as falhas cometidas pelos órgãos policiais. [...] A polícia vem perdendo a objetividade necessária para lidar com os cidadãos de outras tendências políticas. [A social-democracia] vê-se então obrigada a chamar a atenção para ocor-

rências indicando claramente a relação estreita entre a polícia do Estado e a guarda nacional-socialista de Hitler.[10]

A preocupação com o fascismo se acentuava, e um mês depois, também na capa, o *Post* tratou novamente do assunto. O artigo "Luta contra o fascismo, uma questão nacional vital" alertou para o perigo que significava a ascensão do movimento nacionalista na Alemanha e a insegurança que o fascismo poderia causar aos países, até mesmo com riscos de uma nova guerra. "A irrupção do movimento nacionalista fanático [na Alemanha] desencadearia um conflito sangrento com Estados que ainda vivem delírios chauvinistas. [...] Vivemos em tempos de coalizões. [...] A vitória do fascismo nos custaria a simpatia das demais nações."[11]

Em 15 de dezembro, a origem das verbas arrecadadas pelo NSDAP tornou-se manchete. "Os financiadores do senhor Hitler" trazia uma interpelação feita pela assessoria de imprensa do partido liberal de esquerda DDP à Associação Bávara dos Industriais, por conta de boatos a respeito de um apoio financeiro dos empresários aos nazistas. O chefe da associação, chamado no artigo de "dr. Ruhlo", negava tudo, mas admitia que membros "proeminentes e influentes" da instituição seriam "financiadores generosos". Acrescentava que essas doações, feitas de maneira particular, talvez não chegassem diretamente, mas pelas mãos de intermediadores, à "guarda de Hitler". O *Post* voltaria ao mesmo tema nas edições seguintes, sempre pedindo explicações ao "dr. Ruhlo".

No mesmo dia, o jornal social-democrata publicou mais um documento confidencial do NSDAP, uma circular comentando a capacidade de Adolf Hitler de trazer dinheiro para o partido: "Ele goza de uma reputação enorme e em alguns círculos é visto como um homem libertador. Se quiser hoje 5 milhões, ele consegue". O jornal informava ainda que o líder nazista comprara um carro pagando a "bagatela" de 2 milhões de marcos (um professor de escola primária ganhava 40 mil marcos por ano). "O mesmo Hitler que ataca a imprensa democrática, afirmando que esta é sustentada por 'dinheiro judaico', consegue 2 milhões em 24 horas."[12]

Os ataques de Hitler ao "terror vermelho" também não cessavam. Numa assembleia promovida na Hofbräuhaus em novembro, o líder nazista fez um pequeno balanço de seu movimento:

> Lembro-me ainda dos tempos em que éramos uns coitados e a "peste de Munique" zombava dos entusiastas vindos dos círculos de estudantes. Agora eles nos temem, pois nosso movimento cresce de tal maneira que não raramente ganhamos, em um dia, dez vezes mais simpatizantes do que ganhávamos, antigamente, em um ano. Por isso a choradeira com ódio, indicando que estamos no caminho certo, pois seríamos covardes e sem valor se eles nos elogiassem.[13]

Nem a proximidade do Natal de 1922 propiciou uma trégua nas disputas que cindiam o Estado alemão. Enforcado pelas reparações a serem pagas aos aliados, o país passou a emitir papel-moeda descontroladamente. O resultado foi um aumento estratosférico e contínuo dos preços, acompanhado da desvalorização violenta do marco em relação às outras moedas. Milhões de pessoas, praticamente de todas as classes sociais, começaram a perder suas economias. A situação pioraria no início do ano seguinte, quando outro acontecimento grave causou revolta: a chamada "ocupação do Ruhr", o coração econômico da Alemanha.

Ao deixar de fazer uma das entregas de madeira e carvão previstas como reparação de guerra, o governo alemão deflagrou uma das piores crises da já debilitada República de Weimar. Como demonstração de força, a França e a Bélgica, que desde o final da guerra ocupavam a margem esquerda do Reno, decidiram tomar a região do rio Ruhr, também no oeste do país, confiscando a produção de carvão como "fiança".

A ocupação começou em 11 de janeiro de 1923, quando cerca de 60 mil soldados franceses e belgas invadiram as cidades de Essen e Gelsenkirchen. O objetivo era proteger a comissão de engenheiros que passou a controlar as fábricas e garantir a entrega de carvão. Indignado, o governo alemão proclamou a "resistência passiva": os funcionários públicos do Ruhr deveriam recusar-se a receber ordens, os trabalhadores, cruzar os braços, e as fábricas, entregar apenas o mínimo de carvão para os dois países. O que se viu, porém, foi uma onda de sabotagem e violência na região, com mortos e feridos por todos os lados. Mais uma vez, uma torrente de protestos se espalhou pela Alemanha, fomentada tanto pelos grupos de direita como pelos de esquerda. "O estupro da Alemanha", escreveu o *Münchener Post* em sua manchete de 10 de janeiro, ainda quando a ocupação era apenas uma ameaça. "França dilacera o Tratado de Versalhes", afirmou no dia seguinte.

O descontrole da inflação e a ocupação do Ruhr deram ainda mais fôlego aos grupos nacionalistas e de extrema direita em seus ataques contra o governo democrático e republicano de Berlim. Com mais de 20 mil filiados no início de 1923, o partido nazista não demoraria a querer tirar proveito da nova situação. A ameaça de golpe tornava-se cada vez mais real.

Barricadas de papel

Poucas horas depois da divulgação da notícia sobre a ocupação do Ruhr, o Zirkus Krone, no centro de Munique, já estava completamente lotado. Quando entrou no local, perto das oito da noite, Hitler foi ovacionado pelas cerca de 8 mil pessoas ali reunidas, sedentas para ouvi-lo falar sobre os últimos acontecimentos. Enquanto isso, os jornalistas do *Münchener Post*, na Altheimer Eck, em torno do editor Erhard Auer, acompanhavam a chegada de informações da região do Ruhr e do governo, em Berlim. Também preparavam a cobertura do *Trauertag* (dia de luto), a grande manifestação que seria realizada em Munique, dali a dois dias, contra a ocupação, evento convocado por diferentes organizações e partidos políticos, inclusive o social-democrata.

Ao mesmo tempo, uma multidão concentrava-se naquela noite na Königsplatz, perto do centro, em um protesto organizado por outros grupos conservadores e nacionalistas. Estes haviam recusado a participação do NSDAP na manifestação, por causa da prepotência de Hitler e das intrigas que o envolviam. Ele, no entanto, não se abalou com a exclusão. Seu objetivo não era ser um mero membro de uma frente nacionalista, e sim liderar um importante movimento. No show do Zirkus Krone, seria mais uma vez a principal estrela e não decepcionaria seus simpatizantes, fazendo um de seus discursos mais agressivos.

O nazista disparou contra os judeus, o governo em Berlim, os socialistas e os comunistas, assim como contra o *Münchener Post* e seu editor, Erhard Auer, que havia publicado um artigo pedindo a "união nacional".

Era uma ideia que Hitler abominava, e ele vinha havia tempos atacando o processo de desmilitarização da Alemanha e defendendo o serviço militar obrigatório. Com a ocupação do Ruhr, passaria a reivindicar a tomada de armas, em vez da resistência "passiva", como pregava o governo em Berlim, chefiado agora pelo político liberal e sem partido Wilhelm Cuno.

No discurso, Hitler reafirmou que Auer recebia "dinheiro judaico" e fez nova menção ao "veneno" produzido pelo *Post*: "Senhor Auer! O senhor e sua injeção de veneno na Altheimer Eck têm grande parte da culpa pela miséria que o povo alemão vive hoje. Senhor Auer! O senhor recebeu dinheiro dos judeus do gado, o senhor se vendeu para os judeus".[1]

Em seguida, vociferou: "A dominância dos judeus só foi possível por causa da luta de classes que seu partido, senhor Auer, pregava para nós. Agora vocês gritam por unidade, porque temem um levante do povo".[2]

A incitação funcionaria. Cada vez que se dirigia a Auer, chamando-o pelo nome, ouvia-se a plateia gritar: "Forca! Patife!".[3] Hitler também não poupou ataques aos países aliados, condenando o que chamava de "escravização" e "colonização" da Alemanha desde o fim da guerra: "A França considera nossa Alemanha muito menos do que um Estado de negros. [...] Qualquer estrangeiro pode xingar os alemães impunemente. Por quê? Porque somos vistos como desonrados e indefesos".[4]

Para ele, os "verdadeiros culpados" pelo conflito não viriam de fora: seriam os "criminosos de novembro", os políticos e governantes alemães que haviam participado do movimento revolucionário em 1918. Foi no evento de Zirkus Krone que Hitler pronunciou uma de suas frases mais famosas na Alemanha: "Não digamos 'Abaixo a França'! Digamos 'Abaixo os traidores da pátria'! Abaixo os criminosos de novembro!".[5]

Pela primeira vez um discurso de Hitler ganhou destaque não só em toda a imprensa de Munique, como também em outras publicações da Alemanha. Na capital do país, o liberal *Berliner Tageblatt*, um dos mais importantes jornais do país, com tiragem de 245 mil exemplares, alertou os leitores para os perigos da incitação nazista. No texto "Autodilaceração", afirmou estranhar o fato de o líder nazista dirigir seus ataques aos próprios alemães. Já na Baviera, jornais conservadores, como o liberal *Münchner Neueste Nachrichten* e o católico *Bayerischer Kurier*, transcreveram, sem fazer comentários críticos, longos trechos do discurso, praticamente assinando embaixo das palavras de Hitler.

O *Münchener Post* foi um dos poucos a criticar a fala do nazista. A publicação era a favor da união nacional e da resistência passiva defendidas pelo governo. No artigo "O desvario da suástica", acusou Hitler de incentivar o fanatismo de seus adeptos, visando a um "acerto geral de contas" com os aliados: "As provocações dos nacional-socialistas não vão nos dissuadir de responder, neste tempo fatídico, pela unidade e pela defesa unânime contra a brutalidade francesa".[6] Também atacou, alguns dias depois, a simpatia que o *Neuste Nachrichten* vinha manifestando pelos grupos paramilitares ultranacionalistas, chamando-o de "porta-voz do bolchevismo de direita".[7]

A agitação de 11 de janeiro, contudo, não terminaria no Zirkus Krone. Numa manifestação improvisada, mais de quatrocentos simpatizantes de Hitler saíram em direção ao centro de Munique, gritando palavras de ordem. Por volta de onze da noite, passaram pela rua onde ficava o *Post*. "A corja gritava ao mesmo tempo suas conhecidas palavras de incitação", relatou o jornal no dia seguinte. Já se tornara habitual aos nazistas incluir em suas passeatas a travessia da Altheimer Eck, a fim de demonstrar força e intimidar os jornalistas.[8] Enquanto isso, Hitler se regozijava pelo sucesso do evento e pela quantidade de filiações ao NSDAP ocorridas depois dele – um número tão grande que a secretaria do partido foi obrigada a fechar as portas por alguns dias, para dar conta dos novos registros. Duas semanas depois, ocorreu o primeiro congresso da agremiação nazista.

Temeroso da agitação dos grupos de esquerda e dos boatos de golpe pelo NSDAP e outras organizações nacionalistas, o governo bávaro decretou, em 26 de janeiro, o estado de exceção. Ele usou a medida para proibir uma assembleia dos social-democratas marcada para aquele dia, mas não teve coragem de empregá-la para impedir um congresso dos nazistas – Adolf Hitler conseguiu impor-se nas discussões com as autoridades policiais.

Entre os dias 27 e 29, nazistas de toda a Alemanha, assim como da Áustria e da Tchecoslováquia, juntaram-se em Munique. Com bandeiras e estandartes, Hitler marchou com 6 mil homens da SA pelo Campo de Marte (perto do Zirkus Krone), exibindo a força do partido, e foi conduzido em um Mercedes-Benz conversível entre uma cervejaria e outra. Durante três dias seguidos, esbravejou para as massas. Como escreve David Clay Large, Munique estava definitivamente nas mãos dos nazistas.[9]

O congresso foi uma nova humilhação que os nazistas impuseram ao governo bávaro e, em seus discursos, sempre que tinha uma chance, Hitler provocava o *Münchener Post*. Numa noite, negando qualquer intenção de promover um golpe e criticando as ameaças do governo de impedir o evento, divertiu a plateia: "Uma lavadeira, um aprendiz de padeiro, uma ajudante de cabeleireira e o *Münchener Post* avisaram que os nacional-socialistas querem dar um golpe. Essas fontes turvas foram suficientes para o governo proibir o congresso e decretar o estado de exceção na Baviera".[10]

A redação do *Post* fervia naqueles dias. Se no ano anterior já corriam boatos de golpe, agora, com a ocupação do Ruhr, estes se tornavam cada vez mais constantes. Era inegável a mobilização do NSDAP. Em 6 de fevereiro, o jornal trouxe na capa declarações de uma autoridade bávara, admitindo que o governo deixara os grupos radicais de direita crescerem demais. O texto também advertia para o fato de os nazistas não esconderem seu objetivo de "passar por cima" do Estado democrático.

No dia 19, o *Post* deu mais uma manchete para o assunto "Hitler". No texto "Delírio ou crime?", usou pela primeira vez a palavra "movimento" em relação aos nazistas, advertindo que, agora, estes não eram temidos apenas pela social-democracia, mas também pelos círculos burgueses e conservadores da Baviera. Trouxe, ainda, expressões semelhantes às utilizadas por Hitler em seus discursos: "Reconhecem-se os riscos que o movimento nacional-socialista traz para a estabilidade do reino [...]. Tal partido é o bacilo venenoso mais perigoso que o corpo do povo vem carregando consigo".[11]

O texto voltava a pedir a intervenção das autoridades para barrarem as provocações de Hitler, quando este reivindicava a anulação do Tratado de Versalhes, a suspensão das entregas de produtos para os países aliados e a obrigatoriedade do serviço militar: "Isso significaria uma guerra; e Hitler sabe disso".[12]

Desde a ocupação pelos aliados, também aumentavam as rixas e os ataques entre os adversários. O *Post* chegou a denunciar várias vezes às autoridades as ameaças anônimas que vinha sofrendo, mas nada foi feito para proteger suas instalações. Na madrugada de 26 de fevereiro, o prédio de número 19 da Altheimer Eck novamente foi atacado com granadas de mão e tiros, que atingiram as salas da administração. Como não havia ninguém ali, o caso só foi descoberto pela manhã. O jornal pareceu não querer explorar o assunto, dando apenas uma pequena nota na edição do dia. Uma semana depois, porém, os nazistas foram mais longe em sua perseguição aos jornalistas e fizeram a primeira invasão do *Post*. Dessa vez, ela não aconteceria na calada da noite.

Como relatado na edição de 2 de março, perto das cinco da tarde do dia anterior um membro da guarda social-democrata avisou ao jornal que um pelotão de "rapazes suspeitos" estava marchando pela cidade e convocando, aos gritos: "Para o *Münchener Post*!".

Cerca de cem pessoas portando braçadeiras com as cores preta, branca e vermelha – uma ou outra com o símbolo da suástica – apareceram na entrada do jornal, "vociferando". Algumas escalaram o portão arqueado e tiraram a barra de ferro que o mantinha fechado. Sob o olhar dos três únicos guardas ali presentes, que nada puderam fazer naquela situação, trinta homens, aproximadamente, invadiram o prédio.

Os nazistas depararam com um funcionário responsável pela expedição e começaram a gritar que exigiam uma "retratação". Mal conseguiam explicar a que se referiam, no meio de tanta confusão. Enquanto isso, outros baderneiros ocupavam o prédio, arrombando portas e invadindo salas, inclusive as da redação. No entanto, não havia mais ninguém ali, pois o jornal já fora impresso fazia algum tempo.

O conflito ampliou-se em outras partes do prédio. Um funcionário da editora foi espancado, uma secretária desmaiou. Quando os invasores tomaram a sala das máquinas, encontraram um homem da guarda social-democrata. Com muita presença de espírito, este se fez passar por jornalista e conseguiu convencer os baderneiros a sair dali para escreverem, juntos, a retratação. Ainda assim, recebeu pontapés e ameaças. Por volta de cinco e meia, finalmente, chegou a polícia. A Altheimer Eck foi interditada e parte dos invasores, detida. Entre eles estava o fiel motorista de Hitler, Emil Maurice, que acabara de fazer sua primeira "visita" ao jornal.

Um longo artigo do *Post* tratou do fato. Criticou a pouca atenção que o governo bávaro teria dado às ameaças e a posição oficial da Secretaria do Interior, responsável pelo caso, segundo a qual o ataque fora "espontâneo", argumento que o jornal atacou, advertindo para o que estava por trás da perseguição: "A violência não foi de natureza espontânea; ela se encaixa metodicamente no plano de campanha da guarda de Hitler".[13] No mês seguinte, dezessete pessoas foram condenadas por invasão de propriedade alheia, e Maurice, absolvido.

Valendo-se de certa experiência como vítima de atentados, o chefe Erhard Auer passou a convocar com mais frequência sua guarda para cercar e proteger tanto o prédio do jornal, na Altheimer Eck, como a sede dos sindicatos, perto dali. Na época, as armas a sua disposição ainda eram "uma fração" do que tinham os nazistas, segundo o economista Carl Landauer,[14] um dos líderes da "SA social-democrata" e que se tornara redator do *Post*. No entanto, a Guarda de Auer também contava com homens fiéis e engajados, todos voluntários, que não se importavam em passar a madrugada vigiando a redação, mesmo depois de um dia cansativo nas fábricas.

A guarda social-democrata recorreu a grandes rolos de papel-jornal, caríssimos na época, para erguer uma verdadeira barricada na frente do prédio do *Post*. Esses rolos eram resistentes a bala e atrás deles os homens de Auer colocavam-se a postos, munidos de espingardas e revólveres. Igualmente armados, outros companheiros faziam a vigia dos andares do prédio, de dentro da redação. Em geral, eram acompanhados de um funcionário do partido, que fora escalado para conter a fúria que porventura irrompesse na guarda de trabalhadores. Afinal, como diria Carl Landauer, até o estouro de um pneu de carro poderia deflagrar uma reação, "resultando em graves consequências políticas e pessoais".[15] Os homens ficavam ali durante horas, no escuro, olhando pela janela e pela barricada. E com frequência viam passar bandos de nazistas, gritando e desfilando desorganizadamente, de maneira ameaçadora.

A cobertura do *Post* também sofreu mudanças. Mesmo tendo como principal destaque de suas edições a crise na região do Ruhr, a partir daí o perigo nazista deslocava-se, com cada vez mais frequência, para a capa da publicação, não raro tornando-se a manchete, ou era tema de reportagens especiais, ocupando páginas inteiras. Hitler e seus comparsas deixavam de ser apenas um caso de polícia na seção local.

No texto "O movimento de massa dos nacional-socialistas",[16] por exemplo, o jornal fez uma longa análise de vários aspectos do partido hitlerista, entre eles sua composição: "Por trás dele estão pessoas que ainda gostam de brincar de soldado, existências frágeis que se esquivam de um trabalho regulamentado". Também atacou o fato de o NSDAP, em seu programa, sabotar a resistência passiva proclamada pelo governo central contra a ocupação do Ruhr: "Pode um partido que nos tempos atuais se coloca de maneira criminosa contra as necessidades básicas do povo denominar-se 'nacional'?". E concluiu: "O movimento nacional-socialista cresceu dentro da lama".

Se em alguns textos o *Post* mantinha o humor (depois dos eventos no Zirkus Krone passou a chamar Hitler de "diretor de circo"), publicava ao mesmo tempo longos artigos alertando para os riscos do movimento pangermânico e nacionalista, que ganhava mais e mais adeptos por meio do NSDAP. Também continuava a trazer notas sobre a violência da

SA na seção local, nas quais insistia nas dúvidas que pairavam sobre as fontes de renda de Hitler e de seu partido, que desfilavam por Munique de maneira cada vez mais pomposa. "Por que Hitler não dá informações a respeito?", perguntou o jornal na edição de 6 de março.[17] "Qualquer um vê que muito dinheiro corre para dentro do partido, mas suas fontes de renda não são investigadas", escreveu em 22 de junho.[18] Segundo o historiador Franz-Willing, sempre que a imprensa questionava sua vida particular, Hitler reagia com uma "sensibilidade doentia".[19]

Fato é que ele solidificava sua posição de líder indiscutível dentro do partido e, com seu rápido crescimento, o NSDAP e a SA passaram a se destacar dos demais agrupamentos de direita. Ao mesmo tempo, a exaltação das massas confirmava o "culto ao *Führer*" – nos moldes do *duce* Benito Mussolini –, que vários correligionários nazistas já vinham pregando desde o ano anterior. Os eventos começaram a girar exclusivamente em torno de Hitler, que deles sempre saía ovacionado.

O *Post* também tratou, mesmo que de modo irônico, da crescente atração que ele vinha exercendo sobre os alemães. No texto "Evangelho Hitler", comentou os artigos publicados pelo *Völkischer Beobachter* por ocasião do 34º aniversário de Hitler, devidamente comemorado com grandes eventos em Munique. O jornal nazista não poupara elogios àquele que já chamava de "*Führer* da Alemanha", como em sua manchete de 20 de abril de 1923 (o dia do aniversário), glorificando-o como um "revolucionário, que tem a força de modelar um novo mundo, que não só anuncia uma ideia, mas aponta o caminho para realizá-la e o segue de maneira consequente". Para o *Post*, entretanto, os nazistas estariam apenas "fabricando um messias", "a partir de um mero demagogo de rua".[20]

Também a SA crescia continuamente. Além de absorver os jovens desempregados de Munique, ela passou a recrutar os alemães oriundos do Ruhr, que desde a ocupação pelos franceses deixavam, em massa, a região. Aqueles homens desembarcavam aos montes na estação central da capital bávara, onde eram recebidos por grupos de direita, como o NSDAP. Segundo um relato do *Post*, em um dia somente, 27 de fevereiro, a polícia de Munique registrara 81 novos refugiados do Ruhr recém-chegados a Munique. Eram, sobretudo, mineradores entre 22 e 28 anos, que, como eles próprios contavam, embora não tivessem sido expulsos da região, não queriam viver sob a dominação dos franceses.

O *Post* relatava com frequência a situação, mostrando certo ceticismo a respeito das verdadeiras intenções dos recém-chegados, que muitas vezes buscavam refúgio nos grupos nacionalistas. Num dos artigos, o jornal alertou sobre as vantagens que o partido nazista tirava da ocupação: "Os nazistas esperam que o desemprego suba com a 'aventura do Ruhr' promovida pelos franceses. Eles [os desempregados] podem servir o partido em sua luta contra a República".[21]

A SA estava agora nas mãos de Hermann Göring, aviador de trinta anos que havia sido condecorado com a mais alta distinção militar, a Ordem do Mérito, por sua coragem nos combates durante a Primeira Guerra. Ele ingressara no partido nazista no final de 1922, pouco depois de conhecer pessoalmente Adolf Hitler, e logo foi encarregado de impor mais disciplina aos rapazes selvagens da SA. Anos mais tarde, na condição de comandante em chefe da força aérea alemã durante a Segunda Guerra, ele se tornaria um dos homens mais poderosos da ditadura hitlerista.

E onde estava Emil Maurice, o primeiro chefe da SA e confidente de Hitler? Depois de passar três meses na prisão entre outubro de 1922 e janeiro de 1923, acusado de promover um atentado a bomba contra a Bolsa de Mannheim, Maurice sofrera um "rebaixamento" dentro do partido nazista, sendo obrigado a deixar a liderança da SA. No entanto, manteve-se como motorista de Hitler e membro de sua guarda particular. Mesmo afastado da organização, não perderia as chances de participar das confusões armadas pelos homens da suástica contra os adversários, como a invasão do *Post* em março.

A expectativa era que mais violência estourasse nas ruas da Alemanha na entrada da primavera, quando se aproximava o feriado de Primeiro de Maio e os operários ligados aos partidos social-democrata e comunista faziam suas tradicionais manifestações. Nesse meio-tempo, os social-democratas majoritários do moderado MSPD haviam se fundido com os independentes do USPD, a agremiação do revolucionário Kurt Eisner. Readotando a sigla antiga, SPD, o novo partido juntava agora em seus quadros praticamente toda a social-democracia alemã. Um agrupamento chamado USPD, porém, continuaria a existir, reunindo os socialistas mais radicais, contrários à fusão, mas se tornaria um partido ainda menor do que era, com pouca influência política. As divergências dentro do novo SPD permaneceriam, mas seriam abafadas naquele ano de crise, quando os social-democratas pregavam a união nacional.

Quando soube que a manifestação da esquerda não seria proibida pelo governo, Hitler convocou os homens da SA para uma "visita" aos adversários. Na época, a SA vinha colaborando com outras organizações paramilitares nacionalistas bávaras, entre elas a Reichsflagge (bandeira do reino), de Nuremberg, com o objetivo de preparar a "resistência armada" da Alemanha contra os aliados. Esses grupos eram liderados pelo general prussiano Erich Ludendorff, ex-chefe do Estado-Maior do Exército alemão durante a Primeira Guerra Mundial.

Ludendorff ficara famoso em 1914, ao comandar a vitória da Alemanha na batalha de Tannenberg, na Prússia Oriental. Depois da guerra, participou do golpe em Berlim em 1920, fugindo em seguida para Munique, já conhecida em todo o reino por dar "asilo" aos adversários do governo republicano e democrático. Ali, continuou a conspirar contra o governo central, apoiando as organizações paramilitares que atuavam na Baviera. Em 1923, Ludendorff se tornaria um dos principais parceiros de Hitler na luta contra a República de Weimar.

Ainda mais equipadas do que a SA, as organizações comandadas por Ludendorff também foram chamadas para ajudar a dissolver o evento dos socialistas no Oberwiesenfeld, um descampado no norte de Munique, onde hoje fica o Parque Olímpico. Os nazistas e seus comparsas – cerca de 3 mil homens – chegaram ao amanhecer e não demorou muito para que fossem abordados pela polícia bávara e pelo Exército. A tensão se agravou, e Hitler percebeu que não tinha outra opção a não ser sair dali. O governo bávaro não escondia sua insatisfação com a agitação que ele vinha promovendo no Estado; começar um conflito armado poderia significar o fim de suas ambições políticas.

A partir do descampado de Oberwiesenfeld, milhares de trabalhadores marcharam, acompanhados de uma banda de música, em direção à Theresienwiese. Pela primeira vez, a "SA social-democrata" desfilou uniformizada, com seus homens trajando um uniforme singular para a primavera: casaco impermeável, boné de esqui, distintivo preto-vermelho-dourado e braçadeira.

A retirada das tropas nazistas do Oberwiesenfeld foi, para Hitler, uma derrota. Enquanto o líder tentou evitar o assunto em discurso feito no mesmo dia, o *Völkischer Beobachter* disparou por todos os lados contra o "terror vermelho", os "socialistas traidores", a "mentira internacional" e os "caciques do marxismo judaico".[22] Já seus adversários políticos não perderam a chance de explorar o assunto. Em sua cobertura, o *Münchener Post* falou da enorme força militar dos grupos de combate nacionalistas, ressaltando o perigo que representavam e o "atestado de pobreza" assinado pelo governo bávaro, por não proibi-los de vez: "Impossível deixar mais claro o plano de erguer uma ditadura militar; o acampamento montado no Oberwiesenfeld foi a prova de que falta pouco para Hitler e seus homens o executarem".[23]

Apesar de esbanjar sua força em desfiles e manifestações, o NSDAP de Hitler passava por sérios problemas econômicos em 1923. Os gastos com o aparato em torno da SA, com os grandes eventos e com a propaganda engoliram rapidamente as doações, deixando o partido em dificuldades e gerando vários conflitos internos. O estilo de vida boêmio de Hitler também era visto com desconfiança por vários correligionários. Nos poucos tempos livres que tinha, o líder nazista frequentava os cafés e os salões da alta sociedade de Munique, sem que ninguém soubesse realmente como ele se sustentava. Antes, ao ser indagado sobre sua profissão, dizia-se "artista". Agora, em documentos oficiais, preferia se autointitular "escritor".

Bilhões de marcos por uma assinatura

A crise econômica que afetava a Alemanha em 1923 – o primeiro e mais dramático caso de hiperinflação na história mundial – só acirrou a situação no país. O preço de uma passagem de bonde, que em janeiro era 50 marcos, alcançou 1.000 marcos em julho e 150 bilhões em novembro. Uma caneca de um litro de cerveja em Munique custava, no auge da inflação, 190 bilhões de marcos; uma taça de champanhe na ópera, 200 bilhões.

Para carregar o dinheiro, as carteiras eram insuficientes: as pessoas usavam carrinhos de mão, malas e cestos de roupa. Nos dias de pagamento, as mulheres se aglomeravam nas portas das fábricas para pegar com os maridos o dinheiro do salário e correr às compras. Em questão de minutos o valor da moeda diminuía e o preço das mercadorias aumentava. As poupanças pulverizavam em poucos dias, atingindo, sobretudo, os idosos – as taxas de suicídio na faixa etária mais velha da população aumentaram drasticamente na época. Enquanto as crianças usavam as notas do dinheiro desvalorizado para construir pipas e outros brinquedos, os adultos enrolavam com elas os cigarros ou jogavam-nas na lareira, para aquecer a casa.

Os jornais também não escaparam da espiral da inflação. Em setembro de 1922, o *Münchener Post* cobrava 24 marcos por uma assinatura semanal – forma de contrato mais comum na época. No início de 1923, o leitor pagaria por ela 210 marcos; em junho, 1.600; e, na primeira semana de novembro, 6 bilhões.

O preço do papel subiu enormemente, e os jornais menores viram-se obrigados a demitir ou a introduzir a jornada de trabalho reduzida. O *Post* tratou do assunto várias vezes, na maioria delas para justificar o aumento do preço de sua assinatura, como em setembro de 1923:

> Os salários e as despesas administrativas resultam, para um jornal, em preços que exigem demais da lealdade dos leitores. Pois, mesmo que ele seja uma grande necessidade nestes tempos tão agitados politicamente, para muitos fica difícil, diante da pobreza contínua de nosso povo, manter o jornal habitual.[1]

No mesmo texto, alertou para o fato de apenas as publicações burguesas, "subvencionadas pelo grande capital", terem mais chances de sobreviver à crise e fez previsões sombrias: "Assim nasce o perigo. [...] Boatos e maquinações não serão esclarecidos e o solo estará preparado para uma semente fatal para a nação".[2]

A inflação ocupou as manchetes do jornal, que sempre tomava as dores da classe operária ao divulgar os números da crise. Denunciava principalmente o fato de os salários não acompanharem o aumento dos preços. Em junho, informava que o marco desvalorizava em relação ao dólar cada doze horas (no dia 4 desse mês, um dólar custava 76 mil marcos): "Os preços vão certamente inchar para cima e o empobrecimento do povo trabalhador e dos incapacitados vai crescer de maneira monstruosa".[3]

O *Post*, entretanto, continuava apoiando a resistência passiva nas áreas ocupadas, apesar de essa política do governo ter consequências graves para a economia do país – ao bancar o pagamento dos salários dos operários em greve, o Estado caminhava para a bancarrota. Nessa questão, o jornal defendia uma renegociação das dívidas da Alemanha com os países aliados:

> A tarefa é: manter a resistência passiva na região do Ruhr de qualquer maneira até um acordo ser alcançado. Precisamos empregar todos os meios

políticos para trazer os franceses à mesa de negociação, assim como todos os meios econômicos para garantir a base econômica agora ameaçada.[4]

Diante da crise, ficava difícil para os partidos esperar contribuições de seus simpatizantes. Por isso, não raramente Hitler viajava pelo país em busca de doações, sobretudo em moeda estrangeira, mais estável do que o marco. A insegurança foi também um poderoso incentivo para as pessoas se agregarem ao partido nazista, que prometia soluções reconfortadoras aos alemães. Em novembro de 1923, o NSDAP registrava mais de 55 mil filiados, além de contar com centenas de novos diretórios dentro e fora da Baviera.

De todo modo, a crise, em vez de impedir Hitler de dar continuidade a seus planos de "salvar" a Alemanha, estimulou-o na tarefa de fazer uma "revolução nacional-socialista", a qual ele agora esboçava com o general Ludendorff. O líder nazista sentia-se cada vez mais atraído pela ideia de promover uma "marcha sobre Berlim" e derrubar o governo central. Baseava-se no exemplo da "marcha sobre Roma", que Mussolini fizera no ano anterior, com milhares de simpatizantes, pouco antes de tomar o poder na Itália.

O *Münchener Post* não cansou de advertir para o risco de golpe. Em 4 de junho, além de denunciar na primeira página a perseguição aos partidos de esquerda pela polícia bávara – que vinha impedindo com violência as assembleias dos social-democratas –, tratou dos perigos da cooperação entre os vários grupos paramilitares no Estado. No texto "Da lama dos nacional-socialistas", o jornal apontou Hitler e Ludendorff como líderes da nova aliança e descreveu sua organização:

> As associações querem formar na Alemanha 50 regimentos – cada um com 10 mil homens –, dezoito deles na Prússia, quatro na Baviera, sete na Saxônia e Alta Silésia, cinco em Baden e cinco em Württemberg, três na Pomerânia, três na Turíngia e cinco nas províncias do Mar do Norte. [...] Armas e equipamentos suficientes estariam à disposição. [...] No topo

desses regimentos encontram-se antigos generais, que teriam boas relações com pessoas determinantes do Reichswehr. Também algumas baterias e peças de campanha estariam disponíveis.[5]

As denúncias tiveram consequências para o *Post*: em 6 de junho, saiu com uma tarja preta na capa, informando que havia sido proibido de circular até o dia 10 do mesmo mês. A polícia alegava que, com sua cobertura crítica, o jornal estava favorecendo a política de ocupação de uma potência estrangeira, como acontecia na região do Ruhr.

Em 11 de junho, dedicou duas páginas inteiras à discussão da proibição, condenando o ato da polícia e afirmando que apenas denunciara a mobilização militar promovida por "alianças secretas bolcheviques de direita". "A proibição foi considerada absurda por todos os círculos que não têm a mesma afinação político-partidária que o governo bávaro",[6] escreveu, repercutindo o acontecimento em outros órgãos.

Colheu não só solidariedade, mas também críticas. Para o católico e conservador *Bayerischer Kurier*, ao divulgar informações sobre um eventual golpe, o *Post* realmente colaboraria para a política dos aliados de manter a ocupação de algumas regiões do país. Já o liberal e democrático *Frankfurter Zeitung* tomou partido do jornal social-democrata: "Depois dessa proibição, nenhuma revelação sobre a ação dos grupos de combate pode ser publicada na imprensa, ou seja, esses grupos ganham a proteção do poder do Estado para seus planos e seu armamento".[7]

O *Post* não recuaria de sua posição. Na mesma edição de 11 de junho, revelou mais uma vez as verdadeiras intenções da nova aliança Hitler-Ludendorff:

> Segundo as frequentes instruções dadas pelos nazistas, a primeira tarefa das organizações nacionalistas é a eliminação dos judeus, dos social-democratas e de outras tendências, coisa que nos obriga a refletir, com preocupação, sobre as tramas armadas pelos homens da suástica.[8]

Naquele verão de 1923, o jornal passou a noticiar, diariamente, casos de violência cometidos pelos homens da SA, os quais chamava agora de "bandidos" e "grosseirões". No final de semana de 21 e 22 de julho, publicou um longo artigo sobre o NSDAP, analisando item por item do programa do partido, bem como a composição heterogênea de seus filiados. Ainda não admitia, contudo, que os nazistas estavam conquistando parte do operariado, adepto tradicional dos socialistas e comunistas: "Soldados, classe média, pequenos comerciantes. Todos estes estão mais em declínio do que os trabalhadores".[9]

Finalmente, em 31 de agosto, o *Post* levou para a manchete os riscos de um golpe de Estado. No texto "Reconheçam o perigo", escreveu:

> Boatos selvagens circulam desordenadamente pelo país. [...] Fala-se de acontecimentos iminentes. [...] Por todos os lados correm notícias de que medidas criminosas e de alta traição estariam sendo anunciadas nos círculos nacional-socialistas. Panfletos anônimos passam de mão em mão [...]. Nenhum golpe violento diminuirá o sofrimento do povo alemão.[10]

Se Hitler saiu arranhado do episódio de Primeiro de Maio, o mesmo não aconteceu no início de setembro, por ocasião do *Deutscher Tag*, realizado dessa vez na cidade bávara de Nuremberg. Ali, reuniram-se, nos dias 1º e 2, mais de 70 mil membros de organizações nacionalistas de todo o país. Apesar de aparecer com apenas quinhentos homens da SA, Hitler seria a maior atração do evento, que contava com outros nomes fortes, como o general Ludendorff e o príncipe bávaro Ludwig Ferdinand.

Em Nuremberg, a aliança do nazista com o general tornou-se oficial. Com seus novos parceiros, Hitler fundou a Deutscher Kampfbund (Aliança Alemã de Combate), que reunia os grupos paramilitares mais radicais do país: SA, Reichsflagge e Liga Oberland. Suas intenções ficaram bastante claras com a publicação de um manifesto no *Völkischer Beobachter*:

> Combatemos principalmente os algozes do inimigo externo, o movimento marxista, a Internacional em toda a sua forma, o judaísmo como bacilo da podridão na vida dos povos e o pacifismo. Combatemos o espírito da Constituição de Weimar, a política de cumprimento [das reparações pela guerra], o sistema parlamentarista com sua adoração aborrecedora pela maioria.[11]

Assim, mesmo que Hitler negasse formalmente a intenção de derrubar o governo em Berlim, não havia mais dúvida de que preparava o caminho para uma rebelião ou tentativa de golpe.

Só restava ao *Münchener Post* continuar alertando para o perigo de golpe ou mesmo de guerra civil, porque também os grupos de esquerda, como os comunistas do KPD, estavam agitando não apenas a Baviera, mas o resto da Alemanha, naquele momento de crise política e econômica. Os comunistas ainda contavam, em todo o país, com muitos adeptos no proletariado, agora extremamente insatisfeito com a situação econômica. Além disso, apesar de terem perdido o poder na Baviera, participavam naquela época dos governos dos Estados vizinhos da Turíngia e da Saxônia. O governo bávaro, por sua vez, sempre se dizia ameaçado pelo "perigo vermelho" ou por uma "frente vermelha", ideia compartilhada pelo *Völkischer Beobachter*.

Em 26 de setembro, finalmente, o governo em Berlim, agora liderado pelo chanceler liberal Gustav Stresemann, com apoio do SPD, anunciou o fim da resistência passiva no Ruhr. A economia entrara numa situação de total desgoverno, e a crise na região dera fôlego aos movimentos separatistas, fomentados pelos belgas e franceses. Numa tentativa de controlar a agitação e impedir as ações golpistas e até mesmo a desintegração da Alemanha, Berlim declarou o estado de exceção em todo o país.

A resposta da Baviera não demorou a chegar, sempre na forma de críticas e ataques. Também ali vozes separatistas, vindas do próprio governo do Estado, gritavam cada vez mais alto. Na opinião dos bávaros,

Berlim simplesmente capitulava diante dos inimigos. Para conter a mobilização de grupos radicais, o governador Eugen Ritter von Knilling, sempre criticado por sua fraqueza diante de Berlim, decretou, no mesmo dia, "seu" estado de exceção na Baviera e nomeou o colega Gustav Ritter von Kahr comissário-geral do Estado – espécie de "presidente", munido de poderes quase absolutos e imune ao controle da Assembleia. Com isso, Knilling transferia de fato o poder para Kahr, permanecendo como governador *pro forma*.

A redação do *Münchener Post* entrou em estado de ebulição. O ultranacionalista Gustav von Kahr, velho adversário do jornal, voltava a comandar a Baviera, agora com poderes ditatoriais. A Erhard Auer, o editor-responsável e líder social-democrata, restava passar as madrugadas na Altheimer Eck, cercado por seus guarda-costas, pelos jornalistas e pelos colaboradores, como o promotor Wilhelm Hoegner, que logo se tornaria seu amigo e um de seus principais parceiros na política, além de auxiliá-lo nas questões legais relativas ao diário.

Apaixonado pela política, Auer agitava as reuniões de maneira incansável, avaliando as informações que chegavam e planejando as medidas a serem tomadas pela social-democracia bávara. Nem mesmo as ameaças de que era vítima o abalavam. Havia poucos dias, por exemplo, o *Post* noticiara um protesto noturno dos homens da suástica na entrada do prédio onde vivia Auer, na Nussbaumstrasse, não muito longe do jornal. Os capangas de Hitler reivindicavam, como de costume, "a forca" para o líder social-democrata. E os telefonemas frequentes que Auer fazia para a Secretaria do Interior pedindo proteção mostravam-se na maioria das vezes sem efeito.

Deixando clara sua intenção de continuar a perseguir os partidos de esquerda – embora o perigo viesse, na verdade, da direita –, Kahr ordenou, em 28 de setembro, dois dias depois de sua nomeação, que o diário fosse ocupado. O *Post* havia recebido, naquela sexta-feira à tarde, a informação de que poderia ser atacado durante a madrugada. Por isso, Auer convocara a presença de vinte homens de sua guarda para proteger a redação. Perto das oito horas da noite, entretanto, quem apareceu não foram nazistas arruaceiros, e sim um grande contingente da polícia do Estado, acompanhado de um tanque blindado.

Primeiramente, os policiais interditaram a Altheimer Eck e cercaram o edifício do jornal, apontando suas metralhadoras para a redação, como se estivessem ameaçados por perigosos terroristas. Segundo a versão do *Münchener Post*, estampada na edição do dia seguinte, os policiais em seguida fizeram uma busca no prédio, apreendendo "carabinas, duas metralhadoras leves, granadas de mão, algumas baionetas e um sabre de artilharia". O relatório policial, porém, precisou de uma página e meia para listar as 38 armas e munições ali encontradas, entre elas revólveres, cassetetes de borracha, açoites de ferro, socos-ingleses, vários tipos de facas e armas brancas.[12]

Em seu artigo, o *Post* criticou o exagero do contingente militar: "As medidas tomadas seriam suficientes para combater um batalhão de franceses".[13] Também justificou o armamento ali encontrado:

> Há mais de um ano e meio incitam, com demagogia apaixonada, contra os "marxistas" e estimulam, na fala e na escrita, atos de violência e acertos de conta sangrentos. No prédio do *Münchener Post* foram jogadas, repetidamente, cargas de explosivo; janelas foram destruídas em pleno dia; o portão de ferro, na entrada principal, foi arrombado uma vez, e os escritórios, demolidos.[14]

No mesmo texto, aproveitou para alfinetar o NSDAP de Hitler, insinuando que os nazistas receberiam doações em dólar: "Pois os trabalhadores querem proteger sua propriedade, erguida com os centavos de seu sangue e não com dinheiro estrangeiro".[15]

Além disso, o jornal social-democrata denunciou o que acreditava estar por trás da ação da polícia, incluindo a proibição de todas as publicações comunistas no Estado: além da já conhecida incitação contra "marxistas", uma eventual cooperação entre o governo da Baviera e o partido nazista. Mencionando um encontro realizado no dia anterior entre Gustav Ritter von Kahr e membros do NSDAP, escreveu:

> Parece que, com a invasão do prédio mencionado, começa a ser cumprido o programa que foi imposto ontem, por representantes da suástica, ao ditador da Baviera; e ele diz, entre outras coisas: 1. Que o senhor Kahr começará imediatamente a liquidar o marxismo na Baviera, colocando atrás das grades os líderes dessa conspiração organizada [...]. 2. Que toda a imprensa marxista da Baviera será fechada e todas as editoras marxistas, embargadas. 3. Que vão intervir, de maneira brutal, contra todas as personalidades pacifistas, ou seja, altamente conspiradoras, [...] contra quem farão processos curtos. 4. Que será garantida a liberdade total ao movimento nacionalista na Baviera, em seu trabalho organizatório.[16]

Realmente, Kahr buscava na época um acordo com os grupos nacionalistas de direita. Já nas primeiras semanas de seu segundo governo, recebeu de Hitler a promessa de que não haveria golpe algum. Em contrapartida, a tropa de choque nazista seria poupada de ações, como a promovida contra o *Münchener Post*. Hitler, entretanto, não cumpriria sua promessa. Ele não confiava naquele político pedante e monarquista. Sabia que o próprio Kahr não era avesso à ideia de liderar um golpe contra Berlim e restaurar a dinastia dos Wittelsbachs na Baviera – perspectiva que ele, Hitler, abominava, pois reis e príncipes também seriam um obstáculo para a revolução e a ditadura que desejava.

Na primeira semana de novembro, o líder nazista planejava seu grande golpe quando soube de um importante discurso que Kahr promoveria em Munique dali a poucos dias. Adolf Hitler não podia perder tempo; temia que o novo ditador da Baviera tomasse as rédeas do movimento contra Berlim. Decidiu, então, aproveitar o evento convocado por Kahr para pôr seu plano em ação: tomar o poder na Baviera e deflagrar a "marcha sobre Berlim". Foi o que tentou fazer em 8 de novembro de 1923.

O golpe bufo da cervejaria

Como o leitor já percebeu, não se fazia política na Baviera longe das cervejarias, cujos salões eram usados seja pelos principais partidos, seja por grupos pouco conhecidos. Logo depois de ingressar no pequeno DAP, no outono de 1919, Adolf Hitler passou a usar as cervejarias para reuniões e, sobretudo, para os discursos dirigidos a grande número de pessoas. Foi numa sala dos fundos da Sterneckerbräu que o DAP instalou naquele ano seu primeiro escritório. O primeiro discurso público do líder nazista foi feito na Hofbräukeller, na Wiener Platz, em outubro daquele ano. E seria nos salões da Bürgerbräukeller (cervejaria dos cidadãos) que ele desencadearia a tentativa de golpe em 1923.

Na falta de grandes espaços fechados para reuniões em Munique, eram as tradicionais cervejarias da cidade, com suas amplas salas, capazes de comportar no total mais de 3 mil pessoas, que sediavam encontros e eventos políticos durante as primeiras décadas do século XX. Muitas delas entraram para a história bávara. Na Kindl-Keller, na Rosenheimerstrasse, o socialista Kurt Eisner pronunciou seu famoso discurso pela paz, em julho de 1914. Na Mathäser, na Bayerstrasse, culminou a passeata de Eisner e seus camaradas revolucionários, que ali instituíram, no fim da tarde de 7 de novembro de 1918, o sistema de conselhos na Baviera. Foi nessa mesma cervejaria que, em 1919, os comunistas se entrincheiraram para se defender das tropas da "guarda branca" que invadiram Munique a fim de libertá-la do "poder vermelho".

Como as transmissões de rádio eram ainda limitadas nas primeiras décadas do século passado, não havia muitas opções para os bávaros se informarem sobre política: ou liam os jornais, ou frequentavam os eventos nas cervejarias, que eram divulgados em anúncios ou em cartazes espalhados pela cidade. Mulheres também frequentavam esses locais, embora em pequeno número e na maioria das vezes em reuniões reservadas. Nos salões, alguns deles fechados, todos discutiam política e ouviam discursos, ao mesmo tempo que degustavam a comida e a cerveja típica da casa (escura ou clara, dependendo do estabelecimento). Era sacrilégio pedir ali uma limonada em vez de cerveja.

Em tais encontros, regados a muito álcool, os debates frequentemente terminavam em bate-boca ou mesmo em pancadaria, com as pesadas canecas de vidro transformadas em armas perigosas, cruzando o céu do salão. Naquela época elas já tinham, como hoje, capacidade para cerca de um litro da bebida.

No começo do século XIX, foram registrados os primeiros quebra-quebras nas cervejarias de Munique, com fregueses que, ao lerem a conta, se exaltaram com o aumento exagerado do preço da bebida. Em maio de 1844, pela mesma razão, uma massa enfurecida promoveu uma verdadeira rebelião e destruiu trinta cervejarias da cidade.[1] No entanto, os maiores conflitos aconteceram a partir de 1920, por causa da radicalização política que marcou aquela década.

Todos os agrupamentos políticos, dos comunistas aos nazistas, usavam as cervejarias para seus eventos. Os donos dos estabelecimentos até podiam ter sua preferência partidária, mas ao alugar seus salões não diferenciavam entre esquerda e direita. No caso de quebradeira do local, o proprietário mandava a conta dos prejuízos para o partido que alugara o espaço ou para quem começara a briga; não raramente, era obrigado a esperar uma decisão da Justiça para ver a cor do dinheiro.

É hora, porém, de voltar à luta entre Hitler e o *Münchener Post*.

o

Na manhã de 8 de novembro, quinta-feira, em seu pequeno e modesto apartamento da Thierschstrasse, Hitler vestiu-se apressadamente, pois não tinha tempo a perder. Não gostava de variar o vestuário, mas fazia tempos que abandonara o surrado casaco azul-escuro de seus primeiros anos como "tocador de tambor". Agora, sua "marca" eram uma capa de chuva preta afivelada e um chicote de pele de rinoceronte,[2] que havia ganhado de uma de suas amigas sofisticadas. Depois de se trocar, dirigiu-se à redação do *Völkischer Beobachter*, na Schellingstrasse, para acertar os últimos preparativos do "grande evento". Estava convencido de que chegara, finalmente, sua hora.

O editor Ernst Hanfstaengl, assessor do líder nazista para assuntos internacionais, apareceu perto do meio-dia no *Beobachter*. Pela movimentação na redação, pelo nervosismo do chefe nos dias anteriores e pelo clima nas ruas, sabia que algo importante estava para acontecer. Entre os correligionários do partido, porém, poucos tinham detalhes dos planos para aquele dia. A fim de não correr riscos, Hanfstaengl decidira mandar a esposa grávida e o filho de três anos para fora da cidade. Agora, iria atrás dos jornalistas estrangeiros instalados em Munique para cobrir as reuniões de desarmamento entre os representantes da Alemanha e dos países aliados da Primeira Guerra, realizadas nos hotéis Bayerischer Hof e Vierjahreszeiten. Hanfstaengl queria alertá-los de que um acontecimento importante naquela quinta-feira poderia alterar o destino do país.

A agitação também era grande no prédio do *Münchener Post*. Uma semana antes, o jornal fora proibido de circular por oito dias, em razão de dois artigos em que criticara duramente a ditadura Kahr e o novo decreto que ordenava a expulsão dos judeus originários da Europa Oriental. Entre 5 mil e 10 mil judeus vindos de lá viviam na Baviera. Eles haviam chegado durante a Primeira Guerra, fugindo da perseguição e da miséria econômica em seus países, mas também na Alemanha passaram a sofrer ataques antissemitas e a ser perseguidos pelas autoridades, principalmente durante as gestões de Gustav von Kahr. Para o *Post*, o novo decreto mostrava que os nazistas estavam conseguindo impor seu programa de governo ao ditador bávaro.

A proibição não impediu que a sede do diário se tornasse ponto de encontro dos jornalistas e correligionários de toda a Baviera, sempre sob a liderança do "pai Auer", como o editor costumava ser chamado pelos colegas. Naquela quinta-feira, dia 8, ao meio-dia, o *Post* voltou a circular. Trouxe na primeira página um artigo condenando a censura, assim como um apelo do governo central ao povo alemão para que defendesse a República da ameaça de golpe. Não apenas na Baviera, mas também em Berlim, grupos de direita mobilizavam-se claramente contra o governo republicano e democrático. Somando os comunistas, que continuavam sua agitação em outras partes da Alemanha, a situação era realmente ameaçadora.

Depois de o jornal chegar às ruas, Auer passou a tarde em seu escritório, ao lado, como de costume, de alguns correligionários, entre eles Wilhelm Hoegner e o deputado social-democrata Hans Unterleitner, do Reichstag, o Parlamento, em Berlim. Já escurecia quando foram avisados da iminência de um golpe. Não havia dúvida sobre o que fazer. Com suas tropas desarmadas e incapacitadas de oferecer qualquer proteção ao prédio do *Post*, o líder social-democrata ordenou que todos os funcionários deixassem o local. Ao descerem as escadas, porém, ouviram os nazistas marchando pela Altheimer Eck. Imediatamente, Auer mandou que apagassem as luzes da escada e do pátio interno, esperando os capangas de Hitler passarem. Os jornalistas puderam, então, caminhar até a estação de trem, onde jantaram e aguardaram a hora de o deputado Unterleitner embarcar para a capital, levando consigo uma mensagem de Auer para o presidente do país, Friedrich Ebert.

Enquanto o *Post* se encontrava às escuras, a pequena redação do antissemita *Völkischer Beobachter* fervia no início daquela noite. O clima era tenso entre os redatores, que esperavam um grande acontecimento, embora não soubessem exatamente qual. Uma edição extra também estava sendo planejada, e por isso a estenógrafa do jornal, Paula Schlier, recebeu uma mensagem em sua casa, convocando-a para comparecer às dez da noite à redação.

Hitler voltara no final da tarde para seu apartamento. Trocou de roupa (vestia agora fraque escuro e calça listrada), pegou sua pistola Browning e a guardou no bolso da calça. Pouco depois das sete da noite, entrou em um Mercedes-Benz vermelho, conduzido por um guarda-costas. Partia mais uma vez em direção ao *Völkischer Beobachter*.

Às oito horas, o salão de banquetes da Bürgerbräukeller, na Rosenheimerstrasse, nº 29, já estava lotado. Até as garçonetes tinham dificuldade para circular no local, levando as pesadas canecas e os pratos típicos, como joelho de porco. Fundada em 1885, a cervejaria era uma das mais tradicionais da cidade. Ficava no centro e seus recintos para a promoção de eventos tinham capacidade para mais de 1.800 pessoas. Naquela noite, entretanto, receberia cerca de 3 mil, segundo relatos de testemunhas e da polícia.

Kahr havia convidado a elite de Munique – políticos, empresários, jornalistas alemães e estrangeiros, funcionários públicos e militares – para um discurso que pronunciaria na Bürgerkräukeller. O ditador queria aproveitar a comemoração de uma data histórica – os cinco anos da revolução de novembro de 1918 – para anunciar seu programa de governo, além de, como de costume, praguejar contra o marxismo. Ninguém do *Münchener Post*, naturalmente, fora convidado, mas ali estavam representantes dos jornais burgueses da cidade, entre eles Paul Nikolaus Cossmann e Fritz Gerlich, chefes do *Münchner Neueste Nachrichten* e importantes adeptos de Kahr na imprensa de Munique (segundo várias fontes históricas, Gerlich até escreveu o discurso que o ditador bávaro faria naquela noite).

Surpreendentemente, havia ainda muitos judeus conservadores, que se mantinham fiéis ao novo ditador, apesar da recente onda de perseguição. Militantes do partido de Hitler e de sua nova "aliança de combate" também tinham conseguido se infiltrar no local. Vários policiais patrulhavam a cervejaria na ocasião e alguns deles até estranharam a forte presença dos nazistas, mas, como sempre, acabaram deixando-os circular por ali.

Convidado para o evento, Hitler chegou à Bürgerbräukeller acompanhado do amigo e guarda-costas Emil Maurice. Foi recebido na entrada pelo milionário Hanfstaengl e um grupo de seguranças. O líder nazista permaneceu por um momento no hall de entrada, onde tomou uns goles de cerveja. Precisava juntar coragem antes de começar sua performance.

Poucos minutos depois, uma fila de caminhões estacionou em frente à cervejaria, descarregando centenas de homens armados da SA e do recém-fundado Kampfbund, encabeçados por Hermann Göring. Só então a maioria dos homens da suástica tomaria conhecimento de sua tarefa. Com carabinas, metralhadoras e granadas, interditaram a rua, cercaram a cervejaria e ocuparam o hall de entrada e todos os acessos para o salão de banquetes. A polícia tentou intervir, mas sem eficácia – o *establishment* de Munique estava agora nas mãos dos nazistas. Hitler jogou sua caneca de cerveja no chão, estilhaçando-a, e acenou com a cabeça. Chegava o momento de agir.

Kahr já havia falado por mais de meia hora, entediando a plateia com um discurso convencional, quando Göring escancarou a porta e começou a atravessar o salão, seguido por Hitler e um séquito da SA, todos com armas apontadas para cima. Dando cotoveladas na multidão que superlotava o local, o líder nazista mal conseguia andar. O tumulto foi grande, muitas pessoas colocaram-se sobre as mesas para ver o que estava acontecendo. Quando conseguiu finalmente aproximar-se de Kahr, Hitler subiu numa mesa, disparou um tiro em direção ao teto e gritou: "Acaba de estourar a revolução! O salão está cercado!".

Faltavam quinze minutos para as nove horas. Enquanto os capangas de Hitler jubilavam, o público ficava chocado. A maioria dos presentes, apesar de sua tendência nacionalista e conservadora, não tinha a menor simpatia por aqueles nazistas rudes e violentos. "América do Sul! México!", debochavam alguns, como se estivessem vivendo cenas da revolução mexicana, ainda em curso naquela época.

Hitler desceu da mesa e dirigiu-se ao pódio. Ali estava Kahr, acompanhado do comandante do Exército na Baviera, Otto von Lossow, e do chefe da polícia bávara, Hans von Seisser. Esses três monarquistas formavam o "triunvirato bávaro", os homens que realmente detinham o poder no Estado. Hitler pediu que eles o acompanhassem até um recinto fechado do salão. Apesar de nitidamente insatisfeitos com o que estava acontecendo, os três obedeceram, ainda mais porque o líder nazista permanecia com a pistola Browning na mão.

Na pequena sala, Hitler abriu o jogo: depois de meses negando sua intenção de dar um golpe, agora pedia apoio ao "triunvirato" para a reformulação do poder no Estado e para a marcha que derrubaria o governo em Berlim. O líder nazista sabia que sem a ajuda do Exército e da polícia bávara não teria chances de chegar à capital. Por isso precisava, de qualquer jeito, incluir Kahr e seus comparsas na empreitada. Mostrando sua arma, também afirmou tratar-se de uma questão de vida ou morte: "Se a coisa der errado, tenho quatro balas em minha pistola. Três para meus assessores, se me abandonarem, e a última para mim".[3]

Não seria fácil para Hitler convencê-los do plano que traçara. Kahr chamou-o de traidor, negando-se a aceitar qualquer proposta. Para piorar a situação, a multidão gritava dentro da cervejaria, impaciente. Começava a ficar entediada no salão e também estava impedida de sair dali pelos homens da SA, munidos de cassetetes – os nazistas temiam o vazamento de informações e a intervenção da polícia. Göring foi escalado para acabar com o tumulto. Dirigiu-se ao pódio e, chamando aquele momento de "histórico", pediu paciência a todos. Ali, pronunciou uma frase que seria posteriormente sempre lembrada pelos historiadores: "Afinal, minhas senhoras e meus senhores, vocês têm suas cervejas".[4]

Göring havia planejado algumas ações paralelas além do cerco da Bürgerbräukeller. Parte dos homens cuidou de tomar como reféns várias personalidades presentes no evento, entre elas membros do governo Knilling e da comunidade judaica – estes últimos foram simplesmente presos num porão do local. Outra parte foi escalada para ir atrás dos adversários do partido nazista, como o líder do SPD e chefe do *Post*, Erhard Auer, e a jornalista e feminista judia Lida Gustava Heymann, que havia reivindicado das autoridades bávaras, poucos meses antes, a expulsão de Hitler para sua terra natal, a Áustria.

Em nome do "novo governo", os homens da SA também aproveitaram para perseguir os judeus da cidade, destruindo lojas, roubando, prendendo ou mesmo espancando os que encontravam pela rua. Segundo o jornalista John Dornberg, Munique teria naquela noite uma pequena amostra da onda de terror que tomaria a Alemanha dez anos depois.[5] Finalmente, um batalhão partiu em direção à Altheimer Eck. Sua tarefa era destruir a redação do *Münchener Post*.

Por causa da agitação da plateia e da relutância dos três homens, Hitler decidiu usar a arma com a qual melhor sabia lidar. Deixou o "triunvirato" sob vigilância e subiu ao pódio do salão para discursar. O que se viu foi "uma obra-prima da oratória, de dar orgulho a qualquer ator", nas palavras do jornalista Karl Alexander von Müller,[6] presente na ocasião. O líder nazista afirmou que aquela ação não seria dirigida contra a polícia e o Exército da Baviera, e sim contra o "governo judaico" em Berlim e os "criminosos de novembro". Informou o público sobre seu plano de constituir um novo governo bávaro e nacional, garantindo que os líderes políticos da Baviera continuariam com funções importantes na futura administração. Gustav von Kahr se tornaria uma espécie de "presidente" bávaro; o ex-chefe da polícia de Munique Ernst Pöhner ocuparia o cargo de governador do Estado; Lossow seria ministro do Exército do reino; Seisser, ministro da Polícia do reino; "sua excelência" Erich Ludendorff, chefe de um novo Exército nacional; e ele, Adolf Hitler, assumiria a chefia provisória do governo do país.

Também declarou depostos o governador da Baviera, Eugen von Knilling, e o presidente da Alemanha, o social-democrata Friedrich Ebert. E concluiu, gritando: "Lembrem-se: esta é a hora da pátria alemã e queremos jurar que nossa fidelidade a ela está acima de tudo neste mundo. Alemanha, Alemanha, acima de tudo! (*Deutschland, Deutschland, über alles!*)".

Hitler foi ovacionado. A plateia, antes entediada e cética, passou para seu lado após o pronunciamento. "Não consigo me lembrar de ter vivido tal mudança de clima numa massa de gente, em questão de minutos ou mesmo de segundos", resumiu Müller.[7]

Um segundo contingente de tropas nazistas, sob a liderança de Ernst Röhm, concentrava-se em outra cervejaria, a Löwenbräukeller (cervejaria do leão), na Stiglmaierplatz. Entre as centenas de homens ali reunidos estava Heinrich Himmler, de 23 anos, que acabara de se formar em agronomia e trabalhava numa fábrica de adubos. Fazia poucos meses que se tornara membro do NSDAP, atuando na organização paramilitar Reichskriegsflagge, que apoiava Hitler em seus planos de golpe. Anos depois, ele se tornaria o líder da temida SS (Schutzstaffel, Escalão de proteção), chefe da polícia alemã e um dos principais responsáveis pelo extermínio dos judeus na Segunda Guerra Mundial.

Apenas Röhm sabia exatamente o que as tropas aguardavam na cervejaria: assim que recebessem um aviso vindo da Bürgerbräukeller, tinham a missão de ocupar o quartel-general e as casernas da cidade. Enquanto esperavam, matavam o tempo ouvindo discursos e bebendo.

Aos gritos de júbilo da plateia, Hitler voltou para o pequeno recinto ao lado do salão de banquetes, para onde também se dirigiram Erich Ludendorff e Ernst Pöhner, dois nomes de peso, que passaram a ajudar na negociação. Por fim, o "triunvirato" concordou em apoiar o golpe, "em prol da coroa bávara", porque Kahr impusera a Hitler, como precondição, a restauração da monarquia. Diante da massa exaltada, os quatro homens voltaram ao pódio e apertaram as mãos, selando o acordo. Eram 21h40. Poucos minutos depois, Röhm recebeu na Löwenbräukeller a esperada mensagem: "Parto bem-sucedido". Anunciou aos jovens ali reunidos que a "revolução nacional" havia começado e que Hitler havia assumido o poder em Munique. "O júbilo foi tão grande que era impossível ouvir a música pelo salão", escreveu Röhm em suas memórias, poucos anos depois.[8] Quando conseguiu recompor seus homens, liderou a marcha em direção aos quartéis.

Num canto do salão da Bürgerbräukeller, Hanfstaengl improvisou uma entrevista coletiva para os jornalistas estrangeiros, totalmente surpresos com o que acabavam de presenciar. Deu declarações curtas, procurando acalmar os governos dos países aliados, preocupados com a perseguição aos judeus na Baviera: "Um novo governo de Hitler e Kahr foi formado. Tudo normal, sem perseguições".[9] O assessor do líder nazista realmente ignorava a onda de violência que tomava a cidade naquela noite.

Ao chegar ao *Völkischer Beobachter*, perto das dez da noite, Paula Schlier encontrou um recado em cima da mesa: "Acaba de ser proclamado, na Bürgerbräukeller, o governo nacional alemão! O governo dos criminosos de novembro, em Berlim, foi declarado deposto". A estenógrafa surpreendeu-se com a agitação dos colegas, como conta no diário que escreveu na época: "Os redatores comportavam-se como se estivessem enlouquecidos. Estavam com as orelhas vermelhas e o rosto pegando fogo".[10] Um deles brincava com seu revólver, outros brindavam com aguardente ou iam e voltavam da Bürgerbräukeller, trazendo novidades. Nesse clima de euforia, mal conseguiam escrever o texto anunciando a destituição do governo central.

Às dez e meia, a Bürgerbräukeller estava quase vazia. Enquanto alguns homens da SA esperavam no salão uma nova ordem, aproveitando o tempo para beber ou tirar uma soneca, outros vigiavam o porão, onde ainda mantinham os reféns judeus presos. Hitler já partira dali, pois soubera que os soldados de um quartel no bairro de Schwabing não só tentavam resistir ao golpe, como haviam prendido quatrocentos membros das tropas nazistas. Antes de sair, porém, deixou na cervejaria o general Ludendorff para observar Kahr, Lossow e Seisser, os três muito irritados àquela altura dos acontecimentos.

O "triunvirato" pediu permissão para também ir embora e tomar as providências necessárias para a instalação do novo governo, garantindo ao general que não voltaria atrás no apoio a Hitler. Ludendorff cometeu, então, um dos maiores erros de sua vida: acreditou na palavra dos três, embora tivessem fama de figuras intrigantes. Em sua visão, o fato de dois daqueles homens serem generais era garantia suficiente para confiar neles.

Perto das onze horas, quando os nazistas chegaram ao prédio do *Münchener Post*, estava tudo escuro e fechado. Entretanto, apareceu ali o gerente da editora Birk & Co., Ferdinand Mürriger, que morava num apartamento no mesmo endereço. Sozinho, Mürriger não pôde impedir a ação. Abriu não só o portão, como também os demais acessos ao jornal, a fim de evitar a destruição das portas.

Liderados pelo oficial da SA Josef Berchthold, dono de uma tabacaria, cerca de duzentos homens da suástica, entre eles policiais simpatizantes do partido nazista, deram início à invasão. Também estava ali o chofer Maurice, que não poderia perder um de seus programas preferidos: promover ataques contra os inimigos. Com capacetes de aço, começaram a destroçar, sobretudo à base de coronhadas, as salas que iam ocupando: a da administração e a da gerência da editora, no primeiro andar; as da redação, o escritório de Erhard Auer, a secretaria e a tipografia, no segundo. Os recintos do semanário social-democrata *Bayerisches Wochenblatt*, também produzido ali, foram igualmente destruídos.

Tratou-se de uma ação típica, fulminante e eficaz, de uma tropa de assalto, tornando impossível a produção do jornal no dia seguinte. Os invasores despedaçaram janelas, mesas, cadeiras e máquinas de escrever. Destruíram as linhas telefônicas, os quadros e bustos de líderes da social-democracia e queimaram papéis, jornais e documentos – os mais importantes eles mandaram para o "quartel-general" do golpe, a cervejaria Bürgerbräukeller. Além disso, jogaram barris de tinta nos armários e nas paredes e pilharam o dinheiro destinado ao pagamento dos funcionários, assim como muitos de seus pertences. Também tentaram roubar o único carro da redação, estacionado no pátio interno; como não conseguiram, decidiram levar os pneus. Já as máquinas impressoras foram poupadas: elas deveriam ser aproveitadas mais tarde no órgão nazista, o *Völkischer Beobachter*. Finalmente, os comparsas de

Hitler hastearam uma grande bandeira da suástica numa das janelas do primeiro andar. O *Post* parecia ter caído nas mãos dos nazistas.

Os homens da SA só deixaram o prédio na Altheimer Eck quando chegou a polícia estadual – sempre atrasada quando as vítimas eram os social-democratas. No entanto, os nazistas não dariam a noite por encerrada. Partiram em direção à Nussbaumstrasse, onde ficava a casa do editor Auer – "visita" que também havia sido ordenada pelo chefe Hermann Göring.[11]

Uma chuva forte e gelada caía sobre Munique naquela noite. Enquanto a maioria dos habitantes dormia, sem ter ideia do que acontecia na cidade, carros da SA e da polícia cruzavam o centro, em busca de informação e orientação. Kahr voltou para seu apartamento, exausto e humilhado, incapacitado de tomar qualquer decisão, mas Lossow e Seisser deixaram a Bürgerbräukeller com o intuito de abafar a ação dos golpistas. Para tanto, precisavam ter certeza de que seus homens continuavam do lado deles e buscar apoio do Exército e da polícia também de outras regiões. De um quartel no Oberwiesenfeld, no norte de Munique, Lossow passou a coordenar a resistência.

Malsucedido em sua tentativa de libertar pessoalmente os homens da SA que haviam sido detidos no bairro de Schwabing, Hitler retornou para a Bürgerbräukeller e teve um ataque de nervos ao saber que Ludendorff havia libertado o "triunvirato". Dirigiu-se, com o general, para o recém-tomado quartel-general na Schönfeldstrasse, onde Röhm os aguardava. Ali ficava, na verdade, o local de trabalho do comandante Otto von Lossow. Este, porém, havia sumido, para desespero de Hitler. A situação, agora, era de caos e impasse; nem mesmo os líderes sabiam o que fazer. Também entre os homens da SA a euforia inicial começou a se dissipar. Quem não fazia arruaça ou perseguia adversários pela cidade estava exausto e bêbado, largado em alguma cervejaria. Ainda nem batera meia-noite e o golpe já dava sinais de fracasso.

Passava das onze da noite quando o diretor de redação do *Völkischer Beobachter*, Alfred Rosenberg, chegou à sede do jornal com mais detalhes sobre o discurso de Hitler e as primeiras medidas tomadas pelo "novo governo nacional". Seria, entretanto, interrompido pelo jovem Josef Berchthold, que entrou na sala anunciando a destruição do *Münchener Post*. Os redatores do órgão nazista comemoraram com gritos de alegria e mais uma rodada de vinho, encomendado no Schelling Salon, um restaurante nas proximidades, que era muito frequentado por Hitler e existe ainda hoje, no mesmo local. A agitação e a bebedeira no *Beobachter* continuariam pela madrugada.

Sophie, mulher de Erhard Auer, estava acordada quando ouviu um caminhão e dois carros blindados da SA estacionarem em frente ao prédio em que morava, na Nussbaumstrasse. Era quase meia-noite. Auer e Hoegner, depois de acompanharem o embarque do deputado Unterleitner para Berlim, deixaram a estação central e foram para casa. Ao chegar, o chefe do *Post* foi avisado dos acontecimentos na cervejaria. Como se tornara um dos alvos preferidos dos homens da suástica e seu endereço já era praticamente de conhecimento público, decidiu passar a noite na residência de um correligionário. No apartamento da Nussbaumstrasse, contudo, permaneceram sua mulher, as três filhas, o genro e um neto.

Os nazistas não demoraram nem um minuto para entrar, ocupar o prédio e invadir o apartamento de Auer, no terceiro andar. Eram cerca de vinte homens e um deles apontou uma arma para Sophie, querendo saber onde estava o marido. Assustada, a mulher de 55 anos e cabelos brancos afirmou que não sabia. No entanto, os nazistas, entre eles Emil Maurice, não se deram por satisfeitos e simplesmente anunciaram que fariam uma busca na casa. "Agora, somos nós que mandamos", esbravejou um deles.

Na confusão, apareceram as três filhas e o genro de Auer, que também morava ali. A família reunida não conseguiu impedir a SA de fazer mais uma de suas ações violentas: os nazistas não só reviraram os quartos e os armários, destruindo móveis, louças e porcelanas, como também agrediram Sophie. Deram nela um empurrão, derrubando-a e prendendo-a num dos quartos. Ela seria ameaçada várias vezes naquela noite, para que contasse onde o marido se encontrava. *Frau* Auer, porém, nada revelou.

Quando os homens da SA deixaram a Nussbaumstrasse, levando documentos, duas armas e o genro de Auer como refém, o amplo apartamento do editor do *Münchener Post* estava destroçado. Sophie e as três filhas não teriam tempo de se recuperar do susto. Meia hora depois, outro grupo da SA chegou ao apartamento, também no encalço do líder social-democrata. Ao fazer uma "ronda" no local, dessa vez de maneira um pouco mais civilizada, o chefe do grupo chamaria de "escandalosa" a destruição promovida por seus comparsas.[12]

Uma dezena de jornalistas encontrava-se, pouco antes da meia-noite, na biblioteca da direção da polícia de Munique – ocupada tanto por golpistas como por policiais, numa situação de impasse –, para uma entrevista coletiva. Eram, sobretudo, representantes dos jornais conservadores da cidade, tradicionais adeptos de Kahr. O *Münchener Post*, mais uma vez, não havia sido chamado. Como aponta Dornberg, a imprensa havia sido muito mais "convocada" do que "convidada" para o encontro. Os redatores foram levados das redações até a polícia por um oficial armado e uniformizado.

Ali, o ex-chefe de polícia Ernst Pöhner praticamente ditaria aos jornalistas o que eles deveriam noticiar, ressaltando o dever da imprensa de apoiar, "de maneira leal",[13] os novos governos bávaro e central. Vários redatores, porém, não escondiam seu ceticismo perante a trupe violenta que tentava agora assumir o poder em Munique e na Alemanha. Era o caso de Fritz Gerlich, do *Münchner Neueste Nachrichten*, que manifestaria naquela noite uma série de dúvidas sobre a eficácia do movimento deflagrado na cervejaria. Entretanto, ele mostrou-se mais uma vez fiel à gestão Kahr e noticiou, na edição matinal de 9 de novembro, o "sucesso" do golpe liderado por Hitler.

Kahr encontrava-se cansado e apático em seu apartamento quando Hans von Seisser, acompanhado de um grupo de policiais, procurou-o.

Foi convencido, entretanto, a ir até a caserna no Oberwiesenfeld, onde Otto von Lossow já esboçava a reação. A partir daí, Kahr declararia ter sido forçado por Hitler a participar do golpe.

Às três horas da manhã, todas as unidades da polícia e do Exército da Baviera receberam ordens de apoiar Munique na luta contra os golpistas. Para evitar conflito de informações, Kahr tentou proibir a circulação de todos os jornais no dia seguinte. No entanto, a proibição chegaria tarde demais: o principal diário da cidade, o *Münchner Neueste Nachrichten*, já havia começado sua distribuição. A única saída foi espalhar pelo centro da cidade cartazes avisando que as medidas anunciadas na cervejaria Bürgerbräukeller haviam sido tomadas sob coação e, portanto, eram inválidas.

No quartel-general da Schönfeldstrasse, Hitler estava furioso. A mobilização na cidade enfraquecia, pontos estratégicos ainda não tinham sido tomados e ele desconfiava, cada vez mais, de que fora traído pelo "triunvirato". Enviara vários emissários para a caserna no Oberwiesenfeld, suspeitando que Kahr, Lossow e Seisser estivessem ali, mas seus mensageiros não retornaram nem mandaram notícia alguma – eles simplesmente haviam sido detidos pela segurança. Hitler, contudo, não queria admitir que o golpe fracassara. O próprio Ludendorff não acreditava ter sido enganado pelos colegas generais. O líder nazista aceitou a sugestão do general de que as tropas da SA marchassem de manhã pelas ruas de Munique, marcando presença. Seria um meio de tentar salvar o golpe, mobilizando a população.

Quando os habitantes de Munique acordaram na manhã fria de 9 de novembro, as notícias circulavam em completa confusão. Enquanto o *Münchner Neueste Nachrichten* e o *Bayerischer Kurier* anunciavam a instalação de um novo governo nacional sob a liderança de Hitler, cartazes pregados nos postes revogavam as decisões tomadas na noite anterior. Apenas o *Münchner Zeitung* (o segundo maior jornal de Munique, de caráter apartidário) saiu naquela manhã com a versão atualizada dos acontecimentos, trazendo a proclamação mais recente de Kahr.

O *Völkischer Beobachter* de Hitler publicou uma edição extra, anunciando a suposta tomada de poder. Numa pequena nota na capa, também saudava a demolição do *Münchener Post*: "A cozinha venenosa na Altheimer Eck foi demolida. A polícia verde controla os destroços fumegantes. Até o momento, infelizmente, a hebreia Heymann e a 'alma' do M. *Post*, Erhard Auer, não puderam ser capturados".[14] "Polícia verde" era o apelido da força policial do Estado da Baviera, por causa da cor de seu uniforme. "Hebreia Heymann" certamente se referia à jornalista Lida Gustava Heymann, que se encontrava fora da cidade naquela semana.

Apesar do tempo ruim, a manhã também estava agitada na Marienplatz, no centro de Munique, onde circulavam policiais, homens da SA e muita gente em busca de informações. Quando partiu para seu escritório, Wilhelm Hoegner ainda não sabia da destruição do jornal de seu partido. Na verdade, nem notara sua falta: o *Post* era um vespertino, que o promotor costumava ler só mais tarde.

A seiscentos quilômetros dali, em Berlim, tropas do Exército já cercavam, fazia horas, a sede do governo, na Wilhelmstrasse, e o prédio do Reichstag, nas margens do rio Spree. Também interditaram para carros a principal avenida da região, a Unter den Linden. Durante toda a madrugada, o chanceler Stresemann acompanhara, com seu gabinete, as notícias que chegavam da Baviera e, por precaução, decidira aumentar a segurança na capital.

Depois de uma noite maldormida, vários homens da SA acordaram de ressaca na Bürgerbräukeller, onde finalmente receberam ordens de se recompor, assumir seus postos e defender nas ruas o novo governo. Um grupo ou outro da SA ainda fazia arruaça e perseguia opositores, como o prefeito social-democrata de Munique, Eduard Schmid, e muitos vereadores, que foram feitos reféns. Por pouco, Schmid escapou da forca.

Hitler recebeu apoio de diversos grupos da SA vindos de outras cidades da Baviera, mas não percebeu que Munique estava tomada pelas tropas do governo Kahr. Vários contingentes da polícia e do Exército já haviam ocupado pontos estratégicos da cidade no final da manhã.

Perto do meio-dia, na entrada da Bürgerbräukeller, estava tudo pronto para a marcha com que Hitler pretendia salvar seu golpe de Estado. Vestido com capa de chuva preta e chapéu de aba larga, ele seguiu com cerca de 2 mil homens em formação, que, portando armas, bandeiras e estandartes, entoavam canções patrióticas. Em dado trecho da marcha, os golpistas depararam com um cordão de policiais, que foram dominados violentamente e levados presos para a Bürgerbräukeller. Sem dispor de uma base militar, a cervejaria continuava sendo o quartel-general dos nazistas em sua ofensiva contra o governo alemão.

Pouco depois de cruzar a Ludwigsbrücke, uma ponte sobre o rio Isar, a marcha já havia atraído uma multidão, que passou a acompanhar os golpistas em direção à Marienplatz. Hitler ainda via uma chance para seu plano; a ideia de Ludendorff podia dar certo. As tropas nazistas chegaram à praça perto de meio-dia e meia. Centenas de pessoas que ouviam o discurso inflamado de Julius Streicher, professor escolar ligado ao NSDAP, foram se juntando à marcha, enquanto gritavam: "*Heil!*" (Salve!).

Estava claro que pelo menos parte da população de Munique saudava a ideia de golpe. Para Ludendorff, entretanto, não era hora de fazer evento algum na Marienplatz. Ele ordenou que as tropas continuassem a marchar rumo ao norte, provavelmente para libertar os golpistas presos nos quartéis. Hesitante, o ex-cabo Hitler por fim concordou com o general e, acompanhado do incansável Maurice, prosseguiu com o desfile em direção à Ludwigsstrasse. Para tanto, precisavam passar pelo famoso Feldherrnhalle, monumento construído na Odeonsplatz no século XIX em homenagem aos grandes generais do Exército bávaro. O local estava agora totalmente ocupado pelas forças estaduais, a "polícia verde". Ludendorff tentou desviar pela Residenzstrasse, mas essa rua também desembocava na Odeonsplatz, onde já esperavam Hitler um tanque e uma bateria de policiais fortemente armados. O conflito tornou-se inevitável.

Ninguém tem certeza de qual dos lados partiu o primeiro tiro. Sabe-se, entretanto, que a primeira pessoa a ser morta foi um policial, e também a segunda. Foi o que bastou para que a polícia começasse a disparar contra a massa que chegava da Residenzstrasse. Em poucos minutos, a Odeonsplatz se transformou num campo de batalha. Gritos de júbilo misturaram-se aos de pânico. Ferido na perna, Göring foi rapidamente carregado para longe dali por membros de suas tropas. Vislumbrando a derrota, Ludendorff caminhou em direção aos policiais em meio a uma saraivada de balas, da qual, como por milagre, escapou ileso.

Hitler atirou-se ao chão e foi protegido por um de seus conselheiros, Erwin von Scheubner-Richter, ferido mortalmente. Como escreveu Ian Kershaw, "se a bala que matou Scheubner-Richter tivesse acertado trinta centímetros para a direita, a história teria tomado outro rumo".[15] Ao se levantar, Hitler foi empurrado por um guarda-costas, alvejado em seguida por nada mais, nada menos que onze tiros. Também milagrosamente, o guarda-costas sobreviveu. Com apenas um leve ferimento no braço, o líder nazista foi conduzido ao carro onde um médico do partido fazia plantão e, dali, seguiu para um local desconhecido. O mesmo fez seu amigo Maurice, que fugiu rapidamente da praça.

Mais uma curta batalha aconteceria naquele dia, contra o quartel-general tomado pelos golpistas reunidos em torno de Röhm, na Schönfeldstrasse. Mas, também ali, os homens de Hitler não tiveram chance alguma e se renderam. Saíram do local desarmados, marchando em silêncio, sob uma chuva fina.

Acabou assim o "golpe da cervejaria", a primeira tentativa de Adolf Hitler de conquistar o poder na Alemanha.

Os conflitos deixaram, no total, vinte mortos – dezesseis do lado dos golpistas e quatro policiais –, dezenas de feridos e de vítimas de sequestro, sem contar as várias propriedades destruídas e roubadas. Historiadores não poupam expressões pejorativas para descrever o que aconteceu em Munique em 8 e 9 de novembro de 1923: uma "ópera cômica", um "bangue-bangue bávaro" ou uma "orgia alcoólica". Marcado pelo amadorismo e pela improvisação, o golpe de Estado dos nazistas estava, desde o início, fadado ao fracasso. No entanto, os eventos também permitiram ver a ambição desmedida de Hitler e o perigo que ele representava para a frágil democracia alemã.

No mesmo dia, o "triunvirato" decretou a prisão dos líderes e a proibição das organizações ultranacionalistas envolvidas no golpe, incluindo o partido NSDAP, a SA e o jornal *Völkischer Beobachter*, cuja redação foi ocupada e lacrada pela polícia. Vários colaboradores de Hitler foram presos no próprio dia 9, entre eles o general Erich Ludendorff, solto logo em seguida – seu prestígio era grande demais para que as autoridades bávaras o mantivessem atrás das grades. Ferido e com a ajuda de correligionários, Göring fugiu para a Áustria. Maurice partiu com identidade falsa para a Pomerânia, no nordeste do país, onde viviam alguns de seus parentes.

Assustada pelos acontecimentos em Munique, a imprensa alemã finalmente acordou para o fenômeno Hitler e seu movimento nacional-socialista. Em 10 de novembro, sábado, os jornais de todo o país trouxeram uma cobertura ampla dos acontecimentos, como fez o *Münchener Post*, que voltou a circular no final de semana, apesar de prejudicado pela destruição de suas instalações. Sobre isso, informou no texto "Sob destroços", publicado no alto da primeira página:

> Os bandidos de Hitler transformaram, na madrugada de quinta para sexta-feira, as salas do *Münchener Post* num monte de destroços. Nosso jornal, que voltara a ser publicado naquela quinta-feira depois de ter sido proibido por dez dias, foi por isso impedido novamente de circular na sexta-feira. Entretanto, para permitir a nossos amigos e leitores o acesso à informação nesses dias de agitação, a redação e a editora decidiram trabalhar sobre os escombros, possibilitando, pelo menos de maneira improvisada, a publicação do *Münchener Post* até a reparação dos prejuízos.

Nos textos seguintes, ainda na capa, narrou em detalhes os acontecimentos na noite de 8 de novembro, até a repressão do golpe pelas tropas do governo, no dia seguinte. Nas páginas 2 e 3, contou sobre o ataque à redação na Altheimer Eck e a invasão do apartamento de seu editor-responsável:

> Não há palavras para descrever a demolição realizada. Para entender os métodos de destruição, é preciso ter visto com os próprios olhos o vandalismo registrado, que nem se compara à guerra, como nos asseguraram participantes de campanhas militares. [...] Tudo o que lhes parecia útil foi levado. Até os salários dos funcionários os "heróis" dividiram entre si.[16]

Além disso, publicou, em página inteira, uma "Crônica da violência nacionalista e nacional-socialista na Baviera", que listava vários atos de brutalidade cometidos pelos grupos ultranacionalistas, sobretudo pelo partido nazista e pela SA, desde 1920. Começava com as primeiras incitações antissemitas feitas pelo *Völkischer Beobachter*, desde que passara para as mãos do NSDAP, em 1920, e terminava com o ataque a bala de um nazista contra um operário do bairro de Giesing, em setembro de 1923. Da lista também constavam invasões, pancadarias, maus-tratos e atentados. "Essa compilação é apenas um resumo do material coletado. Vários atos de violência praticados fora de Munique, assaltos isolados, a destruição sistemática de símbolos republicanos [...] ficaram de fora."[17] O *Post* provavelmente não imaginava que aquela seria apenas a primeira entre as muitas crônicas que ainda publicaria sobre a violência nazista nos anos seguintes.

Hitler saiu parcialmente derrotado na tentativa de golpe. Embora não tenha conseguido realizar sua "marcha sobre Berlim", ficou conhecido não só em toda a Alemanha, como também no resto do mundo. Até no Brasil a imprensa acompanhou os acontecimentos na Baviera. A *Folha da Noite*, por exemplo, um dos jornais que dariam origem à *Folha de S.Paulo*, publicou em 9 de novembro um texto confuso da agência de notícias norte-americana United Press sobre a situação (também confusa) do poder na Alemanha, noticiando a "ditadura nacional de Kahr". Nele, não explicaria bem quem era o "sr. Hitler", chamando-o apenas de "o nacionalista vermelho". Só no dia 10 informaria melhor sobre o fracasso da rebelião na Baviera, "chefiada pelo professor Hitler".

Já o diário O *Estado de S. Paulo* mostrou-se mais atualizado: publicou em 9 de novembro uma pequena nota na página 2, anunciando a destituição do governo bávaro pelo "chefe nacionalista, o senhor Hitler". No dia seguinte, informou na capa: "Delineia-se o fracasso da revolução nacionalista na Baviera. Von Kahr, Von Lossow e o governo bávaro reprimem o movimento".

Nos Estados Unidos, o noticiário de 10 de novembro não seria menos atrapalhado. "Rebelião une a Alemanha", anunciou o *Chicago Tribune*. "Revolta monarquista reprimida", noticiou o *New York Tribune*. Apesar de chamar Hitler de "serralheiro", a publicação que mais acertou na manchete foi o *New York World*: "Rebelião em Munique dissipa-se pela noite".[18] Também o *New York Times* fez uma análise correta dos acontecimentos na capital bávara, no texto que levou o título "Ópera-bufa bávara":

> Essa revolução na Baviera foi uma obra de loucos. Parece que esse movimento foi inspirado e encenado por pessoas que seriam mais apropriadas para uma ópera cômica do que para uma tentativa séria de derrubar o governo em Berlim. Tratou-se de uma explosão prematura, na qual a bomba detonou antes da hora marcada. Aparentemente incitados por cerveja e oratória, os conspiradores de Munique encontraram-se sem apoio substancial [...].

O importante diário norte-americano, porém, tiraria no mesmo artigo uma conclusão precipitada: "O fracasso humilhante em Munique certamente deixará a república alemã mais segura".[19]

De fato, o fracasso do golpe nazista e a proibição de todas as organizações nele envolvidas colaborariam para uma época de relativa estabilidade tanto na Baviera como no restante do país. Não demoraria muito, contudo, para Adolf Hitler e seus comparsas voltarem à cena política de Munique e às páginas do *Münchener Post*.

Os "atos heroicos" das tropas hitleristas

Depois de estrangulado o golpe em 9 de novembro de 1923, por muito tempo os jornalistas do *Münchener Post* não precisaram se perguntar sobre o destino de Hitler. Diferentemente do que prometera na cervejaria Bürgerbräukeller, ele não havia se matado. Foi preso dois dias mais tarde, na bela casa de campo da família Hanfstaengl, no sudeste de Munique, vestido com um largo pijama do amigo. Poucas horas antes da prisão, até teria ameaçado se suicidar, como conta Ernst Hanfstaengl em suas memórias, mas foi controlado pela mulher deste, Helene, que teria tirado o revólver de sua mão com um golpe de jiu-jítsu.

Hitler foi levado para a prisão de Landsberg, no leste da capital bávara, onde encontrou vários de seus colaboradores, entre eles os fundadores do partido nazista Anton Drexler e Dietrich Eckart, além do amigo Emil Maurice. Na cadeia, o assassino do antigo governador Kurt Eisner, Anton Graf von Arco auf Valley, foi obrigado a deixar sua confortável cela número 7 para dar lugar a Hitler, que esperaria até fevereiro do ano seguinte para ser julgado, com nove comparsas, por crime de alta traição contra a pátria.

Munique viveu vários dias de violência em novembro de 1923. Em razão da tentativa de golpe, o centro da cidade foi totalmente interditado, os habitantes passaram a ser controlados e as reuniões políticas, proibidas. O "triunvirato" formado pelo ditador Gustav von Kahr, o comandante do Exército Otto von Lossow e o chefe de polícia Hans von Seisser havia saído com a reputação arranhada do episódio na␣␣cervejaria. Grande parte da opinião pública estava convencida de que a atitude de Kahr fora pior que a de Hitler, por ter voltado atrás em seu apoio ao golpe. Parte da população saiu então às ruas, fazendo manifestações e barricadas.

Em 10 de novembro, uma multidão protestou com violência em frente ao *Münchner Neueste Nachrichten*, quebrando as janelas do prédio, por causa do apoio incondicional que a publicação vinha dando ao ditador da Baviera. A pressão sobre Kahr aumentou tanto nos meses seguintes que ele foi obrigado a renunciar em fevereiro de 1924.

Kahr também tomara uma série de medidas polêmicas. Ao proibir e desarmar o NSDAP, a SA e os outros grupos que formavam a aliança militar Kampfbund, ele estava livre das organizações nacionalistas mais fortes e estridentes de Munique. Concentrou-se, então, em sua tradicional perseguição aos grupos e à imprensa de esquerda.

O *Münchener Post*, por exemplo, nem teve chance de comemorar a prisão de Hitler. Depois de sua redação ter sido destruída na noite de 8 de novembro de 1923, quinta-feira, o jornal conseguiu publicar uma edição extra no sábado. No entanto, foi proibido no dia seguinte, assim como outras quinze publicações social-democratas da Baviera. Era a terceira proibição que recaía sobre o *Post* em apenas quatro meses. Segundo o historiador Paul Hoser, Kahr temia "revelações incômodas" que o jornal pudesse trazer sobre seu envolvimento na tentativa de golpe.[1] Afinal, o diário era conhecido por obter nos bastidores informações quentes a respeito dos círculos da direita.

A nova proibição deixou o *Post* numa situação financeira ainda pior do que já estava, desde que fora atacado pelos nazistas. Ela também deixou apreensivas a Associação de Imprensa da Baviera, que representava os interesses de todos os jornalistas do Estado, e as publicações burguesas, temerosas de que logo pudessem ser vítimas de alguma forma de retaliação.

Depois de muitas negociações, o *Post* voltou a circular em 27 de novembro, com uma série de precondições: não poderia trazer artigos que "incitassem" os leitores, deveria pagar uma espécie de caução ao governo, caso este fosse objeto de algum ataque escrito, e era obrigado a enviar todos os dias um exemplar de sua edição às autoridades policiais, duas horas antes de ser distribuído. O jornal tornava-se, assim, vítima de censura prévia, situação que lembrava os tempos da Primeira Guerra. Com isso, as forças políticas democráticas e de esquerda estavam sendo, definitivamente, emudecidas no Estado, já que a circulação de publicações democratas de outras partes da Alemanha também era proibida na Baviera.[2] Protestos das associações de imprensa foram inúteis. Kahr não recuou das severas medidas contra o principal jornal da social-democracia bávara.

Na primeira edição depois de sua proibição, o *Post* tratou das rígidas medidas impostas pelo ditador Kahr, mas evitou fazer do assunto um escândalo, como se esperava daquele jornal de espírito combatente. Num longo texto mais descritivo do que passional, apenas transcreveu as atas de proibição e os manifestos das associações de imprensa em seu favor. Deixava claro, assim, que não queria se meter em mais problemas.

O "golpe da cervejaria", entretanto, acompanhou a história do *Münchener Post* até sua destruição definitiva, em 1933. Nos meses e anos seguintes, tornou-se tema prioritário para o jornal, que também gostava de trazer em suas páginas extensas retrospectivas históricas. Nos primeiros meses de 1924, a publicação recuperou vários acontecimentos isolados da noite de 8 para 9 de novembro do ano anterior, como o sequestro de políticos pelos nazistas, as invasões e os roubos, relatando tudo isso frequentemente com o título irônico "Os atos heroicos das tropas hitleristas".

A cada aniversário do golpe, o *Post* também publicava longos artigos, não raramente com novas revelações. Sete anos depois, em 8 de novembro de 1930, apresentou a versão de um "funcionário" nazista (conforme descreveu) sobre os momentos que marcaram o golpe. Publicado sem a assinatura do autor, o artigo apresentava de fato as impressões e os comentários da estenógrafa Paula Schlier, do *Völkischer Beobachter*, sobre a agitação e a bebedeira no jornal antissemita na noite do golpe. Anos depois, Schlier publicaria o mesmo texto em suas memórias.

Apesar da agitação política que tomou conta de Munique no final de 1923, a situação econômica da Alemanha, de modo geral, começava a melhorar. Em novembro, quando a cotação do dólar chegou a 4,2 trilhões de marcos, o governo alemão não encontrou outra saída além de renegociar os termos de pagamento das dívidas da Primeira Guerra com os países aliados. As negociações desembocaram no Plano Dawes, esboçado pelo banqueiro e político norte-americano Charles Gates Dawes e aprovado em agosto de 1924 – no ano seguinte, Dawes se tornaria vice-presidente dos Estados Unidos e ganharia o Nobel da Paz por causa do plano.

Além da retirada dos países aliados da região do rio Ruhr, as medidas previam novas condições para o pagamento das reparações e um empréstimo de 800 milhões de "marcos do reino", como se chamava a moeda na época, para a Alemanha estimular sua economia. Com a reforma monetária deflagrada pelo governo alemão, não demorou para que o país finalmente controlasse a inflação, estabilizasse sua economia e entrasse numa fase menos perturbada dos pontos de vista político e social. Os novos planos, porém, não conseguiram conter o desemprego, que continuava a aumentar.

A Alemanha inaugurava, assim, os chamados "anos de ouro", uma época de relativa prosperidade econômica e de ebulição cultural e científica, que duraria até o *crash* financeiro de 1929. Durante esse período, onze alemães ganharam o Nobel. A maioria das premiações ocorreu nas áreas da química e da física, mas também foram laureados o chanceler Gustav Stresemann (Nobel da Paz em 1926) e o escritor Thomas Mann (Nobel de Literatura em 1929). Berlim firmou-se, naqueles anos, como importante metrópole cultural e centro das vanguardas expressionista e dadaísta. Em Weimar, surgiu a escola Bauhaus, que revolucionaria o design e a arquitetura. Todos os campos artísticos eferverceram: o teatro, com Bertolt Brecht, a música, com Arnold Schönberg, e o cinema, com Fritz Lang, para citar os principais nomes.

Na Baviera, entretanto, predominavam o conservadorismo e o provincianismo, tanto na política como na cultura. Muitos artistas e intelectuais deixariam Munique na década de 1920, em direção a Berlim. Foi o caso de Brecht, natural de Augsburgo, no sul da Baviera, que partiu em 1924, depois de ver frequentemente suas peças sendo interrompidas pela ação violenta de bandos ultranacionalistas, entre eles a SA de Hitler. O mesmo fez o escritor Heinrich Mann, nascido em Lübeck, no norte, que desde 1914 vivia em Munique e já era um autor conhecido quando se mudou, em 1928, para Berlim. A "emigração" dos artistas deflagrou um grande debate em 1926 sobre como recuperar a fama de metrópole cultural que Munique gozava na virada do século. A discussão não teve muitas consequências, e a cidade permaneceu um centro de intelectuais conservadores.

A segunda metade dos anos 1920 também foi próspera para a imprensa alemã, favorecida pela estabilização política e econômica do país. Em 1924, havia cerca de 170 jornais social-democratas, com tiragem de mais de 1 milhão de exemplares.[3] Além disso, os órgãos da social-democracia passaram por uma série de modificações gráficas e editoriais, com o objetivo de se tornarem mais atraentes para o público e mais capacitados para concorrer com a imprensa burguesa.

O *Münchener Post* não ficou de fora desse processo de modernização que marcou a década, recuperando-se em parte dos estragos causados pelos ataques nazistas. Suas edições passaram a contar, a partir de 1924, com dez páginas (vinte nos fins de semana). Além das seções tradicionais de política, economia, sindicatos, cultura, política bávara, Munique e esportes, o jornal inaugurou uma nova editoria, voltada para ciência e técnica. Nos anos seguintes, ampliou um pouco mais as seções de economia e esportes e abriu espaço para temas femininos e educacionais, na página *Frauen-Post*, e de jardinagem. Do ponto de vista gráfico, tornou-se um pouco mais leve, trazendo regularmente fotos, ilustrações ou caricaturas.

O *Post* não abriu mão, porém, de seus longos textos teóricos sobre os desafios do socialismo, intelectualizados demais para o trabalhador médio. Além disso, permaneceu sem uma equipe de jornalistas que se dedicassem exclusivamente à redação. Enquanto muitos órgãos do SPD já buscavam pessoal "especializado" para seus quadros, vários redatores do *Post* continuaram divididos entre o jornal e a política, comprometendo a qualidade editorial de suas edições.

O editor-responsável, Erhard Auer, manteve-se por vários anos como líder da social-democracia bávara e sempre encontrava no *Post* espaço garantido para os discursos que pronunciava. O editor-executivo Martin Gruber também acumulou a função de deputado do SPD no Reichstag, em Berlim, até 1924. E as notícias da Assembleia simplesmente chegavam dos deputados estaduais social-democratas Hans Dill e Franz Blum, colaboradores frequentes da publicação.

Servindo, além disso, como sede da social-democracia bávara, a redação do *Post* não escondia seu lado burocrático. Por vezes, ali prevalecia mais o clima de escritório do que de combate jornalístico. Como conta em suas memórias o advogado do jornal, Max Hirschberg, até para fazer pequenas mudanças na disposição dos móveis da redação enfrentava-se a resistência dos jornalistas.[4]

Os nazistas
na cadeia

A nova grande cobertura do *Münchener Post* começou em 26 de fevereiro de 1924, primeiro dia do julgamento da ação movida pelo Estado contra Hitler e seus colaboradores no "golpe da cervejaria". Como sempre costumava fazer em casos que envolviam grupos extremistas de direita, o jornal reivindicou à Justiça severidade no julgamento dos responsáveis. Nessa questão, porém, a opinião pública alemã já havia sido surpreendida com mais uma decisão polêmica do governo bávaro: em novembro, dias depois do golpe, Kahr se recusara a entregar os réus ao Tribunal do Estado para a Proteção da República, na cidade de Leipzig, Saxônia, que era o responsável por crimes de alta traição à pátria. Kahr temia uma investigação sobre sua participação nos acontecimentos. Por isso, o julgamento acabou sendo feito pela Justiça bávara, que nunca escondera sua simpatia por grupos nacionalistas.

Como geralmente os jornalistas não assinavam seus artigos, supõe-se que o *Post* estivesse representado por seu redator local, Carl Sotier, que costumava cobrir os assuntos jurídicos. Em sua primeira cobertura, a publicação dedicou três páginas ao assunto, no dia 27 (e pelo menos uma página inteira nas demais edições, durante todo o processo). Nelas, destacou a grande expectativa em torno do julgamento e o clima de agitação no local onde era realizado, a Escola de Infantaria, localizada na Blutenburgstrasse, não muito longe do centro da cidade. Além disso, praticamente reproduziu toda a leitura da acusação contra os dez réus, entre eles Adolf Hitler, o ex-capitão Ernst Röhm e o general Erich

Ludendorff – este respondia ao processo em liberdade, chegando todos os dias ao tribunal numa limusine. Hermann Göring, chefe da SA, permanecia foragido – internado num hospital de Innsbruck, onde se tratava com morfina, da qual ficaria dependente para o resto da vida. Kahr, Lossow e Seisser deporiam apenas como testemunhas.

Por causa da grande afluência do público, as ruas próximas à Escola de Infantaria foram interditadas. O controle policial era intenso, e a sala do julgamento, com capacidade para trezentas pessoas, ficou completamente lotada: ali amontoaram-se dezenas de testemunhas, juristas, jornalistas alemães e estrangeiros, políticos e diplomatas de vários países. A imprensa e o público, entretanto, não teriam permissão de acompanhar todas as audiências nas cincos semanas de duração do julgamento. Várias vezes os jornais dependeriam dos protocolos distribuídos depois das sessões.

Já no primeiro dia ficou claro o rumo que o processo tomaria. Ao fazer sua defesa inicial, Hitler falou durante quatro horas, usando o tribunal como palco para agitação política. Lembrou-se de sua juventude difícil em Viena, dos primeiros tempos em Munique, da experiência e dos ferimentos na Primeira Guerra e de seu ingresso no antigo partido DAP. Praguejou contra o marxismo, os partidos "burgueses" e as potências estrangeiras, ressaltando o propósito de seu movimento de "salvar a Alemanha". Assumiu totalmente sua intenção de dar um golpe, mas refutou a acusação de alta traição. Para ele, os verdadeiros traidores eram os "criminosos de novembro", os autores da revolução de 1918.

Hitler também detalhou as negociações com o governo Kahr nas semanas antes do golpe, assim como o episódio na cervejaria Bürgerbräukeller. Afirmou que o "triunvirato bávaro" teria o mesmo objetivo que os nacional-socialistas: derrubar o governo parlamentarista em Berlim e instalar um governo nacionalista. Durante sua defesa, que mais parecia um discurso para as massas, foi poucas vezes interrompido – e mais pelos risos da plateia do que pelo presidente do tribunal,

Georg Neithardt. Nas poucas perguntas que o juiz lhe fez, foi obrigado a responder sobre a violência daquela noite, inclusive o ataque ao *Post*. O líder nazista respondeu que tinha conhecimento do que ocorria no jornal e que sugerira enviar um carro com alguns de seus homens para impedir que a SA continuasse a invasão. No entanto, afirmou que não condenava os responsáveis: "Considerando o que o *Münchener Post* cometeu contra o povo alemão em todos esses anos, o que ele fez para paralisar e destruir a força de resistência alemã antes e durante a guerra, isso nem mil destruições poderiam consertar".[1]

Hitler também disse que só teria sido informado mais tarde da ação no apartamento do editor-responsável do jornal, Erhard Auer, assim como da onda de sequestros que tomou a cidade entre 8 e 9 de novembro. Confessou, entretanto, ter ordenado naquela noite o roubo (de mais de 14 quatrilhões de marcos) da gráfica judaica Parcus, responsável pela impressão de notas bancárias: "Fiz isso lembrando-me da revolução, quando centenas de bilhões em ouro foram confiscados do povo alemão. Senti-me autorizado".[2]

Em 27 de fevereiro, o *Post* publicou na íntegra o que chamou de "discurso de agitação" promovido por Hitler. Dedicou quase uma página inteira à defesa do líder nazista, mas esta vinha frequentemente intercalada por pontos de exclamação, mostrando a surpresa ou a indignação do jornal a respeito de algumas declarações. Concluiu o texto afirmando: "Assim o primeiro dia foi catapultado por um torpedo de Hitler, disparado cegamente".[3]

O nazista ainda disparou seus torpedos muitas vezes durante o julgamento, e as imprensas alemã e estrangeira assistiram, estateladas, a Hitler desempenhando mais o papel de acusador do que de réu. Ele praticamente ganhou carta branca dos juízes não só para "discursar" para a plateia, mas também para questionar livremente as testemunhas, como se fosse o promotor. Além disso, mostrava uma autoconfiança cada vez maior em seus ataques. Segundo comentou para o editor e amigo Ernst Hanfstaengl, possuía tantas informações contra os governantes da Baviera que não tinha dúvida de que, no final do processo, nada de grave lhe aconteceria.[4] Não demorou, então, para aquele tribunal se transformar num "carnaval político" ou num "teatro indigno", como descreveu o escritor e jornalista Hans von Hülsen, de Berlim.[5] Conforme lembrou em suas memórias, ele até ouvira de um dos juízes responsáveis o seguinte comentário: "Um rapaz formidável, esse Hitler!".[6]

Os membros do "triunvirato bávaro", que àquela altura já haviam perdido seus cargos, também não foram poupados pelo líder nazista. Na audiência de 11 de março, dia do depoimento de Kahr, ele questionou-o sobre a mobilização das tropas do Exército e da polícia, por ocasião do golpe, praticamente sem ser interrompido pelos juízes. Kahr só soube se esquivar ou se contradizer, confrontado com a oratória de Hitler, que afirmou várias vezes que o "triunvirato" teria planos de derrubar o governo em Berlim. Colocando nos três homens do governo a culpa pelo fracasso do golpe, acrescentou que eram eles que deveriam ser acusados de traição.

O *Post* desforrou, no dia seguinte, a perseguição que sofrera nos meses anteriores pela política repressora de Kahr. Na manchete "Ditador Kahr – um quadro lastimável!", o jornal escreveu: "O senhor Kahr estava lá sentado, sem plano algum, assim como a política bávara determinante dos últimos meses. [...] Seus amigos de antigamente caluniam-no agora. [...] O resultado é um colapso sem igual".[7]

Já no dia de sua renúncia, em 19 de fevereiro, o jornal dera como encerrada a carreira política de Kahr, a quem chamava de "ex-ditador em miniatura". E tinha razão. Depois do governo tumultuado que instalou na Baviera em 1923, aquele jurista vindo da nobreza, condecorado como cavaleiro, deixou definitivamente a política. Por alguns anos, ainda exerceu o cargo de presidente do tribunal administrativo da Baviera, mas com discrição. Hitler jamais esqueceria a "traição" do ex-ditador durante o golpe. Um ano depois da tomada do poder pelos nazistas, em 1934, Kahr foi assassinado no campo de concentração de Dachau, no noroeste de Munique.

Em 27 de março de 1924, Hitler fez sua última defesa. Voltou a rebater a acusação de alta traição. E, mais uma vez, menosprezou a destruição do *Münchener Post*, falando do "veneno" que dele escorreria. Chegou a reivindicar à promotoria que também denunciasse o jornal social-democrata. Em sua opinião, pela campanha que fizeram contra o governo no final da Primeira Guerra, a social-democracia e sua imprensa seriam os principais culpados pela derrota da Alemanha:

> Um menino bobo é processado porque jogou pedras contra as janelas do *Münchener Post*. E o promotor levanta-se e o acusa por danos materiais, por perturbar a ordem pública e não sei mais o quê. Mas diante desse promotor outros se levantam e acusam. São os 2 milhões de [soldados] mortos que dizem: "Nós morremos em vão, fomos mortos pelo veneno que essa publicação injetou". Milhões de mães alemãs levantam-se e gritam: "Perdemos nossos filhos, porque esse jornal destruiu nosso front".[8]

O julgamento terminou na manhã de 1º de abril do jeito que começara, ou seja, como uma grande farsa. Mais uma vez a região em torno da Escola de Infantaria foi interditada e a sala de leitura, onde as sessões eram feitas, ficou tão abarrotada de gente que até mesmo os jornalistas tiveram dificuldade de entrar. Hitler e seus nove aliados chegaram uniformizados e, no pátio da instituição, ainda posaram para os fotógrafos – a postura era mais de vencedores do que de derrotados.

Eram quase dez horas da manhã quando o presidente do tribunal pronunciou a sentença. Hitler ganhou a maior pena entre os réus: cinco anos de prisão, com a possibilidade de redução para seis meses, caso tivesse bom comportamento. Ludendorff foi absolvido e, dizendo-se insultado pelo veredicto, chegou a protestar contra ele. Em sua argumentação, o juiz destacou o "espírito patriótico" dos réus e negou a extradição de Hitler para a Áustria, como pedia a promotoria. Alegou tratar-se de um homem "que pensa e se sente como alemão" e lembrou o "serviço" que prestara ao Exército nacional durante a Primeira Guerra.⁹ Gritos de "Bravo!" soaram da plateia.

Do lado de fora, centenas de pessoas gritavam *"Heil!"*, muitas delas com flores nas mãos. Ludendorff fez questão de deixar a Escola de Infantaria pela frente do prédio, aplaudido pelo público. Hitler também foi ovacionado como herói, ao acenar do terraço para a multidão na rua. Antes de voltar para a prisão de Landsberg, recebeu flores enviadas pelas fãs. Só perto do meio-dia a calma voltou à Blutenburgstrasse, de onde as pessoas partiram em grupos, cantando hinos patrióticos.

Hitler deixou o tribunal de maneira triunfante. E tinha motivos para isso. Não só se apresentara pela primeira vez para um público internacional, como conseguira conquistar a simpatia de boa parcela da população de Munique. Já a imprensa estrangeira e a maioria dos jornais alemães mostraram-se indignadas com a sentença.

O jornal católico *Bayerischer Kurier* falou de uma "catástrofe jurídica" e de um "processo de escândalos"; o *Münchner Neueste Nachrichten*, de uma "tragédia". O *Münchener Post*, por sua vez, atacou rigidamente a Justiça bávara, destacando o fato de nenhum dos dez réus ter sido condenado pela destruição do jornal e pela prisão dos reféns na noite do golpe. Com a manchete "No túmulo da Justiça bávara", o artigo chamou o julgamento de "comédia" e apontou as falhas dos juízes responsáveis pelo caso, como a pena branda concedida aos réus e a absolvição do general Ludendorff:

> Se a Justiça tivesse considerado sua reputação já nos primeiros dias, se não tivesse colocado às avessas os interrogatórios dos réus e das testemunhas, se não tivesse mostrado tão claramente suas mãos atadas em direção à mesa dos acusados [...], tal sentença, que nos expôs aos riscos dos dois hemisférios planetários, jamais teria sido pronunciada.¹⁰

Hitler voltou para a prisão de Landsberg, onde desfrutaria de conforto e muitas regalias. Segundo o historiador Ian Kershaw, as condições de vida na prisão lembravam mais um hotel do que uma penitenciária.[11] A cela era espaçosa, bem-arrumada e dava para uma paisagem campestre. Hitler tinha permissão para encontrar os parceiros que também haviam sido condenados, assim como receber visitas sempre que quisesse. Os guardas e os demais presidiários tratavam-no com muito respeito, dispensando-o até mesmo das pequenas obrigações. Fazia as refeições sob uma bandeira da suástica pendurada na parede.

Enquanto vários jornais – entre eles o *New York Times* – davam sua carreira política como encerrada, o ex-cabo teve tempo suficiente para esboçar planos para o futuro. Também pôde dedicar-se a uma de suas atividades preferidas, a leitura dos jornais, assim como à escrita da primeira parte do livro *Mein Kampf*, que publicaria no ano seguinte. Nele, o futuro ditador exporia as ideias antissemitas, racistas e expansionistas que formariam a base de seu programa de governo para a Alemanha. O segundo volume sairia em 1927, mas a obra só se tornaria um sucesso editorial depois da chegada dos nazistas ao poder, em 1933.

Supõe-se que a primeira parte de *Mein Kampf* tenha sido ditada por Hitler, na prisão, para Emil Maurice e Rudolf Hess. Membro de uma das milícias que atuaram contra a república comunista em 1919, o ex-piloto Hess ingressou no ano seguinte no NSDAP, depois de ficar fascinado com um discurso de Hitler. Até 1923, teve papel marginal dentro do partido. Durante o golpe de novembro, participou do sequestro de alguns políticos bávaros. Fugiu em seguida para a Áustria, mas se entregou logo depois, temendo um processo no tribunal de Leipzig. Foi condenado e também ficou trancafiado em Landsberg. Como secretário particular de Hitler, em 1933 se tornaria uma das figuras mais importantes da ditadura nazista.

Depois do fracasso do golpe, Emil Maurice entregara-se à polícia da Pomerânia, para onde havia fugido. O jovem relojoeiro foi condenado, em 28 de abril, a mais de um ano e meio de prisão, acusado de porte de armas e de ter tomado parte em um crime de alta traição. Para sua sorte, foi também enviado para a prisão de Landsberg, a mesma de seu grande amigo, a quem continuava a chamar de *Führer*. Ali assumiu o papel de secretário de Hitler: respondia à correspondência, coordenava a torrente de visitas, rejeitando os malquistos. Segundo a historiadora Anna Maria Sigmund, autora de uma biografia de Maurice, entre os visitantes de Hitler na prisão estavam industriais, advogados, editores e membros da nobreza bávara, mas sobretudo fãs do líder nazista, das mais variadas idades.[12] Da cadeia, Maurice encaminhou a compra de um Mercedes-Benz, pela bagatela de 26 mil marcos do reino, para quando seu chefe ganhasse a liberdade. Foi também em Landsberg que conheceu a meia-sobrinha do líder nazista, Geli Raubal, por quem se apaixonaria.

Com Hitler atrás das grades, a proibição do NSDAP e da violenta SA e o fechamento do jornal *Völkischer Beobachter*, o *Münchener Post* entrou numa fase bem menos agitada, espelhando a situação um pouco mais tranquila por que passava a Baviera. Depois das renúncias do ditador Kahr e do governador Eugen Ritter von Knilling, o Estado era agora comandado pelo político Heinrich Held, também ligado ao conservador BVP. Sob sua gestão, os conflitos entre o Estado e Berlim amainariam um pouco, assim como a perseguição aos social-democratas.

Já em Berlim o troca-troca de alianças no governo continuava. Nas eleições de maio de 1924 para o Reichstag, o SPD, partido do *Post*, saiu vitorioso. No entanto, por causa das dificuldades para fechar uma coalizão com as demais agremiações e formar maioria no Parlamento, o chanceler do reino continuou sendo Wilhelm Marx, do partido católico Centro. Ele contaria com forte oposição dos comunistas do KPD, dos ultraconservadores do DNVP e também dos nacional-socialistas, concentrados em parte no agrupamento antissemita Deutschvölkische Freiheitspartei (DVFP, Partido da Liberdade do Povo Alemão).

Em decorrência da proibição do partido nazista, os correligionários de Hitler buscaram refúgio em outras organizações políticas de extrema direita, reunidas no chamado "bloco nacionalista". Entretanto, elas não escondiam suas divergências nem sua dificuldade de encontrar um nome que unisse o movimento. Também havia conflitos entre os antigos líderes nacional-socialistas, como o jornalista Alfred Rosenberg, o professor Julius Streicher e Ernst Röhm (que ficara preso em Landsberg por apenas cinco meses), o que Hitler via com certa satisfação: afinal, ninguém deveria se destacar na chefia do movimento durante sua ausência. De toda maneira, os ultranacionalistas e antissemitas perderiam força no pleito seguinte, em dezembro de 1924, convocado depois que o chanceler Wilhelm Marx dissolveu o Reichstag à procura de uma nova coalizão para governar.

Apesar da fase mais estável no país, o *Post* não deu trégua aos nazistas. Mal acabara o julgamento de Hitler, passou a cobrir amplamente os processos menores relativos ao golpe de novembro de 1923, frequentemente sob a rubrica "Os atos heroicos das tropas hitleristas". Além disso, a publicação se envolveu, em abril, em uma nova briga com grupos nacionalistas. A disputa levaria o *Münchener Post*, pela primeira vez desde 1894, quando cobriu o julgamento dos camponeses de Fuchsmühl, a ganhar uma ruidosa projeção nacional.

A lenda
da punhalada

O conflito começou quando o editor nacionalista e monarquista Paul Nikolaus Cossmann lançou, em sua revista cultural *Süddeutsche Monatshefte* (Cadernos mensais do sul da Alemanha), uma série de artigos propagando a ideia de que os soldados alemães haviam levado uma "punhalada nas costas" do próprio país no final da Primeira Guerra. Difundida a partir de 1918 pela direita nacionalista (algumas fontes apontam o general Erich Ludendorff, parceiro de Hitler no "golpe da cervejaria", como autor da expressão), essa versão defendia que a Alemanha tinha sido derrotada não por causa de sua inferioridade militar, mas pela "traição" e pela "sabotagem" dos políticos de esquerda, dos sindicatos e dos alemães judeus. Mais tarde, essa ideia ficaria conhecida como "lenda da punhalada".

Além de atuar como editor do diário *Münchner Neueste Nachrichten*, Cossmann cuidava desde 1905 dos *Süddeutsche Monatshefte*, originalmente liberais, mas que tomaram um rumo fortemente nacionalista durante a Primeira Guerra. Publicados mensalmente, tinham tiragem de até 100 mil exemplares. A partir de 1918, esses cadernos passaram a agitar os círculos ultraconservadores da Baviera contra as instituições da República de Weimar, o Tratado de Versalhes e a versão dos aliados de que a Alemanha teria sido a única responsável pela eclosão do conflito – a qual os cadernos tratavam como "mentiras sobre a culpa da guerra" (*Kriegschuldlüge*).

Nas edições de abril e maio de 1924, a publicação trouxe vários depoimentos e documentos militares, que supostamente provavam a campanha feita por alguns grupos visando a destruir a reputação do Exército alemão nos últimos anos da guerra. Na opinião de Cossmann, esses grupos teriam incitado os operários das fábricas, mobilizando-os para as greves e as manifestações contra o governo e pelo fim do conflito.

A resposta do *Münchener Post* – anônima, como sempre, pois seus redatores continuavam não assinando artigos – não demorou a chegar. Em 25 de abril, com a manchete "O caderno de mentiras sobre a punhalada", numa alusão aos *Monatshefte*, o jornal escreveu: "Na verdade, esse trabalho da punhalada, feito pela redação do senhor Paul Nikolaus Cossmann, é uma difamação política da pior espécie". Em seguida, publicou um texto antigo da *Vorwärts* (a publicação central dos social-democratas), de outubro de 1918, justificando os apelos de paz feitos pela social-democracia alemã no final da Primeira Guerra. Nele, denunciava-se a política nacionalista do então governo conservador da Alemanha como a principal causa do conflito.

As réplicas do *Post* aos artigos de Cossmann continuaram nas edições seguintes, sempre na primeira página, e entraram no mês de maio com tons cada vez mais agressivos. No dia 2, ao comentar outra edição dos *Monatshefte* sobre o assunto, o jornal falou de "falsificação da história" e "embuste". Citou declarações de generais sobre as dificuldades dos alemães no front, assim como documentos sobre a superioridade dos aliados nos anos finais da guerra. Finalmente, num acesso antissemita, chamou várias vezes o editor nacionalista de "o 'judeu' Cossmann", lembrando as origens desse católico convertido.

Não eram raros comentários antissemitas dentro da social-democracia bávara, apesar de esta contar com vários membros oriundos da comunidade judaica. O *Post* teve, durante toda a sua existência, vários redatores e colaboradores judeus: além do ex-diretor de redação Adolf Müller e do jornalista Kurt Eisner, também trabalharam lá, na década de 1920, o crítico de música Alfred Einstein, primo do já famoso Albert Einstein, e o economista Carl Landauer, que mais tarde escreveria sobre a má vontade de correligionários social-democratas de origem proletária em relação aos intelectuais do partido, muitos de ascendência judaica.[1]

Cossmann reagiu, processando por injúria o editor-executivo Martin Gruber, redator político do jornal. Para a defesa de Gruber, o editor-responsável do *Post*, Erhard Auer, não precisou quebrar a cabeça. Logo contratou Max Hirschberg, um advogado judeu, já famoso no meio jurídico de Munique por representar militantes de esquerda nos tribunais. No entanto, em razão do conservadorismo da Justiça bávara, Hirschberg frequentemente perdia os casos que tinham conotação política; mesmo assim, seu talento era admirado até pelos colegas da oposição. Foi num desses processos, no início dos anos 1920, que Auer conhecera Hirschberg; o líder social-democrata ficara fascinado com a performance do então jovem advogado.

Filho de um conselheiro comercial, Hirschberg estudara direito em Munique, Berlim e Leipzig. Lutara pela Alemanha na Primeira Guerra e, tendendo à esquerda, até vira com simpatia os primeiros tempos da revolução que tomara a Baviera em 1918. Não chegou, entretanto, a participar dela. Ao testemunhar a violência patrocinada pelas tropas do Exército e pelas milícias antirrevolucionárias, em 1919, decidiu tornar-se advogado e defender comunistas e socialistas na Justiça. Sua decisão foi acertada, pois já havia sido barrado no funcionalismo público por causa de sua origem judaica. Hirschberg tinha dois sócios, Phillip Löwenfeld e Adolf Kauffmann – como ele, judeus, simpatizantes da esquerda e com certa predileção por processos políticos. Os três, contudo, também trabalhavam com crimes comuns, como roubo, falsificação de documento e casos de homossexualismo – puníveis naquela época –, nos quais teriam mais sucesso.

Quando aceitou defender Martin Gruber, do *Post*, contra o proeminente Cossmann, Hirschberg já sabia o que o esperava. Como não contava com assistentes, teria de fazer sozinho, nos meses seguintes, uma enorme pesquisa histórica sobre a verdadeira situação do Exército da Alemanha no final da guerra, assim como sobre as negociações que haviam conduzido ao armistício e à capitulação do país, em 1918. Durante o dia, o advogado se ocupava da "lenda da punhalada", embrenhando-se em centenas de documentos do governo, do Reichstag e de uma comissão de inquérito instalada pela Assembleia Constituinte em 1919 para examinar as negociações em torno da capitulação da Alemanha. À noite e nos fins de semana, dedicava-se aos outros processos pendentes.

De suas leituras preparatórias para o julgamento, não demorou para Hirschberg constatar que a "punhalada nas costas" propagada pela direita nacionalista era de fato uma "falsificação histórica", como escrevera o jornal no ano anterior. Em face da inferioridade militar da Alemanha e do desânimo que tomara conta das tropas no final da guerra, os governantes do país decidiram colocar a culpa pelo colapso nos novos líderes da revolução que estourara em 1918.

O julgamento começou na manhã de 19 de outubro de 1925 e duraria mais de um mês. Nesse período, o *Post* quase todos os dias dedicou sua manchete ao assunto e até foi mais longe em sua crítica aos nacionalistas: a "punhalada" propagada por Cossmann não só seria um modo de difamar socialistas e social-democratas, como também toda a Alemanha. "A campanha caluniosa contra a República" foi a manchete de sua primeira edição sobre o julgamento.

Como o de Hitler, este despertou forte interesse no público e na imprensa. O caso não era mera disputa entre dois jornalistas da Baviera, um conservador e outro progressista: envolvia um grande debate sobre as causas da derrota da Alemanha na Primeira Guerra. Cerca de quarenta jornalistas alemães e estrangeiros se cadastraram para cobri-lo, e o salão histórico do tribunal administrativo do bairro do Au, no sudeste de Munique, ficou lotado no primeiro dia. Numa nota publicada em 18 de outubro, o *New York Times* escreveu a respeito: "Muitas autoridades militares e civis foram intimadas a depor e o julgamento promete iluminar uma questão de importância histórica". O *Münchener Post* se tornava protagonista de um dos processos mais espetaculares daqueles anos.

Cossmann aparecia sempre acompanhado de seu advogado, Anton Graf von Pestalozza, um homem atarracado, de testa alta e barba longa. Católico praticante, costumava representar pessoas de todas as tendências políticas, diferentemente de Hirschberg. Este, em suas memórias, descreve Pestalozza como alguém que se opunha ao antissemitismo e ao movimento nazista: "Em seu silêncio, ele estava mais próximo de mim politicamente do que de seus clientes nacionalistas".[2] Por essas afinidades, os dois advogados se tornariam amigos depois do julgamento.

Mais de vinte testemunhas prestaram depoimento durante aquelas semanas. Entre elas, falou em favor do *Post* o famoso industrial Robert Bosch, conhecido por sua postura democrata, pela defesa que fazia da República de Weimar e da política de reconciliação com a França. No tribunal, afirmou que não presenciara entre seus operários qualquer forma de agitação contra os soldados no final da guerra. "A ideia de que isso tenha causado a derrota da Alemanha é inconcebível", disse.[3]

A favor de Cossmann apareceram apenas altos oficiais do Exército, colegas do general Ludendorff, notadamente partidários da "lenda da punhalada". As opiniões dos militares, todavia, pareciam não conseguir rebater as provas apresentadas por Max Hirschberg, fato que foi devidamente explorado pelo jornal social-democrata em suas edições. Já em 29 de outubro, a manchete do *Post* anunciou "A decomposição do front de Cossmann": "Encobrindo-se na toga do silêncio, o senhor Cossmann parece compreender que, objetivamente, nas declarações de sua defesa, não há nada além da confissão de que se trata de falsificação da história".[4]

As sessões eram longas e interrompidas apenas para curtos intervalos, quando Hirschberg e seu cliente Martin Gruber, acompanhados de colegas do *Post*, reuniam-se em torno de uma mesa para um café: era o "canto dos apunhaladores", como conta o advogado em suas memórias. Daí voltavam para a sala do julgamento, onde o grupo de Gruber ficava à esquerda do juiz, e o de Cossmann, à direita – as duas partes munidas de uma verdadeira biblioteca de livros e documentos.

A defesa final de Hirschberg, em 17 de novembro, durou sete horas. Recorrendo aos principais documentos que descreviam a situação militar da Alemanha no final da guerra, ele assegurou: "A mentira da punhalada foi criada para encobrir do povo a responsabilidade dos líderes da Alemanha imperial pela derrocada".⁵

No dia seguinte, foi a vez de Pestalozza. Citando campanhas da imprensa e as greves que tomaram o país no final da guerra, ele insistiu na tese da "mobilização consciente" da população alemã a fim de enfraquecer a reputação do Exército: "É um fato triste. Em nosso povo, grande quantidade de gente deixou-se conduzir, cada vez mais, por pessoas que queriam abalar o Exército, até causarem o colapso".⁶

O julgamento terminou em 9 de dezembro da maneira esperada, com a Justiça favorecendo grupos de direita. O juiz responsável, Albert Frank, afirmou em seu veredicto não ter encontrado provas para a ação de grupos socialistas contra o Exército e os soldados alemães no final da guerra. Entretanto, como diria o *Post* em sua edição do dia seguinte, "apegou-se em detalhes" para condenar o editor Martin Gruber por injúria e difamação continuada, obrigando-o a pagar 3 mil marcos do reino para Cossmann, assim como as custas do processo. Citado pela imprensa apenas como "juiz Frank", o magistrado julgaria muitos casos envolvendo o jornal nos anos seguintes, em que não esconderia suas inclinações ultraconservadoras e simpáticas aos grupos nacionalistas.

Restou para os jornalistas do *Post* a "vitória moral". No mesmo mês, a editora Birk & Co., que editava o diário, publicou o livro A *salvação da honra do povo alemão*, trazendo em detalhes todas as etapas do julgamento. A ideia era não só aproveitar comercialmente o forte interesse que o caso despertara, como também reforçar a posição de que, pelo menos politicamente, a direita teria sofrido uma derrota.

O *Post* não receberia a solidariedade da imprensa conservadora da Baviera, que, como se esperava, saudou o desfecho do julgamento. Contou, porém, com o apoio de jornais importantes do país, como os liberais *Berliner Tageblatt* e *Frankfurter Zeitung*:

> A sentença de Munique não vai contra um jornalista social-democrata, e sim contra a maioria avassaladora do povo alemão e a historiografia imparcial.⁷

A propaganda em torno da punhalada, dirigida contra partidos constitucionais, desmoronou. O tribunal admitiu que a Alemanha perdera a guerra sem culpa do povo.[8]

Apesar de sua vitória, o editor Paul Nikolaus Cossmann saiu desacreditado do processo contra Gruber. Nos anos seguintes, por suas convicções religiosas, opôs-se tanto ao movimento nacional-socialista que em 1933, poucos meses depois da ascensão de Hitler ao poder, foi perseguido e preso pela recém-criada Gestapo (Geheime Staatspolizei, Polícia Secreta de Estado). Liberado um ano depois, esse judeu convertido não escapou da fúria nazista em 1941, quando a Alemanha já estava em guerra, e foi confinado no gueto de Berg am Laim, no sudeste de Munique. Morreu em 19 de outubro de 1942 – exatos dezessete anos depois do início do julgamento do caso da punhalada – no ambulatório do campo de concentração Theresienstadt, hoje na República Tcheca.

O *Führer* volta à ativa

Retornemos ao final de 1924, quando Hitler ainda se encontrava atrás das grades. Se um ano antes o noticiário do *Münchener Post* pegava fogo por causa das ameaças de golpe, agora ele não poderia ser mais ameno. Com a cúpula nazista na cadeia e a Alemanha numa fase de estabilização econômica, um dos destaques do jornal durante o outono foi a longa travessia do Atlântico feita pelo zepelim alemão LZ 126, que desceu em Nova York em 15 de outubro. A Alemanha dominava as técnicas de construção de zepelins desde a virada do século e chegou a utilizá-los na Primeira Guerra. Ao final do conflito, foi obrigada a entregar os aparelhos aos países aliados como parte de suas dívidas. Podia, contudo, empregar alguns deles no transporte de civis.

O *Post* não escondeu seu orgulho com o feito do LZ 126, nem seu ufanismo: "Apesar do fato de termos de entregar a obra-prima da capacidade alemã como reparação, essa data ficará marcada como um dia de vitória para a Alemanha".[1] Na edição de 16 de outubro, a chegada do zepelim em Nova York no dia anterior também foi comemorada pelo diário em sua manchete: "Triunfo alemão a serviço da paz".

Naqueles tempos, porém, as atenções do *Post* estiveram concentradas em dois outros temas mais importantes. Um deles era a possibilidade de ingresso da Alemanha na Liga das Nações, ideia defendida também pelos partidos democráticos do país, como o SPD, ao qual o jornal estava ligado. No entanto, só em 1926 o país entraria oficialmente na organização, selando o fim de seu isolamento na comunidade internacional.

O outro assunto candente do final de 1924 era a nova entidade suprapartidária e paramilitar Reichsbanner Schwarz-Rot-Gold (Estandarte do Reino Preto-Vermelho-Dourado), criada em janeiro daquele ano pelo SPD, pelo Centro e por outros agrupamentos democráticos. Seu objetivo era proteger os eventos políticos desses partidos e as instituições republicanas dos ataques promovidos tanto pela extrema direita como pela extrema esquerda. Na Baviera, foi formada principalmente por membros da antiga Guarda de Auer, proibida no ano anterior por Gustav Ritter von Kahr. A organização tinha um jornal próprio, que levava o mesmo nome, mas sempre contava com o apoio fiel do *Post*.

O *Post* encerrou o ano sem grande estardalhaço e parecia ter se esquecido de Hitler. Foi com uma pequena notícia de página interna que ele noticiou, em 22 de dezembro, segunda-feira, a saída do líder nazista da prisão de Landsberg, ocorrida dois dias antes. Dizia a nota "Os libertados": "[Hitler] chegou a Munique naturalmente em um carro. Seu primeiro passo parece ter sido uma visita a [Erich] Ludendorff. À noite ele festejou o reencontro com amigos".² Ele fora solto por boa conduta, depois de cumprir pouco mais de um ano de pena, e passou o Natal na nova mansão do ex-assessor Ernst Hanfstaengl, situada no sofisticado parque Herzog, em Munique. Chegou ali um pouco mais gordo do que no dia em que foi encarcerado.³

Hitler só esperou a virada do ano para voltar a agir – e logo conseguiu sua primeira vitória perante o governo bávaro. Em janeiro de 1925, numa reunião com o governador Heinrich Held, lamentou pela primeira vez o golpe de 1923 e prometeu entrar na legalidade. Assim, obteve permissão não só para refundar seu partido, o NSDAP, como também para voltar a publicar o jornal *Völkischer Beobachter*. Na conversa, Held deixou claro que não aceitaria derrapada alguma daquele ex-cabo em liberdade condicional e que a Baviera não viveria mais uma situação como a de novembro de 1923.

A Hitler restou reorganizar a agremiação nazista de modo a fazer política pelos caminhos legais. Apesar de abominar a democracia e o sistema parlamentarista, ele agora tentaria conquistar o poder por meio das eleições, sem dispensar, porém, dentro do partido, seu estilo ditatorial e o "culto ao *Führer*" que cobrava de simpatizantes e correligionários. Seu objetivo, mais uma vez, era firmar-se como chefe único e absoluto do novo NSDAP.

A primeira aparição pública de Hitler desde o processo dos golpistas foi planejada em detalhes e aconteceu em 27 de fevereiro de 1925, pouco mais de dois meses depois de sua saída da prisão. O local escolhido foi o mesmo onde ele fracassara, a Bürgerbräukeller. A ideia de esperar tantas semanas para discursar teve por objetivo aumentar a expectativa não só de seus antigos simpatizantes, como também de seus adversários políticos, curiosos sobre os primeiros passos do ex-presidiário. Cartazes espalhados pela cidade chamaram para o evento na cervejaria, cujo salão principal ficou lotado, com mais de 3 mil pessoas. Quando Hitler chegou, perto das oito horas da noite, o contentamento foi enorme. As pessoas gritavam, subiam nas mesas, abraçavam-se e acenavam com as canecas de cerveja. Sua popularidade não havia sido abalada, e ele voltava com ainda mais força à cena política de Munique.

A libertação de Hitler significou também o fim da fase tranquila por que passava o *Post*. Enquanto vários jornais social-democratas ironizaram o retorno do líder nazista, menosprezando-o, ele alertou enfaticamente os governantes bávaros dos riscos da refundação do NSDAP. Com sua habitual mordacidade, assim descreveu, no texto "Uma provocação às autoridades", a assembleia nazista na Bürgerbräukeller: "Às cinco horas da tarde, a polícia precisou interditar o salão [...]. Já pela manhã boa quantidade de senhoras, que parecem dispor de muito tempo livre, ocuparam seus lugares para se tornar testemunhas do grande momento". Em seguida, deu sua impressão sobre Hitler: "Considerando sua aparência, ele parece ter suportado bem a estada em Landsberg. Subiu ao pódio sob aplausos frenéticos. [...] Nesses tempos de isolamento, não perdeu a autoestima". Por fim, advertiu o governo bávaro: "Ele não quer combater o marxismo e o judaísmo seguindo padrões cívicos, mas passando por cima de cadáveres. [...] Ele voltou a liderar o movimento".[4]

Realmente, apesar de evitar propostas radicais naquele primeiro discurso, Hitler era o mesmo de sempre. Falou por quase duas horas sobre seus temas preferidos, atacando o marxismo, a social-democracia, os judeus e os partidos burgueses – seus velhos inimigos. Só no final abordou o principal problema do momento: a divisão do movimento nacionalista na Alemanha. Chegou a apelar para a reconciliação de todos, mas sua intenção, na verdade, era refundar "seu" movimento, obviamente, sob sua liderança: "Não estou disposto a aceitar precondições enquanto a responsabilidade for minha. E agora tenho inteiramente a responsabilidade por tudo o que acontece nesse movimento".[5]

No futuro, o *Post* lembraria muitas vezes essa declaração, sobretudo ao tratar dos crimes cometidos pelos nazistas contra os adversários. Queria mostrar que Hitler estava por trás de todas as maquinações saídas do NSDAP.

O discurso teria sido um tremendo sucesso se Hitler não tivesse pronunciado algumas frases que lhe trariam sérios problemas nos dias seguintes. Numa delas, reafirmou uma das linhas do partido: "Quando nos juntamos nesse movimento, sabíamos que havia apenas duas possibilidades: ou o adversário passa sobre nosso cadáver, ou nós passamos sobre o dele".[6] E acrescentou, mais à frente: "Acredito em nossa velha bandeira. Eu mesmo a projetei e fui o primeiro a carregá-la. E agora meu único desejo é que ela seja minha mortalha, na hora em que a luta me abater".[7]

Para as autoridades bávaras, Hitler mostrava, com essas declarações, não ter descartado a violência de seu programa político: assim como ele poderia ser vítima de seus adversários, também estes poderiam ser alvo dos nazistas. Não demorou, então, para o governador Held cumprir sua palavra e ordenar retaliações. Antes disso, entretanto, a Alemanha viveu um acontecimento inesperado.

No dia seguinte à reunião nazista, em 28 de fevereiro, morreu o presidente Friedrich Ebert, depois de uma operação de apendicite. O fato chocou o país, sobretudo os social-democratas, aos quais Ebert era ligado. O *Münchener Post* prestou uma série de homenagens, publicando por vários dias artigos sobre o presidente. Figura-símbolo para todos os republicanos alemães, Ebert firmara-se como líder em busca da união nacional. Era chamado de "Kaiser vermelho", pelo poder que o cargo de presidente lhe conferia e por pertencer a um partido socialista, o SPD. Como combatera os comunistas durante a revolução, mas também aceitara as determinações do Tratado de Versalhes, era odiado tanto pela extrema esquerda como pela direita do país. Ebert era, enfim, um dos "criminosos de novembro" que Hitler gostava de difamar.

Agora a Alemanha procurava um novo presidente e, para o pleito em março do mesmo ano, o líder nazista designou o velho general Erich Ludendorff como candidato do NSDAP, sabendo de antemão que o militar não teria chance alguma de vencer. Com essa indicação, queria se ver livre de Ludendorff, outra figura forte do movimento nacionalista, enterrando-o politicamente.

Os cálculos de Hitler foram acertados. No primeiro turno das eleições, Ludendorff conquistou menos de 300 mil votos, somando pouco mais de 1% do total – um resultado catastrófico, que praticamente enterrou a fama e as ambições políticas do general. Também o SPD do *Münchener Post* assistiu à derrota do candidato da coligação republicana que o jornal apoiava, Wilhelm Marx. Foi eleito como presidente o marechal de campo Paul von Hindenburg, um prussiano conservador e monarquista convicto, que pelo menos jurou fidelidade à Constituição republicana firmada em Weimar.

A retaliação de Held contra Hitler ocorreu em plena campanha presidencial. Em 9 de março, o governo bávaro proibiu o líder nazista de discursar em público, por causa das declarações feitas no evento da cervejaria. Outros Estados também seguiriam a determinação da Baviera, impondo o mesmo veto. A proibição causou um grande baque em Hitler. Durante dois anos, até março de 1927, estaria impedido de usar sua principal arma para conquistar adeptos, a oratória. Ele tentou recorrer na Justiça, mas não obteve sucesso.

Ao menos uma vez os social-democratas do SPD, assim como os demais partidos de esquerda, puderam comemorar uma decisão do governo bávaro. Afinal, estavam agora livres, e por um bom período, da agitação promovida por Hitler. Naquele momento, a imprensa social-democrata, inclusive o *Münchener Post*, tirou, entretanto, uma conclusão precipitada sobre as consequências da nova proibição: julgou que o silêncio imposto a Hitler significaria o fim de sua carreira política e do nacional-socialismo.

Nada mais enganoso. Sem poder discursar em público, Hitler passou a agir nos bastidores, trabalhando na reconstrução e na propagação de seu partido, dentro e fora da Baviera. Nos meses e anos seguintes, discursaria apenas em reuniões internas da organização ou para grupos particulares, conseguindo tirar proveito da proibição. Nesses círculos às vezes com ares conspirativos, o futuro ditador ganharia, mesmo que em proporções menores do que nos eventos de massa, novos adeptos para seu movimento. Segundo Ian Kershaw, Hitler teria, nos encontros privados, a chance de estar em contato com líderes nacional-socialistas de diferentes regiões, cimentando os laços da agremiação em Munique com os demais diretórios no Estado.[8]

Hitler também se empenhou na fundação de novos escritórios do NSDAP dentro e fora da Baviera, além de instituir sua divisão em distritos regionais (*Gaue*) chefiados por um líder local (o *Gauleiter*). A criação desses distritos ajudaria o partido nazista a conquistar eleitores nas áreas rurais, onde ainda tinha pouca penetração. Em 1927, o NSDAP já registrava 26 *Gaue* em toda a Alemanha, além daqueles criados fora do reino, como na Áustria, na Boêmia (hoje República Tcheca) e na Silésia (Polônia), cuja população também era formada por alemães.

Apesar de proibido de falar, Hitler continuou a fazer aparições nos comícios do partido, agitando as massas mesmo com a boca fechada. Recebido por uma fanfarra, chegava sorrindo e acenando para o público, dava curtas declarações e saía ovacionado, sempre carregando as flores jogadas pelas fãs. Para substituí-lo nos discursos nas grandes assembleias, foram designadas personalidades menores do NSDAP, como o político Gregor Strasser e o ex-professor Julius Streicher.

Farmacêutico de formação, Strasser entrara na organização nazista em 1921 e participara do "golpe da cervejaria" dois anos depois. Como ficara pouco tempo na prisão, assumiu extraoficialmente a liderança dos nacional-socialistas durante a proibição do partido. Foi o primeiro nazista a ingressar no Reichstag, em 1924, eleito pela agremiação antissemita DVFP, que acolhera em seus quadros os antigos correligionários de Hitler. Suspensa a proibição do partido, concentrou-se na reconstrução do NSDAP no norte da Alemanha, discursando como orador principal em um comício após o outro. Logo Strasser se tornaria o segundo homem da agremiação.

Streicher, por sua vez, falava para o público sobretudo nos eventos em Munique. Era um rosto conhecido dos adeptos de Hitler, pois discursara na Marienplatz pouco antes do massacre no monumento de Feldherrnhalle, durante a tentativa de golpe em 1923.

Durante os anos de "silêncio" de Hitler, o partido nazista começou a participar de eleições em praticamente todos os níveis, tanto para as câmaras municipais como para o Reichstag, em Berlim. O líder não se candidatou a cargo algum: não tinha nacionalidade alemã, condição para que pudesse concorrer, e preferia mandar outros nomes do partido para os pleitos. Apesar de se manter na legalidade, Hitler era antiparlamentarista convicto, que pretendia acabar com esse sistema assim que conquistasse o poder na Alemanha. Wilhelm Frick, um dos deputados do NSDAP eleitos para o Reichstag em 1924, escreveu sem rodeios sobre a relação dos nazistas com o parlamentarismo:

> Nossa participação não significa fortalecer, mas minar o sistema parlamentarista; não significa renunciar a nossa orientação antiparlamentarista, mas combater o adversário com suas próprias armas e lutar por nossos objetivos nacional-socialistas a partir da tribuna do Parlamento.[9]

Embora buscasse se mostrar discreto e no caminho da legalidade, Hitler incentivava a mobilização nas ruas e não impedia seus seguidores de continuar agindo do modo a que estavam acostumados, ou seja, usando a violência contra os adversários. Os militantes nazistas voltaram a se organizar na SA, assim como na recém-criada SS, que tinha, oficialmente, a função exclusiva de proteger seu líder e as reuniões do partido. Na nova estratégia de chegar ao poder por meio das eleições, Hitler não queria mais investir em grandes organizações militares (como fora antes a SA) que suscitassem proibições do governo. A decisão causou atritos com Ernst Röhm, chefe da SA desde sua refundação e adepto de uma organização militar nos moldes de um exército. Hitler, como sempre, acabou impondo-se, e Röhm renunciou.

Não demorou para os jovens da SA aterrorizarem Munique como faziam antes do golpe: atacando comerciantes judeus, ameaçando políticos da oposição, atrapalhando apresentações de peças de teatro e entrando em conflito com os membros do novo grupo paramilitar republicano, o Reichsbanner. Ficou claro para o *Münchener Post* que o partido nazista ainda representava um perigo para a cidade. "Nós, em Munique, conhecemos os métodos marcantes dos homens da suástica de se fazerem de carneiros inocentes. No entanto, não estamos mais dispostos a continuar suportando os assaltos em bandos dos últimos tempos", escreveu em maio de 1926.[10]

Por isso, o diário continuou a acompanhar processos envolvendo jovens da SA ou figuras mais importantes do partido e manteve o costume de publicar cartas e depoimentos anônimos vindos de dentro do NSDAP que expunham a ditadura que Adolf Hitler vinha implantando na agremiação. "Ele nunca foi eleito pelos membros do partido", criticou o *Post*, que chegou a pedir a sua extradição da Alemanha. Ele, entretanto, se tornara um apátrida, pois havia perdido a nacionalidade austríaca em 1925.

Na coluna "Até quando?", publicada durante anos, o jornal perguntava-se por quanto tempo as autoridades bávaras ainda admitiriam a agitação dos militantes de Hitler. Continuavam frequentes os casos de condescendência da polícia com os arruaceiros da SA, como o que ocorreu na cervejaria Bürgerbräukeller, em abril de 1928, quando já haviam sido suspensas as proibições impostas ao líder nazista.

No dia 25 daquele mês, o ministro das Relações Exteriores, Gustav Stresemann, ex-chanceler do reino, ligado ao liberal DVP, discursaria para correligionários bávaros na Bürgerbräukeller. Ele ganhara no ano anterior o Prêmio Nobel da Paz por sua política de reconciliação com os países aliados da Primeira Guerra e de inclusão da Alemanha na comunidade internacional. Por isso mesmo, era odiado pelos grupos nacionalistas de seu país, que o viam como um cumpridor das ordens dos aliados.

Quando o ministro chegou à cervejaria lotada, foi fortemente vaiado por militantes nazistas, que estavam ali, a postos, havia horas. Stresemann mal conseguiu falar, já que era interrompido o tempo todo por gritos de "judeu!" (a esposa do líder político era judia). Em dado momento, uma quadrilha de homens da suástica invadiu a Bürgerbräukeller, cantando hinos patrióticos. Só então a polícia interveio e dispersou a multidão.

O incidente indignou o *Münchener Post*, que protestou na primeira primeira página de 26 de abril: "Uma vergonha para a Baviera". No texto, aproveitou para defender o Reichsbanner, a patrulha social-democrata: "O evento com Stresemann mostrou claramente que é necessária uma organização como o Reichsbanner. A polícia não tem condições de dar atenção a um ministro, muito menos a outro líder político qualquer".

O assunto ocupou as páginas dos jornais bávaros por muitos dias, entre eles o *Post*, mas suas denúncias não encontraram ressonância. Dois dias depois, como noticiou o diário, os jovens da SA comemoraram na cervejaria Löwenbräukeller, sem constrangimentos de qualquer tipo, a "vitória sobre Stresemann".[11]

A guerra
dos jornais

A batalha entre os nazistas e seus adversários não era travada apenas nas ruas e cervejarias. Espalhava-se também, com ferocidade cada vez maior, pelas páginas do *Münchener Post* e de seu principal opositor, o *Völkischer Beobachter*. Este se irritava muito facilmente quando o *Post* subestimava a força do movimento nacional-socialista, como fez em março de 1923, ao dizer que uma das manifestações do NSDAP contara "com apenas 5 mil participantes". O jornal nazista contra-atacou, com a manchete "Espasmos do *Münchener Post*":

> Quando um epiléptico se encontra no leito de morte, sua luta final por um pouco de vida costuma tornar-se desesperada. Também o *Münchener Post* parece sentir a proximidade de seu fim e junta mais uma vez toda a sua força para soltar um suspiro de duas páginas sobre a depravação dos nacional-socialistas. [...] Cá entre nós, tia velha, ali estavam 10 mil [homens], e isso só contando a SA. [...] Se não somos um movimento de massa, por que então o nervosismo? Poderiam ter economizado as seis colunas prestando honras a Jeová.[1]

Foi no *Beobachter* que Hitler encontrou refúgio para suas palavras, quando foi proibido de discursar. Na condição de editor oficial da publicação, passava várias horas do dia na redação, na Schellingstrasse. Na primeira página, ele tinha espaço garantido para sua coluna, na qual tratava principalmente da questão do "espaço vital" da Alemanha, ou seja, os territórios que haviam sido perdidos depois da guerra e que seriam, em sua concepção, essenciais para o país.

Proibido depois do "golpe da cervejaria", o *Beobachter* voltou a circular em 26 de fevereiro de 1925, mesma data da refundação do NSDAP. Hitler criara um fundo para apoiar a publicação, que tinha baixa tiragem (menos de 20 mil exemplares) e era dispendiosa para o partido. Em todas as assembleias, militantes passavam o chapéu pela plateia, recolhendo doações para o jornal.

O *Beobachter* também fez algumas modificações editoriais a partir de 1925: lançou um caderno dirigido aos jovens, público-alvo do partido, e a *Illustrierter Beobachter* (Observador Ilustrado), uma revista de fotografias e ilustrações exibindo principalmente acontecimentos políticos em torno do NSDAP ou afins a suas ideias. No início da primavera de 1925, um dos destaques da publicação era a campanha "Por que Hitler não pode falar", uma série de textos que atacavam adversários políticos e reivindicavam a suspensão da proibição imposta ao líder nazista.

Apesar das eternas dificuldades financeiras do partido, o número de publicações nazistas, diárias e semanais, aumentou na Baviera e em toda a Alemanha. Só a editora Kampfverlag, em Berlim, passou a publicar sete jornais do NSDAP. O *Völkischer Beobachter* permaneceu como o órgão central, e a revista ilustrada do jornal aumentou sua tiragem para 50 mil exemplares.

O *Münchener Post* ficava de olho nos textos do *Völkischer Beobachter* e nunca perdia a chance de comentá-los em notas ou em longas análises sobre a personalidade de Adolf Hitler e o programa de governo nacional-socialista. Foi isso que levou Ron Rosenbaum a afirmar que os repórteres do *Post* foram os primeiros a "explicar" o líder nazista, dedicando-se "à tarefa diária de tentar contar ao mundo tudo sobre a estranha figura que havia surgido das ruas de Munique". E o jornalista completa: "Eles foram os primeiros a sentir as dimensões do potencial de Hitler para o mal".[2]

Uma primeira análise detalhada sobre a pessoa e a evolução de Hitler apareceu na edição do fim de semana de 14 e 15 de março de 1925, sob o título "Tocador de tambor e tribuno":

> Acusado ou admirado, combatido ou bajulado, caçoado ou idolatrado – tanto faz: esse tocador de tambor, Adolf Hitler, que surgiu de repente da escuridão, pregando a grande cruzada contra os judeus e os trabalhadores, lançando no país a tocha da guerra civil e tropeçando nas pernas de seus adversários políticos; esse especialista em tambor parece ser um demagogo de formato e instinto especiais. Um ambicioso que ferve por dentro, meio calculista, meio sonhador, meio lógico, meio patológico, impregnado e carregado por uma paixão frenética, que passa por cima de jovens instáveis, aventureiros necessitados e valquírias histéricas. Será que ele não aprendeu? Será que ele não reconhece que a situação política e econômica é bem diferente da de 1923?[3]

Nos anos seguintes, quando Hitler pôde novamente discursar, o jornal intensificou suas análises. Em 4 de julho de 1927, dedicou duas páginas inteiras ao que chamou de "Fatos sobre a atividade dos nacional-socialistas". Ali tentou provar para o leitor que o Partido Nacional-Socialista dos Trabalhadores Alemães não seria nem nacional, nem socialista. Lembrando-se da violência da SA e do golpe de 1923, o *Post* destacou que Hitler via mais inimigos dentro da Alemanha do que fora dela: "Ele só quis aproveitar a situação política de 1923 para tomar o poder e ajustar as contas com seus adversários internos – e não com os franceses".[4] Mencionando os encontros que Hitler mantinha com empresários, o jornal insistia no fato de que o partido nazista contava com a ajuda financeira da grande indústria, o que não combinaria com uma agremiação denominada "socialista": "O trabalhador não deve esperar nada de um instigador de industriais".[5]

O *Beobachter*, por sua vez, não perdia tempo e sempre contra-atacava o *Post*. Se não falava do "veneno", insinuava sair lama do jornal:

Não raramente o órgão central da social-democracia na Baviera é qualificado com o nome feio de "Peste de Munique". E entendemos por que quando vemos os jorros que saem diariamente desse jornal. Qualquer um pode se pegar, inadvertidamente, limpando os dedos depois de tê-lo pegado nas mãos.[6]

Em 1930, o *Post* publicou dois extensos artigos sobre o nacional-socialismo, "explicando" mais uma vez Hitler e seu movimento. Em 28 de agosto, escreveu:

> Não é um milagre que ele tenha virado o *Führer* de um partido, considerando a composição de seus simpatizantes. No entanto, é deprimente para os alemães e comprometedor para o exterior que haja alguns círculos considerando seriamente a possibilidade de uma ditadura Hitler [para a Alemanha].[7]

Na mesma edição, o jornal também analisou a personalidade do chefe do NSDAP:

> Experiência de vida? Conhecimento humano? De onde ele teria isso? Como aparentemente, nessa questão, não encontrou reconhecimento, ele mesmo se qualifica como o mais genial psicólogo. [...] Talento político? Menos ainda! Ele fracassou, de maneira lastimável, toda vez em que a rotina demagógica não foi suficiente.[8]

Sobre o programa nazista, avaliou:

> Examinando detalhadamente as ideias defendidas pelo nacional-socialismo, só uma coisa fica como convicção concreta: o ódio aos judeus. Também esse ódio é consumado com palavreados; e quem não os entende ou é judeu, ou é financiado por judeus. [...] Não há nada de intelectual na base do nacional-socialismo. Ele é e permanecerá uma verdadeira cruzada da inveja, do ódio e da maldade.[9]

No texto, o *Post* se referiu ao livro *Mein Kampf* como "dois volumes com tudo o que há de hostil e demagógico".[10]

Na edição seguinte, o jornal voltou a analisar a composição dos simpatizantes do NSDAP, destacando sua forte penetração até mesmo entre os estudantes universitários. "O movimento jovem não deve ser menosprezado",[11] advertiu. Também já havia chamado a atenção, em julho de 1930, para algumas práticas da política hitlerista, como seus agitados comícios, comparando-a à política de *panem et circenses* dos antigos imperadores romanos: "Pão os homens da suástica não têm para oferecer, mas números de circo, sim".[12]

Naquele ano, em decorrência de uma série de chantagens envolvendo um vereador da pequena cidade de Sonneberg, no Estado da Turíngia, e o NSDAP local, o *Post* passou a denunciar as intrigas dentro do partido nazista: "Essa chantagem infame não é, absolutamente, uma invenção dos hitleristas de Sonneberg, mas segue as vontades da direção do partido".[13] Nos meses seguintes, a prática de chantagens difundida dentro do NSDAP resultaria em várias manchetes do jornal.

Mesmo durante a proibição imposta ao líder nazista, o *Post* manteve nos anos seguintes ao "golpe da cervejaria" a tradicional "Crônica da violência nacionalista e nacional-socialista na Baviera", na qual listava os atos de terror praticados pela SA de Hitler desde 1920. O *Völkischer Beobachter* não silenciava sobre a coluna do jornal social-democrata, chamando-a de "crônica falsificada".[14] A partir de 1927, publicaria regularmente sua "Crônica sangrenta", com a relação dos crimes contra os nacional-socialistas que a publicação atribuía aos grupos marxistas.

A primeira delas, de 16 de julho de 1927, continha expressões que pareciam tiradas do adversário *Münchener Post*:

> Considerando que esse terror vermelho vem agindo de maneira particularmente intensa e que os órgão públicos [...] estão falhando totalmente [em sua função], parece necessário avivar a memória de todos os interessados, sobretudo da polícia e da promotoria, fazendo uma pequena lista de tais

atos de terror. Aqui é preciso assinalar expressamente que esta crônica sangrenta traz apenas uma pequena seleção das atrocidades.[15]

Em seguida, listava dezenas de crimes registrados em 1926 e 1927, a maioria deles ataques promovidos contra militantes nazistas.

O *Post* mantinha suas investidas também contra o governo bávaro, por causa de sua condescendência com a publicação de Hitler. Muita liberdade, porém, o *Beobachter* não tinha. Pelas afrontas costumeiras que fazia aos partidos democráticos e às instituições republicanas, o jornal antissemita seria proibido e processado várias vezes na segunda metade da década de 1920.

Nesse tópico, aliás, o *Beobachter* só era suplantado pelo comunista *Neue Zeitung* (Novo Jornal), o que não surpreende: orientados por Josef Stálin e pelas diretrizes da Terceira Internacional, os comunistas alemães pregavam a revolução e o fim do chamado "Estado burguês", que em sua visão teria sido instituído pela República de Weimar. Fomentavam, assim, a guerra civil na Alemanha. Tinham como inimigos não apenas os partidos de direita, mas também o SPD, que consideravam um dos pilares do capitalismo no país – daí chamarem os social-democratas de "social-fascistas". Por promoverem ações violentas, estavam na mira tanto do governo conservador da Baviera como dos social-democratas moderados reunidos em torno do *Münchener Post*, que, sobretudo em épocas de eleições, tratava nazistas e comunistas como farinha do mesmo saco.

O "pequeno *duce*" e o caso do Tirol

Em maio de 1928, o *Münchener Post* enfrentou um dos maiores conflitos que travaria com Adolf Hitler. Publicou vários artigos em que criticava a sua posição a respeito dos movimentos de autonomia do Tirol do Sul, região formada predominantemente por população alemã e anexada à Itália no final da Primeira Guerra. Simpatizante de Benito Mussolini, Hitler era contra a autonomia da região, postura que contrariava o próprio movimento nacionalista e pangermânico, com seu ideal de criação de uma "grande Alemanha". Ele também julgava que o país só reconquistaria sua soberania aliando-se à Itália contra a França e que era uma ideia razoável remover do Tirol todos os alemães que lá viviam – cerca de 200 mil.

A posição de Hitler não era novidade. Já em 1922 ele defendera:

> A Alemanha precisa caminhar com a Itália, que está vivendo seu renascimento nacional. Para isso deve renunciar totalmente aos alemães do Tirol do Sul. O falatório sobre o Tirol do Sul e os protestos vazios contra os fascistas só nos prejudicam, pois nos afastam da Itália. [...] Por que devemos nos irritar com o fechamento de algumas dúzias de escolas alemãs no Tirol do Sul, enquanto a imprensa alemã silencia sobre o fechamento de milhares de escolas alemãs na Polônia, na Alsácia-Lorena e na Tchecoslováquia?[1]

Os discursos de Hitler a respeito desse tema delicado vinham irritando vários veículos de comunicação, sobretudo os mais conservadores, como o católico *Bayerischer Kurier*. Aproveitando a campanha eleitoral de

1928, o *Post* resolveu fazer da questão um mote nos ataques que passou a dirigir contra Hitler. "Pela amizade com Mussolini, ele entrega o Tirol do Sul para a corja fascista", escreveu em 21 de maio.² Foi ainda mais longe: publicou na íntegra os dizeres de um cartaz do SPD intitulado "Adolf Hitler desmascarado", cuja divulgação os nazistas haviam conseguido barrar na Justiça. O texto afirmava que Hitler "renunciava" ao Tirol por causa das liras que estaria recebendo do governo fascista de Mussolini. Produzido em plena campanha eleitoral para o Parlamento, o cartaz apelava aos eleitores: "Nenhum voto à lista 10! [a do NSDAP]".³

Hitler entrou na Justiça contra o redator do *Post* Julius Zerfass, um dos responsáveis pelo texto do cartaz, e também contra quatro jornalistas de outros órgãos que tinham dado destaque ao assunto. Nesse caso, quem apoiou Zerfass com unhas e dentes foi Edmund Goldschagg, que chegara de Berlim havia poucos meses para assumir a editoria de política do jornal, mas que na prática comandava a redação, por causa da idade avançada do editor-executivo, Martin Gruber, e da ausência frequente do editor-responsável, Erhard Auer.

Loiro, alto e magro, de rosto afinado e bigode, Goldschagg ganhou dos colegas o apelido de "rouxinol da Prússia", provavelmente por sua amabilidade e pelo exímio manejo das palavras. Ao chegar, tinha em mente um plano bastante concreto: modernizar a redação da principal publicação da social-democracia bávara. Não imaginava que sua missão tomaria outros rumos, voltando-se quase exclusivamente para a luta contra os nazistas.

Como conta em um artigo que escreveu nos anos 1960, Goldschagg, ao ingressar no *Post*, percebeu que a redação estava dividida em dois grupos: um formado pelos editores Auer e Gruber e pelo redator Eisenschink (de política municipal), e outro, pelos redatores Eugen Kirchpfening (Baviera) e Julius Zerfass (cultura) e pelo crítico Hermann Esswein.⁴ Para não tomar partido, ele decidiu participar de ambos.

O jornalista trabalhava com afinco, das seis da manhã até quase a meia-noite. Só interrompia as tarefas na hora das refeições, quando aproveitava para conversar com os colegas. Com o grupo de Kirchpfening, almoçava no hotel Fränkischer Hof, perto da estação central de trem. No final da tarde, encontrava Auer e Gruber no hotel Wagner, na Sonnenstrasse, onde discutiam as notícias do dia.⁵

Apesar de advertido pelos social-democratas de Berlim sobre o poderoso "ditador Auer", Goldschagg gostava da ideia de voltar a viver em Munique, onde havia estudado, além de estar mais perto de sua terra natal, o Estado de Baden. No entanto, demorou a conquistar a simpatia de Auer, que se dirigiu a ele só duas semanas depois de sua chegada à redação, com um lacônico *"Grüss Gott"* (que Deus o abençoe), típica saudação bávara.⁶

O julgamento do caso do Tirol aconteceu em maio de 1929, um ano depois da publicação dos textos do *Post*. Hitler, como sempre, usou o tribunal para difundir suas ideias e negou que recebesse ajuda financeira da Itália: "A acusação é uma das mais infames e uma das maiores ofensas a minha honra. Se dissessem que eu matei alguém, isso não me machucaria tanto como afirmar que ganho dinheiro para defender uma posição".⁷ Para ele, as "mentiras do *Münchener Post*" faziam parte de um conluio da imprensa: "É impossível processar todos os jornais da Alemanha que espalham tais mentiras sobre mim. É quase uma conspiração internacional o que vem acontecendo".⁸

Durante os nove dias do julgamento, presidido mais uma vez pelo juiz Albert Frank, o jornal social-democrata abriu o caso com o título "A fonte financeira de Hitler", sempre com destaque, ora na capa, ora nas páginas internas. Novamente representado pelo advogado Max Hirschberg, o *Post* não retirou suas acusações. Bateu na tecla das verbas vindas da Itália, apesar de não apresentar provas e ter apenas o nome de um *attaché* italiano que andava circulando com Hitler.

Nos dias mais importantes, como quando depôs o velho general Ludendorff, testemunha do líder nazista, o jornal publicou as audiências na íntegra. Nas entrelinhas, aproveitava para criticar a política pró-Mussolini de Hitler, a quem chamava de "pequeno *duce*",⁹ assim como para advertir sobre o apoio de industriais ao NSDAP: "O operariado alemão sempre se recusará a dar confiança a tal movimento, pois os trabalhadores são espertos o suficiente para saber que a grande indústria não entrega seu dinheiro à toa".[10] Como era de esperar, mais uma vez o jornal saiu derrotado na Justiça: em 14 de maio de 1929, Julius Zerfass foi condenado por injúria e obrigado a pagar 1.000 marcos do reino a Hitler.

O *Post*, entretanto, não desistiu da briga. Recorreu da decisão, prolongando o processo até o ano seguinte. E justificou para o leitor sua postura:

> O senhor [juiz Albert] Frank deve achar que, depois desse resultado, nós vamos sair ajoelhados, arrependidos profundamente, e desistir da tarefa de esclarecer as fontes de dinheiro dos nacional-socialistas. Entretanto, percebemos, com modéstia, que ele [o veredicto] nos dá razão para continuar esse trabalho. As fontes das verbas do adorador bávaro de Mussolini precisam ser e serão descobertas.[11]

A vitória de Hitler na causa sobre o Tirol levou milhares de adeptos do NSDAP à cervejaria Bürgerbräukeller, onde ele e seu advogado, Hans Frank, foram recebidos à noite com grande empolgação. Ligado ao partido nazista desde 1919, Frank havia participado naquele ano de um corpo de voluntários contra os comunistas e marchara com Hitler em direção ao Feldherrnhalle, em 1923, no "golpe da cervejaria". Ironicamente, deixara o NSDAP em agosto de 1926 por discordâncias na questão do Tirol, mas voltara a ingressar no partido no ano seguinte, quando começou a defender Hitler e seus correligionários nos tribunais. Para não ser confundido com o juiz Albert Frank, assinava como "dr. Frank II".

Hans Frank era um advogado medíocre, que vivia endividado, perdia prazos e até mesmo documentos importantes dos réus que defendia. Ajudado pela complacência da Justiça bávara, porém, ganhou várias causas envolvendo líderes nacional-socialistas. O historiador Joachim Fest o descreveu como uma pessoa "lábil e insegura", mas ambiciosa e fascinada pela brutalidade dos homens que defendia.[12] Nos tribunais, enfrentou várias vezes o colega social-democrata Max Hirschberg, que chegou a ameaçar em certa ocasião: "Você e os de sua espécie enfrentarão outras coisas quando conquistarmos o poder".[13] Ele teria defendido Hitler em mais de 150 processos, segundo afirmou em suas memórias,[14] escritas durante os julgamentos do Tribunal de Nuremberg, que o condenou à morte, em 1946. Como governador-geral da Polônia, foi um dos piores criminosos da ditadura hitlerista.

Frank ganhou várias vezes a atenção do *Post*, que dele publicou um perfil em 1930:

> O senhor Frank costuma travar debates judiciais usando as mesmas maneiras empregadas em comícios nacional-socialistas. Ele revela nessas ocasiões uma arrogância tão incontestável – e adora combinar seus insultos com um sorriso forçosamente sarcástico – que nem o mais paciente dos advogados contrários tolera tal comportamento. [...] Frank já ouviu descomposturas amargas até de advogados do lado nacionalista.[15]

Os ataques do *Post* a Frank certamente irritavam os nazistas, mas nenhum deles enfureceu tanto Hitler quanto o texto que continha revelações sobre as falcatruas da mulher do advogado, a alta e robusta Brigitte. Ela comercializava casacos de pele e, apesar da profissão do marido, não via problema algum em fazer seus negócios por baixo do pano, sem pagar impostos, até mesmo com clientes judeus, detalhe que o *Post* desconhecia.

Em setembro de 1932, quando o mundo vivia o auge da crise financeira, o jornal noticiou que Brigitte Frank empregara uma amiga, "a senhorita M.", para trabalhos domésticos, pagando-lhe todos os encargos necessários. A moça, porém, tirou férias durante o período empregatício e, ao voltar a Munique, foi "demitida", o que lhe garantiu o direito de receber o salário-desemprego concedido pelo Estado. Indagada pelo *Post* sobre o trambique, Brigitte respondeu: "Meu marido é muito influente. O que pode acontecer comigo? Eu passeio no carro do senhor Hitler e até fiz meu exame de habilitação num carro do partido".[16]

O jornal considerou o caso uma prova exemplar da "leviandade" da elite nazista: "Será que esses círculos não imaginam o que a quantia de 1 marco do reino significa no orçamento de um operário? Eles não se importam com os interesses vitais da classe trabalhadora e a ela prometem, num Terceiro Reich, o paraíso".[17]

Ao ler o artigo, Hitler ficou irado, segundo o filho do advogado, o jornalista Niklas Frank, na biografia que escreveu de sua mãe:

> "Leia!", exortou Hitler, empurrando o *Post* sobre a mesa. Enquanto Frank lia o artigo e seu rosto ficava cada vez mais vermelho, Hitler interveio: "Assim o movimento ficará desacreditado! Sua mulher não tem honra? É uma vergonha. Ela é uma traidora de nossa causa! O senhor não a tem sob controle? Não é um casamento alemão, o seu? O senhor não diz nada em casa? Vocês, juristas! No tribunal se empavonam e em casa são uns maltrapilhos frágeis e covardes!".[18]

Frank prometeu a Hitler redigir uma réplica e processar o *Post*. Depois de explodir em casa com Brigitte, mandou uma carta ao jornal, desmentindo todas as informações e declarações da mulher. O *Post* publicou-a na íntegra quatro dias depois, mas não voltou atrás e, no final da transcrição, informou: "Com base no material que temos, vamos manter nossa primeira exposição dos fatos".[19] Entretanto, não houve ação alguma contra a publicação.

A apelação do redator Zerfass e dos demais jornalistas no caso do Tirol começou a ser julgada em 4 de fevereiro de 1930. Mais uma vez a presença de Hitler num tribunal atraía o público, que fazia fila na porta na expectativa de conseguir um lugar. Dessa vez, o jornalista e seu advogado, Max Hirschberg, apareceram com uma carta na manga: o jovem Werner Abel, de 27 anos, que tinha informações sobre as supostas negociações travadas entre Hitler e os italianos em 1923, pouco antes do "golpe da cervejaria".

Abel logo se tornou a principal testemunha do processo. Suas revelações de que intermediara encontros entre o líder nazista e representantes do governo italiano deixaram Hitler e o advogado Frank em polvorosa. Mesmo durante as sessões, eles corriam para o telefone atrás de novas testemunhas que pudessem rebater as informações do jovem.[20] Além disso, ameaçaram processá-lo por falso testemunho e questionaram em público sua saúde mental.

O *Post*, todavia, sofreu alguns reveses naquele julgamento. Informantes do partido nazista que haviam prometido testemunhar a favor do jornal não apareceram para depor – situação que o advogado Hirschberg viveria ainda muitas vezes nos tribunais. Também a defesa de Hitler usou métodos que se mostrariam bem-sucedidos tanto naquela como em ocasiões futuras, intimidando as testemunhas dos social-democratas e ameaçando-as com ações na Justiça. Com isso, Hans Frank conseguiria adiar o processo por várias vezes.

Finalmente, um incidente tumultuou uma das sessões, em 5 de fevereiro, prorrogando a decisão sobre o caso mais uma vez. O fotógrafo de Hitler, Heinrich Hoffmann, acompanhado de sua secretária, Eva Braun, que mais tarde se tornaria amante do futuro ditador, aproveitou um intervalo e bateu uma foto de Abel fora da sala de audiência. Apesar da proibição expressa de fotografar e dos protestos de Hirschberg (para quem a testemunha certamente se tornaria vítima da violência nazista), assessores de Hitler conseguiram fugir com a câmera. O juiz, como sempre, não deu muita atenção ao caso e mostrou-se satisfeito ao ouvir do líder nazista que ele mesmo se encarregaria de mandar trazer o filme de volta. Três dias depois, a foto de Abel apareceu publicada no *Völkischer Beobachter*, tornando a testemunha alvo fácil para os homens da SA.

Abel passou, então, a ser frequentemente ameaçado pelos capangas de Hitler. Nos casos mais brandos, abordavam-no na rua, oferecendo-lhe dinheiro para deixar o país. No entanto, também sofreu agressões físicas, como em janeiro de 1932, quando foi atacado em seu apartamento, em Berlim, por homens da SA e da SS. Processado por Hitler por falso testemunho, foi condenado em 13 de junho daquele ano a três anos de prisão.

O imbróglio em torno do Tirol terminou apenas em janeiro de 1933, quando ambas as partes desistiram dos recursos. Isso aconteceu às vésperas da tomada do poder pelos nazistas.

Apesar do empenho de Hitler para reconstruir seu partido, as coisas não correram muito bem para o movimento nacional-socialista na segunda metade da década de 1920. O NSDAP obteve poucos votos nos anos seguintes a sua refundação, mantendo-se uma agremiação sem peso político na Baviera. Também demorou a conquistar os eleitores no resto da Alemanha.

Segundo o historiador Franz-Willing, entre a primavera de 1925 e o verão de 1930, o NSDAP elegeu representantes em apenas dezesseis de um total de trinta eleições para os parlamentos estaduais e o Reichstag.[21] Em 1928, no pleito para o Parlamento, em Berlim, obteve meros 2,6% dos votos (o SPD, com 29,8%, foi o que mais conquistou cadeiras). Os poucos nazistas eleitos, contudo, desfrutavam de algumas regalias, como imunidade parlamentar e viagens de campanha pagas pelo Estado, que favoreciam o trabalho de divulgação do partido em todo o país.

Mesmo com a suspensão da proibição dos discursos de Hitler, em março de 1927, as assembleias promovidas pelos nazistas não tinham mais o mesmo sucesso de público registrado antes do "golpe da cervejaria", o que espelhava, em parte, as dificuldades por que passara o partido naqueles tempos de proibição.

O NSDAP contava na época com apenas 1.600 filiados em Munique e, por falta de verbas, via-se obrigado a reduzir ou cortar os eventos de massa e as atividades voltadas para os jovens, antes prioritários para a agremiação. Um relatório policial escrito em 1928 fez o seguinte balanço:

> Os progressos do movimento nacional-socialista propagados por Hitler não se confirmam na Baviera. Na verdade, o interesse pelo movimento

diminuiu tanto no campo como em Munique. As assembleias, das quais entre trezentas e quatrocentas pessoas participavam em 1926, contam agora com sessenta a oitenta membros, no máximo.[22]

Dois plebiscitos importantes mobilizaram os nazistas, mas também não foram suficientes para fazer o partido deslanchar: o referente à indenização reivindicada pelos antigos príncipes da Alemanha, em 1926, e o do chamado Plano Young, em 1929.

Iniciada pelos comunistas e abraçada pelos social-democratas, inclusive o *Münchener Post*, a primeira campanha não só se voltava contra a indenização, como também pedia a expropriação total do patrimônio da velha nobreza alemã, que havia perdido o poder em 1918. A favor dos príncipes estavam os partidos conservadores e de extrema direita, como o NSDAP de Hitler, que viam no plebiscito uma segunda onda da revolução no país. Em 20 de junho, a maior parte dos eleitores alemães votou pela expropriação. Entretanto, como não se atingiu a maioria absoluta necessária para ela ser aprovada, os príncipes e os grupos conservadores saíram vitoriosos da disputa.

Três anos depois, o debate em torno de mais um plano econômico agitou a Alemanha. Elaborado pelo economista norte-americano Owen Young, o novo programa substituía o Plano Dawes, de 1924. Regulamentava o pagamento das reparações da guerra e suavizava em parte os encargos sobre o país, além de fixar prazos para a devolução de algumas áreas do oeste do rio Reno, até então ocupadas pelos aliados. O plano contou com o apoio dos partidos democráticos, como o SPD e mesmo o conservador BVP, que nele viam um pequeno progresso em relação ao programa econômico anterior. Os grupos de direita, porém, mostraram muita resistência e conseguiram impor para dezembro de 1929 um plebiscito, ao qual chamaram de "consulta contra a escravização do povo alemão". Agora, eram os social-democratas que defendiam um boicote.

Com uma campanha agitada nas ruas e na imprensa, os grupos nacionalistas criticavam o longo prazo determinado pelo plano para o pagamento das reparações (quase sessenta anos). Também reivindicavam o fim do artigo do Tratado de Versalhes no qual a Alemanha assumia culpa total pela guerra, assim como a desocupação imediata de todos os territórios tomados pelos aliados. Apesar de intensa, a mobilização não conseguiu atrair eleitores suficientes para a consulta, e o Plano Young entraria em vigor em março de 1930.

Os fracassos eleitorais do NSDAP levaram o *Münchener Post* a tirar conclusões precipitadas sobre o futuro do movimento nacional-socialista. O jornal aparentava ter uma posição ambígua nessa questão. Ao mesmo tempo que acompanhava com uma cobertura minuciosa a movimentação dos nazistas, alertando para o perigo que representavam, parecia menosprezar as chances de Hitler e de seu partido, fazendo previsões erradas. Em fevereiro de 1925, por ocasião de um congresso do "bloco nacionalista", assim comentou o futuro do NSDAP:

> Esse congresso mostrou que já se passaram os dias para um grande movimento nacional-socialista. Psicopatas, exaltados e fanáticos conseguem juntar as massas ao redor de suas bandeiras, levando-as à exaltação, quando a economia está doente. Em épocas razoavelmente normais dos pontos de vista econômico e político, tal movimento desintegra-se em diferentes seitas; e, quanto mais seus líderes gritam, mais eles provocam os risos do povo que voltou à calma.[23]

Entretanto, como aqueles tempos ainda não eram nada normais, o *Post* se mostraria totalmente enganado.

Para o jornal, por causa da renúncia de Röhm da SA e da saída do general Ludendorff da política, os nazistas estariam isolando-se dos demais grupos nacionalistas e, assim, enfraquecendo-se. Os textos falavam então de "manifestações do desabamento" do partido nacional-socialista ou de sua "falência interna".[24]

Como o *Post*, boa parte da imprensa social-democrata fez, naquele momento, cálculos equivocados sobre o futuro político do líder nazista. Em maio de 1927, a publicação central da social-democracia alemã, *Vorwärts*, chegou a declarar "o fim de Hitler". Ao noticiar um discurso que fez em Berlim, escreveu:

> Nada dá certo, ele não atrai mais ninguém. [...] A assembleia ouviu-o, silenciou, soltou algumas palavras antissemitas, alguns aplausos e se foi. Faltou o clima das cervejarias. Hitler acabou. Sua aparição em Berlim frente a um público bocejante e entediado mostrou: não há melhor sintoma de seu fim político.[25]

Os historiadores concordam que faltavam a Hitler os grandes temas polêmicos e as catástrofes que no início dos anos 1920 ajudaram-no a seduzir as massas. O biógrafo Joachim Fest chamou aqueles tempos de "anos de espera",[26] quando Hitler viveu na expectativa de que um fato novo pudesse ressuscitá-lo politicamente.

O *crash* da Bolsa de Nova York, em 24 de outubro de 1929, foi esse fato. Naquela "quinta-feira negra", os valores das ações em Wall Street caíram drasticamente. Uma grande depressão irradiou dos Estados Unidos para o mundo inteiro. Dependente dos empréstimos vindos do exterior, sobretudo norte-americanos, a Alemanha foi atingida em cheio pela recessão deflagrada pela crise. Bancos viram sua liquidez evaporar em poucas semanas. Uma onda de falências se espalhou pelo país, fazendo o índice de desemprego explodir nas metrópoles e agravando, também, a situação no campo, pois os agricultores sobreviviam do mercado nas cidades, agora à beira do colapso.

Era o fim dos "anos dourados", a curta fase de estabilidade econômica e prosperidade cultural por que passara a Alemanha. O desespero tomou conta do país e foi nele que Hitler encontrou o oxigênio de que precisava para reanimar o moribundo partido nazista e o impulso para conquistar de vez os alemães. Logo ele voltaria à primeira página do *Post*. Começava sua batalha final com a "cozinha venenosa".

A Alemanha em frangalhos

Seja porque os assuntos econômicos não eram seu forte, seja porque seus redatores estavam ocupados com os processos que sofriam na Justiça, o *Münchener Post* levou quase três meses para abordar diretamente o *crash* da Bolsa de Nova York e suas consequências na Europa. O jornal só acordou para a recessão na Alemanha no final de janeiro de 1930, quando publicou vários textos chamando a atenção para "a grave situação financeira do reino" e as dificuldades do governo para contornar a crise que já assolava o país:

> A estagnação e a depressão agem com toda a força sobre o mercado de trabalho. [...] No momento, 3 mil desempregados por dia perdem o direito ao seguro-desemprego e só uma fração deles pode receber, segundo as disposições vigentes, o auxílio extra previsto para tempos de crise.[1]

No mesmo artigo, alertou para o fato de a juventude ser excluída do apoio estatal, "pois no momento atual, quando mãos de obra jovens acabam de concluir uma formação e reivindicam um bom salário, elas acabam parando no olho da rua".[2]

Entretanto, com a iminente aprovação do Plano Young, que o *Post* apoiava, seus artigos tentavam manifestar otimismo sobre a situação econômica, como num texto publicado no fim de semana de 1 e 2 de fevereiro de 1930, na primeira página. Ali lembrou a estabilidade econômica alcançada nos anos anteriores pelo Plano Dawes ("a moeda alemã aparece agora tão forte como em nenhum outro país"³), ponderando que este continha apenas medidas provisórias na questão das dívidas com os aliados. O novo Plano Young, acreditava o jornal, traria soluções decisivas para o problema das reparações.

Os artigos do *Post* surpreendem o leitor atual, uma vez que a crise começava a atingir também toda a imprensa da Alemanha. À medida que as empresas faliam, menos anúncios eram publicados nos jornais. Ao mesmo tempo, estes não podiam aumentar seu preço, dada a queda do poder aquisitivo dos leitores. Muitas publicações ficaram, então, sem suas principais fontes de financiamento, sendo obrigadas a reduzir a tiragem. Mesmo os órgãos partidários, como o *Münchener Post*, não foram poupados. Segundo o historiador Kurt Koszyk, as publicações social-democratas perderam 25% de seus assinantes entre 1929 e 1932.⁴ Se nos "anos dourados" o *Post* atingira uma circulação de 60 mil exemplares diários, em 1930 esta não passava de 20 mil.

Com o agravamento da crise, o jornal logo pôs de lado o otimismo. O Reichstag votava no inverno de 1930 uma série de medidas, entre elas a ampliação do salário-desemprego e a proposta de um aumento de impostos generalizado (inclusive sobre produtos como chá, café e cerveja), calculado em mais de 1 bilhão de marcos. A ideia do governo era equilibrar o orçamento do reino e ajudar os Estados e municípios.

Os social-democratas reivindicavam mais apoio do Estado aos necessitados, por meio de medidas assistenciais, mas eram contra o aumento de impostos, temendo mais sobrecargas aos assalariados. "Consideramos essencial que os consumidores sejam legalmente protegidos contra aumentos de preço", defendeu o *Post* em março de 1930.⁵ O debate sobre o financiamento do desemprego durou várias semanas e deflagrou em Berlim uma grave crise política, como se verá nos próximos capítulos.

A situação no país piorou rapidamente. As exportações despencaram de maneira dramática e milhares de fábricas fecharam seus portões. A área da construção civil era a que mais sofria, pois faltavam-lhe agora investimentos privados e estatais. "A tragédia na construção", anunciou o *Post* em fevereiro de 1931, ao mesmo tempo que apontava mais de 50% de desempregados no setor.

Em outubro de 1929, havia mais de 1,5 milhão de desempregados na Alemanha. No início de 1930, estes já somavam 3 milhões. Desse total, quase 50 mil viviam em Munique, que contava na época com 730 mil habitantes.

A realidade era ainda pior que as estatísticas. Afinal, os índices de desemprego não incluíam jovens e mulheres, que, sem esperança de conseguir um trabalho, nem eram registrados oficialmente. Além daqueles 3 milhões, havia, então, um "exército invisível" de desocupados, calculado em 1,8 milhão, em 1932.[6] No final de fevereiro de 1930, o *Post* já advertira para o problema:

> Cinquenta mil desocupados em Munique! Com crianças e mulheres, esse número triplica! Na aflição dessas pobres pessoas incuba a miséria. Falta-lhes tudo, pois faltam o salário, o dinheiro, a comida para bocas famintas, faltam-lhes calçados impermeáveis para neve e chuva e peças de roupa.[7]

De fato, sem os empréstimos vindos de fora, tornava-se difícil para o Estado alemão dar apoio a todos os desempregados. Assim, acelerava-se o processo de empobrecimento de grande parte da população. Quem não recebia o salário-desemprego era obrigado a viver de um pequeno auxílio extra concedido pelo governo ou da ajuda das instituições de caridade, onde os necessitados se alimentavam sobretudo de pão e batata.

Alguns desocupados viviam de expedientes, como vendedores ambulantes ou prestando pequenos serviços. Muitos eram obrigados a pedir esmola nas ruas ou, no caso das mulheres, a prostituir-se. Também aumentavam os tumultos e a violência nas cidades; havia crimes que nem chegavam a ser investigados. Nas páginas locais, o *Post* trazia um quadro assustador da situação na cidade:

> Fábricas paralisadas, lojas que pareciam estáveis agora com as portas fechadas, negócios interrompidos, 130 mil pessoas necessitadas do apoio público. [...] Nunca nossa cidade assistiu a tal estado de emergência; fome e doença são as consequências. Desesperança e amargura habitam todos os becos, estão à espreita em todas as casas, batem em cada vez mais portas.[8]

Não demorou para a Alemanha registrar o maior índice de suicídios durante a crise. As estatísticas, que lembravam os anos da hiperinflação, apontavam que, em 1932, quando o país tinha 65 milhões de habitantes, ocorriam 260 suicídios para cada 1 milhão de pessoas – comparativamente, nos Estados Unidos, no mesmo ano, registravam-se 133 casos para cada 1 milhão.[9] No início, eram sobretudo industriais e banqueiros que se desesperavam depois de sofrerem grandes perdas. Logo, porém, a onda de suicídios atingiu setores da classe média, como funcionários e comerciantes, além de jovens.

Em abril de 1930, um longo artigo do *Post* chamou a atenção para esses casos:

> É horrível como nossos jovens morrem. Quase não há um dia sem que um ou outro jovem trabalhador ou aprendiz tenha sua vida destruída. Não têm medida os sofrimentos que os arremessam para o nada. O mais difícil parece ser a total falta de perspectiva para superar a dureza do dia a dia.[10]

Só depois de um ano do *crash* o *Post* passou a falar de uma crise econômica internacional, contextualizando melhor a recessão que tomava a Alemanha. Sempre aproveitava, entretanto, para criticar os empresários do país:

> Na discussão sobre a origem e o caráter da crise econômica alemã, não faltaram, nos últimos tempos, tentativas do empresariado de fazer o povo

acreditar que as leis de seguro social, os salários supostamente altos, a jornada de oito horas e as obrigações perante os países vencedores da guerra teriam provocado a crise econômica. A crise alemã é simplesmente parte integrante da crise econômica mundial [...]. E ela atinge o povo alemão de maneira muito mais dura do que em outros Estados.[11]

Em sua cobertura, o jornal frequentemente ligava o nome de Adolf Hitler ao dos grandes industriais que tentavam agora impor a redução dos salários aos operários. Em março de 1931, acusou a publicação nazista *Völkischer Beobachter* de dar apenas a versão dos empresários ao analisar a crise: "[O *Beobachter*] se tornou um depósito de exposições unilaterais e objetivamente falsas dos industriais".[12]

Em pouco tempo, o *Post*, seguindo sua orientação social-democrata, passou a publicar longas análises atacando o sistema capitalista e considerando-o responsável pelo que acontecia no mundo, como no texto "Os anseios de 5 milhões":

> Deem-nos trabalho! Cinco milhões de pessoas só na Alemanha dirigem esse apelo aos responsáveis no Estado e na economia. [...] Quando os milhões de desempregados vão ter de novo um martelo nas mãos? Quando vão ouvir de novo o ritmo de máquinas em movimento?
>
> Não há resposta satisfatória para essas perguntas. No entanto, cada vez mais se reconhece que o desemprego não é o destino pessoal de um indivíduo ou outro; é, sim, a falta de planejamento do atual sistema econômico, o açoite do capitalismo, que distancia milhões de pessoas do trabalho e do pão e condena à ociosidade milhões de pessoas com vontade de trabalhar. Fica cada vez mais claro [...] que, no lugar da "ordem capitalista" da sociedade, deve se impor outra, que tem o bem-estar das pessoas acima dos lucros: a sociedade socialista![13]

No mesmo texto, o jornal chamou os trabalhadores para a social-democracia, a fim de defenderem a manutenção das garantias conquistadas nas últimas décadas, como o seguro-desemprego. E advertiu seus leitores a respeito das promessas enganosas propagadas pelo nacional-socialismo de Hitler:

> De que adiantam todas as promessas de um futuro melhor, quando milhões de pessoas se encontram hoje numa situação desesperadora? Não é quase uma consequência natural que charlatões políticos procurem suas presas entre esses milhões de desesperados? Na condição de "nacional-socialistas", eles os enganam com a ilusão de um novo "socialismo alemão", por trás do qual está nada além do que a ditadura fascista, que almeja um Estado corporativo nos moldes reacionários, no qual o trabalhador deve perder todos os direitos e liberdades batalhados com grandes sacrifícios.[14]

Pela primeira vez, o *Münchener Post* reconhecia que a crise poderia favorecer o movimento nazista.

O palácio pardo do "rei da Baviera"

Ao verem a piora da situação econômica no país e a aprovação do Plano Young pelo Reichstag, em março, os nazistas intensificaram a agitação nas ruas e nas cervejarias. A mobilização se mostraria bem-sucedida. Cada vez mais gente acorria aos eventos do NSDAP, e o partido melhorou seu desempenho nos pleitos locais e estaduais realizados nos primeiros meses de 1930. Como reconquistava a simpatia dos eleitores, também voltou a receber doações.

Além de suas táticas de propaganda, Hitler ousava agora em outras direções. Desprezando as grandes dificuldades econômicas por que passava a Alemanha, concentrou esforços para juntar dinheiro e comprar um novo imóvel para a sede do NSDAP, que voltara a se expandir. O prédio escolhido foi uma mansão localizada na Briennerstrasse, avenida imponente no centro de Munique, perto de onde os nazistas gostavam de fazer suas marchas, a Königsplatz.

A Braunes Haus (casa parda, em referência à cor do uniforme nazista) seria a quinta sede do NSDAP. Depois de deixar a pequena e escura sala da cervejaria Sterneckerbräu, em 1921, o escritório do partido mudou-se para as instalações de um antigo restaurante na Corneliusstrasse, no centro da cidade. Passada a proibição depois do "golpe da cervejaria", em 1925, ocupou algumas salas da editora nacional-socialista Franz Eher Nachfolger, na Thierschstrasse, a rua onde morava Hitler. No mesmo ano, foi transferido para a Schellingstrasse, onde ficava o jornal *Völkischer Beobachter*. Contudo, também ali o espaço mostrou-se insuficiente e acanhado, como descreveu, em seu diário, o economista e ex-oficial do Exército Otto Wagener, que ingressara em 1929 no NSDAP e se tornara chefe da SA:

> Visitantes de fora [...], que durante sua estada em Munique queriam ver o lugar onde o famoso líder Hitler e seus colaboradores trabalhavam, só conseguiam olhar de esguelha, abanando a cabeça de maneira envergonhada, quando passavam na Schellingstrasse pelo pequeno e estreito prédio de três andares, que exibia a sede desse grande movimento.[1]

Apaixonado por arquitetura, Hitler queria uma nova sede que indicasse a importância de seu movimento em ascensão. Num discurso pronunciado em maio de 1930, durante uma assembleia do partido na capital bávara, pediu um esforço de seus correligionários e simpatizantes:

> Em poucos dias o movimento [nazista] em Munique dará um passo importante. O partido terá, pela primeira vez, um lar próprio e grande; uma construção enorme, que deverá representar a grandeza do Partido Nacional-Socialista dos Trabalhadores Alemães. Por isso, quero intimá-los, assim como os correligionários de todo o reino, para que tornem possível a conclusão dessa obra.[2]

E, num tom ao mesmo tempo messiânico e provocativo, afirmou, sob aplausos dos presentes: "A nova casa deverá ser suficiente para 1 milhão de membros; mais do que isso não conseguiremos admitir".[3]

A compra foi efetuada pelos nazistas naquele mesmo mês, quando Hitler assinou os documentos apresentando-se, mais uma vez, como "escritor". Para isso, o partido contou não só com a ajuda de doações dos filiados e dos ingressos cobrados nas aparições de seu líder, mas sobretudo com o apoio de grandes industriais da área siderúrgica, como Friedrich Flick e Fritz Thyssen, que já havia patrocinado o NSDAP no início dos anos 1920.[4]

O prédio da Briennerstrasse era uma construção neoclássica, cujo terreno ocupava uma área de 4 mil metros quadrados. Ficava no bairro Maxvorstadt, região que os reis Maximiliano I José e Luís I buscaram valorizar no século XIX, mandando erguer ali palácios e jardins. Na casa haviam vivido várias famílias nobres e abastadas, a última delas a do comerciante inglês Richard Barlow. Por isso, era conhecida em Munique como "Palácio de Barlow". Depois da Primeira Guerra, muitas famílias não conseguiram manter suas mansões e deixaram Maxvorstadt. O bairro entrou progressivamente em decadência, e foi a depreciação imobiliária do local que permitiu aos nazistas arrematarem por cerca de 805 mil marcos de ouro esse palácio, que aguardava um comprador desde 1928.

Segundo as historiadoras Ulrike Grammbitter e Iris Lauterbach, os nazistas comemoraram a compra da nova sede como um verdadeiro triunfo, silenciando sobre o fato de que o bairro havia deixado para trás seus dias de glória.[5] De todo modo, para um partido que começou sua história numa cervejaria, a mudança para um palácio significava uma bela ascensão. Para a reforma do prédio, Hitler contratou o arquiteto Paul Ludwig Troost, que ele conhecera no final dos anos 1920, provavelmente por intermédio do casal Bruckmann. Profissional conhecido em Munique, Troost mostrou ter um gosto artístico que coadunava com o do líder nazista e, apesar da morte precoce, em 1934, aos 55 anos, ele influenciaria fortemente a futura arquitetura nacional-socialista com suas construções neoclássicas e monumentais.

As reformas na "casa parda" começaram no outono de 1930, e em janeiro do ano seguinte o NSDAP conseguiu inaugurar sua nova sede. Em três amplos andares foram instalados os escritórios dos principais líderes: o de Hitler, o de Rudolf Hess, seu secretário particular, o de Franz Xaver Schwarz, tesoureiro, e o de Philipp Bouhler, secretário do partido. Também havia espaço suficiente para a administração, a SS, um arquivo central, além de várias salas disponíveis para reuniões e eventos. Na entrada principal, um portal de bronze trazia ornamentos com a suástica e o lema "Alemanha, desperte". No primeiro andar, uma placa recordava os nomes do golpistas mortos em 1923. Em 1925, ano de sua refundação, o NSDAP contava com quatro funcionários fixos; agora, na nova sede, havia quase sessenta.

A compra da "casa parda" deu muita munição para os jornais oposicionistas, já ocupados com o fato de Hitler ter se mudado, em outubro de 1929, para um amplo apartamento, com nove cômodos, na Prinzregentenplatz, uma das áreas mais elegantes da cidade. "Palácio dos mandachuvas", "castelo megalomaníaco" e "Hitler, o rei da Baviera" foram algumas das expressões usadas pela imprensa de Munique para definir a sede recém-inaugurada e o novo status do líder nazista.[6]

Para o *Münchener Post*, a principal questão era saber onde ele arrumara dinheiro para adquirir seu "palácio". Como sempre, Hitler silenciava sobre seus meios de sustento e as verbas que fluíam para o NSDAP. Vivendo provavelmente da ajuda dos amigos ricos, como Ernst Hanfstaengl, não escondia seu lado mundano e continuava desfrutando dos cafés e restaurantes de Munique – entre seus prediletos estavam o Café Heck, na Galeriestrasse, e a Osteria Bavaria (hoje, Osteria Italiana), na Schellingstrasse, perto do *Völkischer Beobachter*.

O *Post* não fez do assunto um escândalo, mas em várias notas se referiu ao "castelo de novo-rico" e à "construção megalômana" de Hitler. Mesmo depois de alguns meses da inauguração da nova sede, continuou se ocupando da vida abastada do líder nazista e do dinheiro do NSDAP. Em abril de 1931, ao noticiar os planos dos nazistas para a construção de um anexo à "casa parda", escreveu:

> Segundo as intenções desse maluco *duce* bávaro, deve ser erguida, no grande jardim localizado atrás do palácio, uma escola de cadetes para a SA hitlerista. [...] Cedo ou tarde tomaremos conhecimento de qual grande industrial precisará sacrificar-se dessa vez, para construir, ao lado do "monumento pardo", um novo castelo para esse "partido dos trabalhadores".[7]

Um ano depois, o diário reproduziu uma conta supostamente paga por Hitler e sua trupe durante estada de dez dias no Kaiserhof, um hotel luxuoso de Berlim. Publicada originalmente um dia antes pelo jornal *Welt am Montag*, a conta assinalava gastos no montante de 4.048 marcos. Com a manchete "Assim vive Hitler", o *Post* anunciou, em 5 de abril de 1932:

> Esse documento joga um foco de luz sobre a contradição entre o estilo de vida do *Führer* de um "partido dos trabalhadores" e a miséria geral registrada nestes dias. Os gastos para uma diária de um dos doze quartos comparam-se ao que dois desempregados podem receber de auxílio em uma semana.

Não faltava criatividade ao jornal nos ataques a Hitler. O *Post* criticou a vida luxuosa do líder nazista até mesmo num poema, que zombava das recentes aquisições: o apartamento da Prinzregentenplatz, a sede do partido – que chamava de "palácio de Braunau", em referência à cidade natal de Hitler – e ainda a casa de campo que ele adquirira em Berchtesgaden, no sul da Alemanha. Intitulados *"Adolf ist kein Bonze!"* (Adolf não é um mandachuva!) e assinados apenas com um "Z.", os versos devem ter sido escritos pelo editor de cultura, o também poeta Julius Zerfass:

> O senhor Hitler não é um mandachuva,
> oh não!
> Como ele poderia ser então o dono
> de um apartamento de luxo?
> No bairro mais fino de Munique
> e não perto do povo, na miséria...
> O senhor Hitler não é um mandachuva,
> ele também não está sentado sobre gordura.
> O senhor Hitler não é um mandachuva,
> oh não!
> Como ele poderia ser então o dono

de carros de luxo?
Ele anda no mais chique Mercedes,
não está sentado lá sobre gordura?
Está, sim, e quem anda atrás
engole de graça a sujeira.
O senhor Hitler não é um mandachuva,
oh não!
Como ele poderia então ser em Berchtesgaden
o dono de um palácio?
Como é isso, senhor Hitler?
Para isso é preciso ter gordura, sim!
Assim pensa o povo simples.
O povo pobre na miséria.
O senhor Hitler não é um mandachuva,
oh não!
Como ele poderia ser o paxá
no palácio de Braunau?
Bi-bi, bi-bi, hip, hip, hurra!
Quem vem lá?
Com conta no banco e talão de cheques –
Mandachuva em gordura, e o povo na miséria![8]

A primeira grande vitória de Hitler

"Assalto da suástica: 25 contra 1", noticiou o *Münchener Post* em 12 de junho de 1930, sobre um ataque da SA contra um homem em Haidhausen, no sudeste de Munique. Tratava-se, possivelmente, de um ato de vingança dos nazistas contra os socialistas que habitavam aquele bairro proletário desde a industrialização da Alemanha, no final do século XIX. Ali viviam mais de 60 mil pessoas, entre elas famílias com numerosos membros, que moravam juntos em espaços apertados e deteriorados, muito parecidos com cortiços. Eram tantas as janelas quebradas no local que Haidhausen ganhou o apelido de "bairro do vidro estilhaçado".

Por ser reduto social-democrata, a região de ruelas escuras tornou-se alvo dos nazistas, que em geral atacavam de madrugada. Eles não tinham dificuldade para encontrar seus adversários, pois os aposentos das casas ficavam na altura da rua, com as janelas de frente para a calçada. Nem sempre, contudo, saíam vitoriosos das brigas com os habitantes do bairro, que haviam aprendido a se defender sozinhos, já que não costumavam contar com a proteção da polícia. Segundo o historiador Günther Gerstenberg, os moradores de Haidhausen estavam em constante prontidão: ao ouvirem um grito de alerta, "arregaçavam as mangas, pegavam com as mãos rudes os cassetetes já preparados, desciam as escadas apertadas batendo os sapatos grosseiros, abriam as portas e apareciam por todos os lados".[1] Os nazistas, apesar de sua superioridade, levavam boas surras.

A violência aumentou na primavera e no verão de 1930, a ponto de o governo bávaro proibir, em 5 de junho, o uso de uniforme por membros de partidos políticos. A medida valia para todas as agremiações, até para a aliança republicana Reichsbanner, mas estava claro que a intenção era atingir sobretudo o NSDAP de Hitler. Para exibir força e provocar seus adversários, o partido nazista voltara a promover marchas uniformizadas, inclusive nos bairros operários de Munique. Esses desfiles terminavam frequentemente em pancadaria, o que o governo Heinrich Held também queria evitar. Entretanto, como de costume, os homens da SA não se importaram com a proibição e continuaram a agir de maneira violenta, mesmo sem uniforme.

Mais temerosos, os socialistas reunidos no Reichsbanner engoliram a proibição imposta pelo governo e não promoveram manifestações. Por sua linha mais defensiva, até vinham sendo chamados de covardes por seus adversários.

Numa ocasião, membros do Reichsbanner impediram que entrasse em uma de suas reuniões um dos líderes da SA, Edmund Heines. Nazista notadamente bruto e cruel, Heines já havia sido condenado por participar do "golpe da cervejaria", em 1923, e por um assassinato político, quatro anos depois. Foi anistiado em 1929, quando voltou a juntar-se à horda nazista, e em abril de 1930 pretendeu fazer um *tête-à-tête* com um dos chefes do Reichsbanner. Curiosamente, esse chefe era o redator do *Münchener Post* Friedrich Göhring, que cuidava da seção de economia, mas também encontrava tempo para a militância política, tocando um dos grupos da aliança social-democrata.

Impedido de falar com Göhring, Heines publicou, em 9 de abril de 1930, uma carta aberta no *Völkischer Beobachter*, soltando a língua contra o redator do *Post* e os adversários do Reichsbanner que lhe impediram a entrada, mesmo com a garantia de que seus capangas ficariam do lado de fora: "Vocês são tão infames, tão servilmente covardes que têm medo até de um homem só [...]; não esperávamos tanta baixeza de vocês".[2]

Os comunistas eram bem mais atrevidos ao enfrentar os nazistas. As batalhas que travavam com eles nas ruas e nas cervejarias eram das mais violentas. Em 5 de agosto de 1930, o Ministério do Interior da Baviera chegou a proibir a venda de bebida alcoólica durante eventos políticos, na esperança de evitar o quebra-quebra habitual. No entanto, a pancadaria não diminuiu: mesmo sem cerveja, os radicais da direita e da esquerda continuaram se atracando.

O *Münchener Post* não fazia distinção entre nazistas e comunistas em sua cobertura, considerando-os os principais responsáveis pela violência no país. Em agosto de 1930, trouxe a manchete: "Comunistas = nazistas – nossos adversários à esquerda e à direita". Faltavam poucas semanas para mais um pleito para o Reichstag, e no artigo o jornal fazia um apelo à "razão dos eleitores", defendendo o socialismo democrático pregado pelo SPD. Também chamava a atenção para os métodos usados pelos inimigos da social-democracia, equiparando comunistas e nazistas: "Os comunistas e os nacional-socialistas tentam conquistar seus partidários sem explicar o que eles realmente querem, mas promovendo-se ao mesmo tempo que jogam lama em seus adversários".[3]

O *Post* não se cansou de noticiar cada um dos ataques e processos envolvendo nazistas naquele segundo semestre de 1930. Se não falava da crise econômica, o assunto era a violência dos grupos radicais. Em julho, destacou um processo contra membros da SA de Berlim, acusados de assassinar, em 6 de abril, o dono de uma banca de jornais – mais um conflito desigual, pois um único homem fora objeto da agressão de trinta capangas, que se valeram de punhos, açoites de ferro e cassetetes de borracha. "O horrível assassinato cometido pelos bandidos nacional-socialistas chama atenção, pois revela um grau de degeneração humana descomunal até mesmo entre os *rowdies* [baderneiros] da SA hitlerista", escreveu o *Post*.[4]

Em Berlim, a situação não era mais tranquila do que na Baviera. A discussão de como financiar os benefícios sociais aos desempregados derrubou, em março de 1930, o governo do social-democrata Hermann Müller. No mesmo mês, o presidente Hindenburg incumbiu Heinrich Brüning, do católico Centro, da responsabilidade de formar um novo gabinete – decisão tomada sem negociação alguma com os partidos majoritários no Reichstag.

Sentindo-se atropelado pelo presidente, o Parlamento recusou-se a aprovar o programa do novo governo de aumentar impostos e realizar cortes nas despesas públicas para conter a crise econômica. Brüning impôs suas determinações com um decreto de emergência, que foi suspenso pelos deputados, em uma moção proposta pelo SPD e apoiada até pelo partido nazista. Enquanto a crise econômica assolava a Alemanha e multidões de desempregados se enfileiravam na frente das instituições de caridade, o país se viu politicamente paralisado. O novo chanceler decidiu então dissolver o Parlamento e convocar eleições para 14 de setembro, medida que se mostraria trágica para a República de Weimar.

A campanha eleitoral no verão de 1930 foi uma das mais turbulentas até então na Alemanha. Do lado dos nazistas, quem coordenava a mobilização era Joseph Goebbels, que havia dois anos exercia a função de chefe da propaganda do NSDAP. Tendo ingressado no partido logo depois de sua refundação, em 1925, Goebbels tornou-se, no ano seguinte, *Gauleiter* (chefe de distrito) em Berlim e conseguiu unir e fortalecer o partido na capital valendo-se de propaganda e métodos repressores.

Enquanto o *Völkischer Beobachter* comemorava em suas edições os dez anos do movimento nacional-socialista, Hitler viajava por todo o país. Fez vinte longos discursos nas seis semanas de campanha eleitoral, como na cidade de Breslau (hoje situada na Polônia), em 12 de setembro, onde falou para mais de 20 mil pessoas no imenso Salão do Centenário e para 5 mil que ficaram do lado de fora, ouvindo-o por alto-falantes.

O tema preferido do líder nazista em seus pronunciamentos passou a ser o colapso da Alemanha. No lugar dos judeus, seus ataques se voltaram contra o sistema parlamentarista e a democracia, que em sua concepção serviam apenas para dividir o povo alemão. Só o NSDAP, na condição de partido único, poderia levar à união, superando a divisão de classes. Hitler falava abertamente de seus planos de erguer uma ditadura na Alemanha, como manifestou em uma assembleia em Munique, promovida em agosto:

> No momento em que se dirigiu para a democracia parlamentarista ocidental, o povo alemão ganhou um sistema que mais parecia um fraque usado [...]. Essa democracia parlamentar já estava gasta no dia em que se iniciou; foi um desvario, uma loucura, o método mais louco para salvar um povo destruído [...]. Nesses momentos, os povos nunca se voltam para a democracia, e sim para a ditadura. Em um momento de grande necessidade, deve ser realizada a concentração de forças; e a maior concentração encontra-se sempre em uma personalidade única e superior.[5]

O NSDAP havia se tornado definitivamente o partido de um *Führer*, sufocando os dissensos internos, como o manifestado pelo editor Otto Strasser (irmão de Gregor Strasser), líder de uma ala mais à esquerda da agremiação. Ex-social-democrata e defensor de um nacional-socialismo revolucionário, Strasser se opôs à ditadura imposta por Hitler no partido, o qual, em sua concepção, deveria servir a uma ideia e não a um líder. O conflito o levou a deixar o NSDAP em julho de 1930, no que foi seguido por 25 correligionários. O *Post* explicou para o leitor o motivo da cisão: "Adolf Hitler discutiu frequentemente com círculos influentes da indústria e do capital sobre os objetivos e os rumos do nacional-socialismo, mas nunca aproveitou para fazer o mesmo com lideranças dos trabalhadores e camponeses".[6]

Com a agitação promovida pelo NSDAP e o sucesso obtido pelos nazistas nos pleitos regionais nos primeiros meses de 1930, os social-democratas do SPD e toda a sua imprensa concentraram a campanha nos ataques contra Hitler, praticamente suplicando aos eleitores que votassem na social-democracia. "Um último apelo!", dizia em 9 de setembro a manchete do *Post*. "Democracia ou ditadura?", perguntava na edição do fim de semana de 13 e 14 de setembro, às vésperas do pleito, avisando sobre o perigo que representava a vitória dos partidos radicais: "Essa é a decisão de que tratam as eleições de amanhã [...]. Fora a ditadura de esquerda e de direita. Fora o bloco burguês e reacionário!".[7]

Esperava-se que o NSDAP tivesse uma significativa quantidade de votos nas eleições. Seu desempenho, entretanto, foi além das expectativas, e o resultado do pleito caiu como uma bomba sobre os partidos democráticos da esquerda e da direita.

Os social-democratas saíram vitoriosos, com 24,5% dos votos, e mantiveram-se como a principal força política no Reichstag (143 cadeiras). Contudo, os nazistas do NSDAP ficaram, surpreendentemente, em segundo lugar, com 18,3% (o equivalente a 6,4 milhões de votos), ampliando de 12 para 107 o número de suas cadeiras no Parlamento. Também os comunistas do KPD cresceram na simpatia do eleitorado e, com 13,1% dos votos, tornaram-se o terceiro partido mais votado.

Estava claro que os alemães haviam se rendido às palavras dos agrupamentos extremistas e antidemocráticos da direita e da esquerda. A República de Weimar começava a "agonizar", nas palavras do historiador Joachim Fest.[8]

No dia seguinte, a imprensa soou o alarme na Alemanha, acordando definitivamente para o fenômeno Adolf Hitler. Chamando o pleito de "eleições rancorosas", o liberal *Frankfurter Zeitung* buscou explicações para a boa votação recebida pelos grupos radicais: "A vontade de derrubar [o atual Estado] – não podemos cair em ilusões – está certamente presente numa parte. A outra parte quis apenas protestar".[9]

"Eleições do desespero econômico", anunciou o *Münchener Post* em 15 de setembro, destacando na capa os efeitos da crise econômica mundial sobre a Alemanha e a violência da campanha eleitoral: "Os social-democratas precisaram se defender de todos os lados". Considerou os resultados "inusitados" e avaliou que seu partido perdera votos sobretudo para os comunistas. Como sempre, porém, tentou mostrar-se otimista: "A social-democracia resistiu ao ataque".

O jornal estendeu sua indignação às edições seguintes. Ao comentar a comemoração dos nazistas em assembleias lotadas, ressaltou a falta de conteúdo dos discursos de Hitler. "Acreditam eles [os nacional-socialistas] que conseguirão assim satisfazer seus simpatizantes? Será que seus seguidores não percebem a pobreza de ideias do movimento da suástica?"[10]

Os únicos a comemorar de fato o resultado do pleito foram os nazistas e os comunistas. "O povo se levanta", anunciou o *Völkischer Beobachter*, em 16 de setembro. "Vitória revolucionária na Berlim vermelha", escreveu no mesmo dia o jornal *Die rote Fahne* (O Estandarte Vermelho), o órgão central do partido comunista, o KPD.

As eleições alemãs causaram apreensão na imprensa internacional, em particular a francesa e a britânica. O parisiense *Le Journal* (conservador) qualificou o resultado das eleições como uma "revolta" dos alemães. O *Paris Midi* pediu calma aos franceses, lembrando as grandes dificuldades econômicas por que passava a Alemanha. O britânico *Times* reivindicava dos políticos alemães mais cooperação "entre os elementos fiéis à Constituição". Para o conservador *Evening Standard*, "os resultados desencorajaram os que esperavam ver uma Alemanha democrática e pacífica, um elemento de estabilidade na Europa".[11]

O *Post* não engoliu o sucesso eleitoral do NSDAP e decidiu deflagrar uma verdadeira campanha contra Hitler e os nazistas, que passaram a ocupar não apenas as manchetes (agora frequentemente em letras garrafais), mas também as demais editorias. Para tanto, assuntos antes significativos para a publicação, como política local e estadual, foram postos de lado, assim como o caráter informativo desenvolvido nos anos 1920 para atrair leitores. O jornal voltou a ser o órgão combatente, de tons panfletários, da social-democracia alemã, chamando com slogans e palavras de ordem para os ideais socialistas. E partiu com tudo para cima dos nazistas, fazendo de suas páginas um mar de denúncias contra Hitler, seu partido e a SA.

Nos meses e anos seguintes, o *Post* faria vigilância cerrada sobre os nacional-socialistas, esmiuçando o programa do NSDAP e denunciando os planos macabros que o partido e seu líder reservavam para a Alemanha. Não teria escrúpulos nem mesmo em relação à vida particular dos chefes nazistas, divulgando uma série de escândalos que despertariam a ira em Hitler. Se a época levava à radicalização política, também o *Münchener Post* radicalizaria sua cobertura.

Batalhas sujas

Depois de uma temporada na Bolívia, onde trabalhara como assessor do governo para assuntos militares, o ex-capitão Ernst Röhm retornou no final de 1930 à Alemanha, chamado pelo amigo e *Führer* do partido nazista, Adolf Hitler. Em Munique, voltou a liderar a SA e não demorou para fazer dela um exército, como sempre planejara. A proibição do uso de uniformes imposta pelo governo bávaro no verão daquele ano não impedira a tropa de choque de intensificar a agitação e os ataques contra adversários e, atraindo jovens de famílias pobres, de crescer rapidamente em todo o país. No final de 1932, contaria com mais de 500 mil homens, incluindo grupos motorizados.

Os ventos sopravam a favor de Röhm, que mesmo depois dos conflitos com Hitler, em 1925, continuava gozando do apoio incondicional do líder nazista e de boa reputação entre os homens da SA – agora chamados, por causa da cor de seu uniforme, de "camisas-pardas". Assim foi até junho de 1931, quando o *Münchener Post* lançou a campanha mais suja de sua história. Começou ali, nas palavras de Ron Rosenbaum, a "batalha final de dois anos"[1] travada entre Hitler e o órgão social-democrata.

Fazia tempo que boatos sobre a homossexualidade de Röhm circulavam dentro do NSDAP e mesmo entre os jornalistas de Munique. O próprio Röhm nem fazia disso um grande segredo, escrevendo cartas e falando com auxiliares a respeito. Desde que voltara a liderar a SA, os comentários sobre sua inclinação sexual tornaram-se mais frequentes na imprensa.

O *Post* mencionou a homossexualidade de Röhm em abril de 1931, mas sem fazer do tema um escândalo. No dia 14 do mesmo mês, publicou carta anônima de um ex-nazista que, segundo o jornal, continha "trechos importantes para a opinião pública".[2] A missiva citava "o círculo de amigos" de Röhm contrários ao chamado "parágrafo 175" da Constituição, que considerava crime a relação homossexual. Desse círculo, além do próprio Röhm, faria parte o ex-chefe da SA Edmund Heines, assassino anistiado em 1929, que agora agitava as sessões do Reichstag, na condição de deputado eleito pelo NSDAP.

Como não houve reação alguma do partido nazista e dos nomes ali mencionados, o *Post* não se estendeu no assunto, até porque era algo extremamente delicado. De um lado, tratava-se do líder de um "exército" que enaltecia a virilidade de seus jovens e se tornara nos últimos anos um dos maiores inimigos do jornal. De outro, seguindo a posição da social-democracia da época, o *Post* era oficialmente a favor da descriminalização do homossexualismo.

Para os jornalistas da Altheimer Eck, no entanto, a tentação de atingir uma das figuras mais próximas de Hitler falou mais alto do que o dilema moral. A decisão de voltar a explorar o tema veio à tona na primeira semana de junho, depois que o editor-responsável Erhard Auer recebeu em seu escritório uma visita inusitada. A jovem Elise Hergt, da cidade bávara de Regensburgo, mostrou ao jornal uma carta que seu noivo, Eduard Meyer, conselheiro jurídico ligado ao NSDAP, teria escrito para Röhm. O documento não só confirmava a homossexualidade do chefe da SA, como o chantageava. Era uma bomba, enfim, contra os nazistas.

Ao entregar a carta ao maior adversário de Hitler na imprensa, Hergt não desejava apenas prejudicar um dos melhores amigos do líder nazista; queria também tirar algum proveito do documento, de modo que pediu a Auer uma "recompensa", como contaria o líder social--democrata perante a Justiça, um ano depois.[3]

O editor pagou à moça 800 marcos do reino e ordenou a publicação da carta. Em 22 de junho, o *Post* escancarou o assunto, expondo a preferência sexual do líder da SA e a política de intrigas, chantagens e ameaças que vigorava dentro do partido nazista. "Irmandade calorosa na casa parda", escreveu na manchete, que tinha como subtítulo "A vida sexual no Terceiro Reich".

O artigo começava com uma declaração de um dos chefes nazistas, o político Gregor Strasser, a favor do parágrafo 175. Em seguida, acrescentava: "Mas qualquer pessoa bem informada sabe, especialmente Gregor Strasser, que nas organizações do partido de Hitler a mais incrível devassidão, prevista pelo parágrafo 175, é amplamente difundida".[4]

No texto, o jornal chamava a atenção para a "hipocrisia" dos nazistas, que aparentemente mostravam "indignação" com o tema, mas que, nas próprias fileiras, cometeriam "as mais desavergonhadas práticas". Também ressaltava os riscos que Röhm representava aos meninos da SA: "Hitler está nomeando Röhm seu principal comandante, o que é confiar ao gato a guarda do leite [...]. Aqui está em jogo a saúde moral e física da juventude alemã".[5]

Como prova de suas denúncias, o *Post* apresentou na íntegra a longa carta escrita por Eduard Meyer, que ele chamava apenas de "dr. Maier", o que seria corrigido nas edições seguintes. Na carta, Meyer dirigia-se a Röhm como se falasse a um amigo, lembrando-o de conversas passadas. O tom solícito e a boa vontade que o missivista aparentava ter não disfarçavam a chantagem: ele queria o apoio financeiro do chefe da SA para a criação de uma agência de notícias nacional-socialista.

A carta contava como Röhm assumira para o conselheiro jurídico sua homossexualidade: num encontro à noite num hotel, já embriagado, ele teria se gabado de que o homossexualismo era desconhecido na Bolívia até ele chegar "e mudar de maneira rápida e duradoura essa situação".[6] Em seguida, segundo Meyer, Röhm lhe pedira que interviesse num caso de chantagem de que vinha sendo vítima, fazendo as vezes de detetive e seguindo as pistas do chantageador. O conselheiro jurídico, então, descobrira o consultório de um homem chamado "dr. Heimsoth". Tratava-se de Karl Günter Heimsoth, médico de Berlim atuante na campanha contra a revogação do parágrafo 175, que Röhm conhecia, conforme descrito por Meyer:

> Você mencionou que, por descuido, havia visitado alguns bares homossexuais na companhia do dr. Heimsoth, para conhecer e levar alguns rapazes homossexuais. Você também esteve várias vezes no consultório do dr. Heimsoth e teve a oportunidade de ver sua coleção artisticamente preciosa de fotografias homoeróticas. Chamou minha atenção especialmente para o fato de o dr. Heimsoth possuir algumas cartas suas, que você está muito ansioso para recuperar.[7]

Lembrando Röhm de suas declarações, o missivista deixava claras todas as armas que tinha à mão contra o líder da SA.

Meyer afirmava, em seguida, ter acusado Heimsoth de querer chantagear Röhm com as cartas que possuía do líder da SA, ameaçando entregá-las aos jornais de oposição. O médico teria revidado, mostrando-lhe outra carta de chantagem que o conselheiro jurídico escrevera a Röhm, pedindo dinheiro para a criação da tal agência de notícias – ou seja, o que se fazia ali era uma chantagem atrás da outra.

Finalmente, Meyer encerrava a missiva explicando que o consultório do dr. Heimsoth era "fácil de ser arrombado" durante a noite, caso Röhm tivesse a intenção de recuperar as cartas. A sugestão atestava que, além de extorsão, a invasão de domicílio também era prática usual entre os nazistas.

As reações à publicação pipocaram rapidamente de todas as partes. Röhm declarou que a carta era uma "falsificação" e anunciou que processaria Meyer. O *Völkischer Beobachter* partiu para cima do *Post*, apontando o fato de o próprio SPD ser favorável à descriminalização do homossexualismo.

> A oficina falsária social-democrata continua a publicar, no lamaçal caluniador marxista de Munique, relatos provocadores e mentirosos sobre o NSDAP. Per-

cebemos como esses falsificadores fantasiosos, cheios de satisfação, sentem-se bem servindo aos leitores da imprensa vermelha um mar de lama sexual.[8]

Os ataques do *Beobachter*, enfim, fizeram o órgão social-democrata entrar com uma ação judicial.

Em Berlim, o Ministério da Justiça abriu um processo contra o ex-capitão e amigo de Hitler por transgredir o parágrafo 175. O suposto missivista, Eduard Meyer, e sua noiva, Elise Hergt, foram presos, acusados de fraude e chantagem. O médico Heimsoth recebeu mandado de busca e, no escritório de seu advogado, a Justiça finalmente encontrou e confiscou as cartas do chefe da SA.

O *Post* continuou tendo acesso a vários documentos entregues por nazistas que, insatisfeitos com o fato de um homossexual liderar uma organização poderosa, não dispensavam os piores métodos para derrubar o chefe da SA. Entre os documentos havia mais uma carta chantageando Röhm, supostamente escrita por Paul Schulz, braço direito do líder nazista Gregor Strasser. O jornal também pagou para obter esse documento.

Indiferente à autenticidade duvidosa do material que recebia (mais tarde seria comprovado que essa segunda carta trazia uma assinatura falsificada), o *Post* manteve sua cobertura agressiva, publicando novas informações e repercutindo o caso nas semanas seguintes. "A casa parda dos homossexuais", dizia a manchete de 24 de junho de 1931. "*Schwulitäten*", afirmava dois dias depois, usando uma expressão que, em alemão, remete às palavras "homossexual" (*Schwul*) e "embaraços" (*Schwulitäten*). Nos textos, o jornal insistia nas contradições do discurso nacional-socialista. "Depois do caso Röhm, os nazistas devem parar de falar do sentimento alemão de decência", sentenciou.[9]

O escândalo atravessou os meses seguintes e entrou em 1932, quando tanto figuras do partido de Hitler como o *Post* se viram num lodaçal de intrigas, investigados pelos mais diferentes órgãos em Munique e Berlim. Enquanto representantes do Ministério da Justiça em Berlim registravam em atas detalhadas cenas de sexo oral e anal envolvendo

Röhm e seus parceiros,[10] a polícia secreta bávara sugeria que o ex-nazista Otto Strasser, recém-expulso do NSDAP, estaria por trás da campanha deflagrada pelo jornal social-democrata.[11]

A polícia de Munique não demorou a constatar que várias das cartas comprometedoras citadas pelo *Post* eram falsas, tendo sido "plantadas" por nazistas que queriam se livrar do chefe da SA. Na primavera de 1932, Auer foi chamado para depor como testemunha no processo aberto por Röhm contra Elise Hergt, que depois de visitar o jornal tentara extorquir dinheiro de Röhm. O editor-responsável admitiu que pagara pelas cartas recebidas e afirmou que estava certo da autenticidade dos textos – e por isso mesmo autorizara sua divulgação. O *Post* defendeu o editor, dizendo que "ele deu muita importância à publicação, pois, nesses casos, quando pessoas como Röhm estão na chefia, existe um grande perigo para a juventude; era preciso dar um fim àquele chiqueiro".[12]

O caso esquentou em março de 1932, quando o político do SPD Helmuth Klotz (ex-nacional-socialista) distribuiu 300 mil exemplares de uma brochura com cópias de cartas de Röhm a seus amantes. O social-democrata afirmava ter tido acesso, "por acaso", às cartas, que estavam oficialmente nas mãos da Justiça. Não foi por acaso, porém, que o político resolveu divulgá-las dias antes das eleições para a Presidência da Alemanha, nas quais Adolf Hitler era candidato.

O assunto voltou, com destaque, às páginas do *Post*: "Não gastaríamos uma palavra com as tendências [sexuais] de Röhm se ele não fosse de um exército que fomenta a guerra civil e que, em nome de Hitler, faz cabeças rolarem".[13]

Tornou-se impossível para o chefe da SA negar sua homossexualidade. Alegando invasão de privacidade, ele, então, processou o jornal.

O caso se mostraria um assunto delicado para as duas partes. Os advogados de Röhm queriam evitar a publicidade em razão das eleições; tanto assim que acabaram retirando a ação contra o jornal em julho daquele ano. O advogado do *Post*, Max Hirschberg, por sua vez, não só achava desagradável defender causas envolvendo sexo e política, como também era a favor da descriminalização do homossexualismo. Até a retirada do processo, ele transferiu a defesa do jornal para o colega Philipp Löwenfeld, que não teve escrúpulos ao explorar a preferência sexual de Röhm.[14]

O *Post* fez uma cobertura desonesta e ambígua do caso. Publicou documentos falsos, divulgou informações que violavam a privacidade alheia e pagou para obter informações, cuja veracidade mal checava. Se de um lado seguia a posição oficial do SPD e não condenava o homossexualismo em suas páginas, de outro tentava tirar proveito da situação, mostrando-se preconceituoso naquela cobertura. "Insultos e ponderações não vão nos impedir de lutar contra depravadores da juventude, que se fazem de renovadores morais", insistiu, em junho de 1931.[15]

No ano seguinte, publicaria vários textos que tratavam membros do NSDAP como "anormais", entre eles "O nacional-socialismo: um depósito de doentes e homossexuais". Escondido pelo anonimato, mas qualificado como neurologista, o autor do artigo defendia que os homossexuais eram "elementos doentes e fracos", alertava para o perigo que havia em ter líderes com tal inclinação sexual dentro da SA, pois criariam "um campo fértil para a capacidade de contágio da já ameaçada juventude", e, por fim, perguntava-se: "Deve o futuro de nosso povo ser carregado por um exército de anormais?".[16]

Tanto os social-democratas em torno do *Post* como os próprios governantes em Berlim e na Baviera esperavam que o caso Röhm abalasse o crescimento de Hitler e seu partido. No entanto, a campanha do jornal contra os "depravadores da juventude" foi em vão. Apesar de pressionado por correligionários do NSDAP, o líder nazista silenciou a respeito do escândalo durante os meses que antecederam as eleições e manteve o amigo Röhm na chefia da SA. Já seus correligionários faziam-se de vítimas de uma campanha suja, como estampava em suas páginas o *Völkischer Beobachter*, que qualificava o *Post* de "folhinha da Altheimer Eck" ou "jornalzinho marxista".

O processo contra Röhm acabou sendo arquivado em abril de 1932, por falta de prova de ato passível de pena, segundo o promotor. O caso estourou do lado mais fraco: o conselheiro jurídico Eduard Meyer matou-se na cela de uma cadeia em Düsseldorf, onde esperava pelo julgamento, e sua noiva, Elise Hergt, foi condenada a oito meses de prisão. O *Münchener Post* saiu desacreditado, assistindo ao fracasso de sua campanha: os comícios lotados e a agitação nazista naquela primavera eleitoral de 1932 mostravam que Hitler havia se tornado um dos políticos mais populares do país.

A decisão do *Führer* do NSDAP de manter o comandante da SA, entretanto, teria consequências para os nazistas. Röhm por pouco não foi alvo, com outros homossexuais da organização, de um atentado planejado pelo ex-major nacional-socialista Walter Buch, em março de 1932. O plano foi descoberto a tempo pelos próprios nazistas e malogrou, mas deu munição ao *Post* para abrir suas edições com outro escândalo: a existência de um esquadrão da morte dentro do NSDAP, com o objetivo de espionar figuras suspeitas do partido.

"Cheka na casa parda", noticiou na manchete de 8 de abril de 1932, em alusão à violenta polícia secreta soviética. Abastecido com novas intrigas graças a informações vindas de adeptos de Röhm que, agora, visavam a atingir os inimigos do próprio partido, o jornal detalhava os objetivos da chamada "célula G", que teria sido criada no ano anterior dentro do NSDAP "para fiscalizar o movimento". Hitler saberia da existência do grupo, segundo a publicação. "Nada acontece no movimento sem que ele saiba e sem que ele autorize", lembrava.[17] Responsável pelo atentado fracassado contra Röhm, a célula G era comandada por Paul Schulz, o mesmo que teria escrito uma carta chantageando o chefe da SA, e financiada com a ajuda do tesoureiro do partido, Franz Xaver Schwarz.

O ex-primeiro-tenente Paul Schulz era figura conhecida na política. Havia liderado, no início dos anos 1920, uma organização paramilitar antirrepublicana secreta, chamada Schwarze Reichswehr (Exército Negro), responsável por uma série de execuções de políticos de esquerda, sobretudo no Estado da Prússia. Ele chegara a ser condenado à morte em 1927, porém recebera um indulto três anos depois, ingressando, então, no NSDAP e passando a liderar um dos grupos da SA em Berlim. O retorno de Schulz à política indignara o *Post*, que o chamara abertamente de "primeiro-tenente assassino".

Hitler desmentiu, em nota oficial, a existência da célula G dentro do partido nazista. Schulz e Schwarz moveram ações contra o editor Edmund Goldschagg e o redator Eugen Kirchpfening, por insulto à honra. E novamente o jornal saiu derrotado na Justiça.

A tentativa de matar Röhm foi confirmada no julgamento em 3 de outubro de 1932, mas não a participação de Schulz e Schwarz. Os chefes nazistas continuaram nas mesmas funções, mantendo-se, como sempre, inabaláveis. Segundo Douglas G. Morris, biógrafo do advogado do *Post*, Hirschberg não se surpreendeu com a decisão do juiz, porém ficou desapontado com o pouco interesse mostrado pela imprensa burguesa,[18] que quase nada relatou sobre o caso. Ao deixar o tribunal, Hirschberg não imaginava que aquela seria a última vez que atuaria em um processo político na Alemanha.

Se Hitler não se abalou com a campanha em torno da homossexualidade do amigo Röhm, as repercussões na imprensa da morte de sua sobrinha Angela "Geli" Raubal, em 1931, atingiram-no em cheio, mais do ponto de vista pessoal do que do político, contudo.

Filha de uma meia-irmã do líder nazista, a jovem de dezenove anos deixara a Áustria em 1927 para estudar medicina em Munique. Nos primeiros tempos, havia morado numa pensão não muito longe da Thierschstrasse, onde vivia o tio, o qual logo assumiria o lugar do pai, que ela perdera quando criança.

Geli Raubal era uma moça alegre e sociável. Alta, de rosto redondo e tez morena, chamava a atenção dos homens, o que deixava Hitler doente de ciúme. Tanto assim que ficou furioso quando o amigo e chofer Emil Maurice, que mantinha com Geli um namoro secreto, pediu a mão da jovem em casamento, no final de 1927. Demitiu o motorista e proibiu-o de relacionar-se com a sobrinha até que ela atingisse a maioridade, aos 21 anos. Maurice também caiu em desgraça perante o líder nazista e só seria reabilitado anos mais tarde.

Dois anos depois da proibição do noivado, Geli mudou-se para o apartamento de nove cômodos que Hitler alugara na Prinzrengentenplatz. Naquela época, ela já havia abandonado os estudos de medicina para tomar aulas de canto, financiadas pelo tio, embora não demonstrasse grande talento para a música.

Geli tornou-se, então, a principal acompanhante de Hitler nos jantares, nas festas e nas visitas à ópera. Chegou até mesmo a posar nua para ele, que se dedicava à pintura desde a juventude. Quando não podia acompanhá-la, o tio mandava em seu lugar um amigo ou uma amiga, a fim de controlar os passos da moça. Há muitos indícios de que era apaixonado por ela, mas não existem provas de que tenham sido amantes.

Na manhã de 19 de setembro de 1931, quando se dirigia a Bayreuth, Hitler recebeu a notícia do suicídio da sobrinha. Aos 23 anos, Geli havia se matado com a pistola do tio, uma Walther calibre 6,35 mm. Fez isso em seu quarto, na tarde do dia anterior, logo depois de Hitler sair de viagem. Segundo os empregados da casa, os dois haviam discutido antes da partida. A jovem começara a escrever uma carta para uma amiga de Viena, falando de suas intenções de voltar para a Áustria, mas silenciara a respeito de sua intenção de se matar.

O *Post* não perdeu tempo e deu sua versão da tragédia, dois dias depois. No texto "Um caso misterioso", mencionou que Hitler e a sobrinha haviam tido "mais uma briga impetuosa", cujo motivo, segundo "fontes bem informadas", seria o seguinte: "*Fräulein* Raubal tinha a intenção de ir para Viena, queria noivar. Hitler era decididamente contra a viagem". O jornal não poupou os leitores de detalhes do suicídio. Contou que Geli errara o tiro, atingindo o pulmão, em vez do coração, e insinuou que ela teria sido vítima de maus-tratos: "O vômer [osso nasal] da morta está destruído, o cadáver aponta vários ferimentos". Relatou ainda a agitação que havia tomado conta da nova sede do NSDAP, a casa parda, por causa da morte, e dos temores de que Hitler também pudesse se suicidar: "Ali discutiu-se o que tornar público. Concordaram em justificar a morte de Geli citando seu pouco sucesso artístico. Também foi levantada a questão sobre quem se tornaria o sucessor de Hitler, caso alguma coisa acontecesse".[19]

O artigo do *Post* não ficaria sem resposta. Pela primeira vez, Hitler conseguiu na Justiça o direito de revidar nas próprias páginas do jornal. Ali, no dia seguinte ao da publicação do texto, o líder nazista dizia:

> É falso que tivemos uma "briga impetuosa". É falso que eu fui "decididamente contra a viagem" de minha sobrinha a Viena. É falso que minha sobrinha quisesse noivar em Viena ou que eu tivesse algo contra um noivado. [...] É falso afirmar que eu deixei meu apartamento depois de uma "briga impetuosa".[20]

A informação do *Post* de que o corpo de Geli apresentava ferimentos levou o promotor a pedir à polícia um exame médico, mas este só constatou lesões no nariz, causadas pelo fato de ela ter caído de frente e ficado muitas horas com o rosto contra o chão. Uma autópsia foi, então, descartada, e o caso, arquivado. As circunstâncias misteriosas da morte da jovem e a parca investigação deflagraram nas semanas seguintes muitos boatos em Munique, entre eles o de que Hitler a teria assassinado. Hoje, porém, os historiadores concordam que Geli se suicidou, tentando provavelmente se livrar do controle e do ciúme do tio.

Arrasado, Hitler isolou-se por vários dias, recusando-se até a ler os jornais. Amigos chegaram a temer por sua vida. Geli foi enterrada em Viena, em 24 de setembro de 1931. O líder nazista não compareceu à cerimônia, enviando representantes e uma grande coroa de flores. Na noite do enterro, discursou num salão lotado para 10 mil simpatizantes, em Hamburgo:

> A Alemanha tem gente demais para pouco espaço. [...] Nosso povo não consegue mais viver normalmente, faltam-lhe as matérias-primas necessárias. No entanto, o mundo fechou-se para nós e isso continuará. O que acontecerá se o bolchevismo se expandir para além do grande continente asiático?[21]

Para o público que o ovacionava, Hitler parecia ser o mesmo de sempre.

O Terceiro Reich, segundo o *Post*

A partir de 1931, uma das preocupações do *Münchener Post* foi denunciar os planos dos nazistas caso conquistassem o poder na Alemanha e inaugurassem seu propalado "Terceiro Reich".

Durante a República de Weimar, a expressão *Reich* (império) continuou a ser empregada na política alemã para designar o país, apesar da derrota na Primeira Guerra e das perdas de território impostas pelo Tratado de Versalhes. Também os cargos mais altos mantiveram a designação, como "presidente do reino" e "chanceler do reino". E os nazistas, desde o início da década de 1920, usavam a expressão "Terceiro Reich", tirada de autores do começo do século, para divulgar seu ideal de fazer da Alemanha um "terceiro império", nacional e "socialista", depois do Sacro Império Romano Germânico (instituído no século x) e do império proclamado por Otto von Bismarck, em 1871.

O *Post* baseava suas análises no próprio programa do NSDAP, nos discursos de seus líderes e principalmente em documentos secretos a que tinha acesso, que delineavam o futuro do país sob um eventual Terceiro Reich. Em fevereiro, chamou a atenção, sem dispensar a ironia, para as ideias nazistas que concebiam a família, a escola e a Igreja como instituições a serviço do Estado: "O que faz a reivindicação hitlerista explosiva é que ela imita o papa, mas no sentido contrário. O papa solicita que o Estado e a família sirvam à educação religiosa; Hitler exige que a Igreja e a família sejam instituições de ensino para seu Estado".[1]

Em agosto, destacou na capa as diretrizes para os sindicatos num futuro governo nacional-socialista. Citando documentos secretos do partido nazista, escreveu:

> Todo trabalhador permanecerá ligado a um sindicato do ponto de vista econômico, mas politicamente ele deverá vincular-se ao NSDAP. Nenhum sindicato deve expulsar [um membro] só porque ele é nacional-socialista [...]. O NSDAP vê na organização por células que ele agora aspira a criar a base para a instituição, no devido tempo, de sindicatos nacional-socialistas próprios. Até lá, aos correligionários que trabalham como operários, empregados e funcionários públicos, aconselha-se que permaneçam em suas associações sindicais atuais e ali [...] impeçam toda propaganda favorável aos partidos marxistas e democráticos.[2]

Nos meses seguintes, o jornal avançou em suas denúncias. Analisando uma palestra de Otto Wagener, assessor de Hitler para assuntos econômicos, revelou que a verdadeira intenção dos nazistas era "estilhaçar" os sindicatos, transformando-os em "câmaras corporativas": "Isso significa a destruição do front dos trabalhadores e funcionários e sua dispersão em grupos pequenos e minúsculos, o que levará o operariado à total impotência e insignificância".[3]

Ainda mais fortes foram as revelações do *Post* a respeito do destino que os nazistas reservavam a seus adversários, caso Hitler chegasse ao poder. Em 25 de novembro, noticiou na primeira página que, nos covis do NSDAP, preparava-se para os inimigos uma verdadeira "Noite de São Bartolomeu" – em referência ao massacre sangrento de protestantes na França, em 1572 – e que circulava na sede do partido um rol de pessoas que deveriam ser assassinadas: "Com base nessas listas, conclui-se claramente que os líderes do partido nazista na casa parda preparam assassinatos políticos em grande escala", lembrando às autoridades que só a elaboração de tal lista já poderia ser considerada um delito.[4]

O assunto continuou no dia seguinte, quando o jornal divulgou, ao mesmo tempo que outras publicações, os chamados "Documentos de Boxheim", com planos conspiratórios dos nazistas. Redigidos por líderes do partido no Estado de Hessen, eles postulavam a revogação da Constituição democrática de Weimar e a instauração de uma ditadura militar pela SA. O *Post* considerou os documentos uma prova de alta traição e passou a trazer novos detalhes dia após dia. Antevendo o que aconteceria dali a poucos anos com os adversários de Hitler – penas de morte, prisões e castigos corporais –, escreveu em 1º de dezembro de 1931: "Esse é o espírito da casa parda que deverá reinar na Alemanha".[5]

Três dias depois, na noite de 4 de dezembro, sexta-feira, o velho editor Martin Gruber, o mais importante nome do *Post*, foi agredido por dois homens. Munidos provavelmente de socos-ingleses, eles atacaram o jornalista num local próximo de sua casa. Jogaram-no no chão e feriram-lhe a cabeça, o rosto e o olho esquerdo. Quando Gruber começou a gritar, os agressores fugiram. Com os óculos estilhaçados e sangue escorrendo pelo rosto, o editor foi ajudado por um ciclista, que o acompanhou até a casa onde vivia com a filha. Mais tarde, ela contou ter ouvido gritos de "*Heil* Hitler!" na rua.

Os jornalistas do *Post* revoltaram-se com o ataque a Gruber, também bastante conhecido no meio político de Munique, pois havia sido, por muitos anos, deputado estadual na Baviera e também do Reichstag, em Berlim. Pouco antes do fechamento da edição, conseguiram incluir uma nota curta na capa sobre o episódio, deixando claras suas suspeitas sobre os responsáveis:

> Na noite passada, perto da meia-noite, nosso companheiro Martin Gruber foi ferido gravemente, a caminho de casa, na estação de bonde Sendlinger Kirche, por dois homens robustos, provavelmente da suástica [...]. O tipo de ataque indica que foi preparado e executado por pessoas particularmente versadas nesses crimes covardes.

Na edição seguinte, na primeira página, o jornal voltou a tratar da agressão, certamente uma resposta dos nazistas às sérias denúncias:

> Os ataques dos homens da suástica foram, até agora, tanto covardes como brutais. O mais covarde de todos, porém, foi esse contra o companheiro Martin Gruber. Para satisfazer sua sede de sangue e se vingar do odiado *Münchener Post*, os meninos da suástica elegeram para esse assalto, praticado pelas costas, o redator mais velho do jornal. Gruber tem 66 anos e os bandidos que o agrediram eram dois homens jovens e fortes. E eles fugiram da mesma forma covarde com que atacaram.[6]

A violência contra Gruber não intimidou os redatores do *Post*, que permaneceram implacáveis em sua campanha contra os nazistas e continuaram a revelar os projetos homicidas de Hitler. Em 9 de dezembro, o jornal publicou no meio de uma página interna uma nota pequena, mas de imenso significado, alertando sobre os perigos que corriam os judeus caso os nazistas implantassem o Terceiro Reich, um presságio da perseguição pérfida e do extermínio que eles logo promoveriam. O tema era um texto da SA considerado "extremamente secreto" pela organização, que temia "as reações do exterior, sobretudo de Londres e Paris". Segundo o jornal, ele estabelecia diretrizes para "a solução final da questão judaica".

Na hipótese de uma vitória política dos nazistas, os judeus seriam imediatamente afastados do serviço público e submetidos a leis especiais, que os impediriam de exercer profissões liberais, como as de médico e advogado. Empresários judeus seriam controlados ou mesmo expropriados. Crianças e jovens judeus não poderiam frequentar escolas e universidades. Estaria proibido o ritual judaico do abate de animais. Os judeus perderiam a nacionalidade alemã e seriam deportados. As medidas também atingiriam os judeus que atuavam na área cultural: os detentores de teatros perderiam suas concessões, escritores e jornalistas passariam a ser vigiados. Casamentos entre judeus e cristãos seriam considerados inválidos. Por fim, o documento propunha a "solução final da questão judaica": "Empregar os judeus em serviços e cultivos nos charcos alemães", sob a vigilância de uma divisão da ss.[7]

Liderada agora por Heinrich Himmler, a ss deixara de ser a guarda particular de Hitler para assumir a função de polícia do partido, protegendo seus principais líderes e os eventos que realizava em todo o país. Em 1932, a organização contava com quase 26 mil membros.

Nas semanas e meses seguintes, o *Post* continuou a fazer revelações. Em 30 de dezembro de 1931, com a manchete "Os funcionários públicos sob o terror nazista", informou: "Os nazistas anunciam abertamente que, quando tiverem o poder nas mãos, vão expulsar do serviço [público], de maneira brutal, os funcionários que não se declararem a favor deles; e isso sem [conceder] aposentadoria".[8] E alertou: "Com essa ameaça [...] o espírito nacional-socialista espalha-se cada vez mais pelo funcionalismo público. Ninguém ali ousará contrariar os agitadores".[9]

As mais sérias denúncias até então feitas contra o nazismo não pararam de ser publicadas no ano seguinte. Em 12 de janeiro de 1932, o jornal falou da "higiene de raças no Terceiro Reich", explicando que os nacional-socialistas pretendiam fazer exames e investigações para identificar nos alemães o que chamavam de "sangue judaico". "Podem-se classificar as pessoas pelo tamanho do corpo, pelo peso, por suas capacidades esportivas, pela cor dos olhos ou dos cabelos. Mas é possível qualificá-las pela porcentagem de sangue judaico?", perguntou.[10] O *Post* baseava-se numa palestra feita em Chemnitz, na Saxônia, por um professor nazista, conhecido como "dr. Staemmler", que se dizia um estudioso da "questão da miscigenação". "Para impedir novos cruzamentos, é preciso que o casamento entre alemães e judeus seja proibido", defendeu o nazista.[11]

Em julho, o jornal destacou na capa os planos para a implantação de um Estado totalitário na Alemanha. Munido de mais um documento, dessa vez vindo de Berlim, voltou a anunciar, no texto "O Estado carcerário de Hitler", as intenções de Hitler de pulverizar os sindicatos e acabar com os direitos previstos para o funcionalismo público. "São planos que já no dia da tomada do poder vão se tornar leis",[12] preveniu, acrescentando um veemente aviso aos alemães sobre os perigos que a liberdade corria no país:

> Um exército pardo deverá ocupar a Alemanha como um exército estrangeiro. Quem ama a liberdade deverá fazer, como um prisioneiro de guerra, trabalhos forçados em campos de concentração, sob controle dos bandidos da SA, dos criminosos do NSDAP [...]. O objetivo do partido é a escravização total do povo, tanto do ponto de vista político como do econômico.[13]

Os artigos do *Post*, entretanto, pareciam não surtir efeito sobre os habitantes de Munique, o que não surpreende, pois, por causa da crise econômica, o diário se viu obrigado a diminuir a tiragem para cerca de 15 mil exemplares em 1932. Embora o SPD se mantivesse como um partido de massa em número de eleitores, não era uma agremiação de filiados, que pagassem taxas e assinassem seus jornais. Seus simpatizantes continuavam preferindo as publicações adversárias, menos caras e mais informativas. Segundo o historiador Herbert Kral, um estudo feito naquele ano mostrou que apenas quinze de cem eleitores liam jornais social-democratas na Baviera.[14]

As revelações do *Post* também não encontraram eco na imprensa liberal, tampouco entre os governantes. Estes pareciam mais preocupados com a crise política e social do país, o colapso econômico e o desemprego, que em fevereiro de 1932 atingiu mais de 6 milhões de pessoas.

Nas eleições de 1932, Adolf Hitler pela primeira vez candidatou-se a um cargo: o de presidente da Alemanha. Para tanto, precisou obter nacionalidade alemã, o que conseguiu ao ser nomeado, em fevereiro, conselheiro *pro forma* do governo de Braunschweig, cidade que estava nas mãos dos nazistas. Passados menos de dez anos de sua tentativa de golpe em Munique, Hitler tornava-se o candidato da extrema direita ao mais alto posto do país, tendo como adversário o presidente Paul von

Hindenburg, conservador que aspirava a permanecer no cargo, concorrendo agora como representante dos partidos democráticos.

Até os social-democratas apoiavam o ex-marechal de campo e monarquista Hindenburg, de 84 anos, na esperança de derrotar o líder nazista. "Vençam Hitler!" era o slogan do SPD, frequentemente divulgado nas páginas do *Post*. O jornal não tinha dúvida sobre o que estava em jogo naquelas eleições: o futuro da democracia alemã.

A "hitlerite" contamina o povo

A campanha eleitoral no começo da primavera de 1932 foi uma das mais violentas até então na Alemanha. Atacados pela imprensa adversária, os nazistas não hesitavam em atirar, esfaquear ou golpear seus opositores em batalhas de rua e na escuridão das madrugadas. Isso obrigou as autoridades a promover prisões e buscas nas casas e escritórios de membros do NSDAP, assim como proibir a circulação de vários de seus jornais.

"Confrontos sangrentos em Berlim", noticiou o *Münchener Post* em março, ao intensificar sua campanha pela proibição da SA e da SS, que chamava de "exércitos privados de Hitler". Para o jornal, as duas organizações militares tinham como objetivo neutralizar a ação estatal "pela força bruta": "A peste nacional-socialista vem se espalhando por todo o reino".[1]

A SA agia com o Stahlhelm (Capacete de Aço), associação militar antirrepublicana e nacionalista atuante na Baviera desde o início dos anos 1920 que contava em 1932 com mais de 500 mil homens em todo o país, praticamente o mesmo contingente da patrulha hitlerista. Unidas, as duas forças rigidamente organizadas tornavam-se ainda mais perigosas, dispondo de um exército enorme e inúmeros depósitos de armas.

Em reação, o Reichsbanner dos social-democratas também havia se juntado a outras associações, sindicais e esportivas, fundando em dezembro de 1931 o Eiserne Front (Front de Ferro). Assim surgia mais uma aliança militar suprapartidária, com o objetivo de mobilizar todas as forças republicanas e defender o Estado. O símbolo do grupo eram três lanças diagonais apontadas para o lado esquerdo, sobre um fundo vermelho: as lanças representariam a luta contra o capitalismo, o fascismo e a reação, segundo uma das várias interpretações feitas na época. Calcula-se que cerca de 400 mil pessoas, entre homens e mulheres, atuaram na organização até 1933, quando foi proibida.

Mal organizado e militarmente inferior, o Front de Ferro não conseguiria proteger seus simpatizantes da violência dos homens da SA. Pouco mais de dois meses após a agressão a Gruber, o editor de política do *Post*, Edmund Goldschagg, também foi vítima dos camisas-pardas, em 21 de fevereiro de 1932.

O ataque ocorreu depois de o editor discursar em um encontro aberto do Front de Ferro. Ao criticar Adolf Hitler, o jornalista recebeu vaias de uma centena de militantes nazistas, que compareceram ao evento para provocar baderna. Ao fim do encontro, um dos membros da SA foi mandado para o centro de Munique, atrás de Goldschagg. Quando desceu do trem, na estação principal, o editor do *Post* levou um soco no rosto, mas reagiu. Os dois homens travaram uma briga e, com a ajuda de passantes, o jornalista conseguiu render o agressor. Como informou o *Post* no dia seguinte, o "herói nazista" era um desempregado de 29 anos.

O julgamento do caso ocorreu em 13 de maio e o réu foi condenado apenas a pagar uma multa de 150 marcos do reino. No dia seguinte, o jornal expressou sua indignação com o veredicto, citando o fiel advogado do jornal, Max Hirschberg, para quem a decisão significava "uma carta branca para o terror nas ruas": "Eu espanco um adversário político, porque suas convicções não combinam com as minhas, e a Justiça me condena com penas brandas".[2]

Em 1932, a redação do *Post* continuava pequena e modesta. Enquanto o *Münchner Neueste Nachrichten*, o maior jornal de Munique e um dos maiores da Alemanha, contava com mais de cinquenta redatores e 1.500 funcionários, tocavam o órgão social-democrata dez profissionais fixos (na editora Birk & Co., que produzia o *Post* e outras publicações do SPD, eram cerca de 180): o editor-responsável Erhard Auer, o editor-executivo Martin Gruber e os editores Edmund Goldschagg (política), Eugen Kirchpfening (Baviera e política), Julius Zerfass (cultura), Friedrich Göhring (economia), Jakob Eisenschink (política municipal), Wilhelm Lukas Kristl (Justiça) e Carl Sotier (Munique), que também redigiam os textos. Havia, ainda, um crítico de artes, o escritor Hermann Esswein, bastante conhecido na cidade, além de alguns articulistas, como o promotor Wilhelm Hoegner, agora deputado do Reichstag, e o advogado Philipp Löwenfeld. Apenas os colaboradores de fora costumavam assinar os artigos, enquanto os redatores mantinham-se no anonimato. A pequena equipe, porém, não era impedimento para o *Post* continuar sua campanha contra os chefes e as publicações do NSDAP.

Até na área cultural o jornal encontrava casos para atacá-los, como em fevereiro de 1932, quando denunciou o "roubo" de um folhetim pela *Illustrierter Beobachter*. A revista de variedades nazista, que se tornava cada vez mais popular, publicara havia pouco um romance policial chamado *O gato cinza*, cuja autoria atribuíra a Franz Rebernigg. Seu verdadeiro autor, no entanto, era o escritor austríaco Walter Süss, judeu e social-democrata. No artigo "O gato judeu roubado",[3] o *Post* ridicularizou o fato de os nazistas terem publicado um folhetim escrito por um judeu.

Obviamente, os responsáveis pela *Illustrierter Beobachter*, os editores Max Amann e Hermann Esser, sentiram-se difamados e entraram na Justiça contra o *Post*. Afirmavam que haviam comprado o romance de um nazista austríaco, sem saber que o texto havia sido escrito por outra pessoa. A Justiça bávara aceitou a alegação e considerou os editores "vítimas de fraude".[4] Como a denúncia saíra na primeira página do *Post*, que estava sob a responsabilidade do editor de política, Edmund Goldschagg foi condenado, em setembro de 1932, a pagar uma multa de 500 marcos do reino.

O *Post*, entretanto, já não estava sozinho em sua campanha. Hitler contava com um novo e audacioso adversário na imprensa de Munique, o semanário *Der gerade Weg* (O Caminho Certo), editado por Fritz Gerlich, ex-chefe do *Münchner Neueste Nachrichten*. Depois de converter-se ao catolicismo, convencido dos milagres feitos por uma camponesa bávara, Gerlich passou a editar publicações próprias voltadas para temas religiosos e políticos. Com tiragem de 62 mil exemplares, *Der gerade Weg* foi lançado em janeiro de 1932, expondo logo seu objetivo principal de combater Hitler e o que chamava de "a peste espiritual" do nacional-socialismo. "Instigador, criminoso e louco", escreveu sobre o líder nazista em uma de suas primeiras manchetes.[5]

As eleições para presidente da Alemanha aconteceram em 14 de março. Paul von Hindenburg obteve 49,6% dos votos, e Hitler, pouco mais de 30%. Como faltara a maioria absoluta ao candidato dos partidos democratas, um segundo turno foi necessário. Hindenburg saiu vencedor, conquistando 53,1% dos eleitores.

Apesar do bom desempenho de Hitler, que ficou com 36,7% dos votos, os nazistas decepcionaram-se. Com uma campanha agressiva, as assembleias superlotadas e suas tropas marcando forte presença nas ruas, eles estavam certos da vitória do NSDAP. O resultado mostrava que, apesar da boa votação no norte protestante, haviam sido derrotados na Baviera, em parte por causa da resistência da Igreja Católica, representada pelo respeitado cardeal Michael Faulhaber, um dos maiores críticos dos nazistas no Estado. Os votos mostravam que os bávaros confiavam mais no conservador BVP, do governador Heinrich Held, do que no NSDAP.

A derrota nazista deflagrou uma série de artigos do *Post* que "enterravam" precipitadamente o líder do NSDAP. O jornal destacou em suas páginas a avaliação de sindicalistas e políticos social-democratas, que se mostraria equivocada: "O fim do Terceiro Reich", anunciou em 15 de março; "O fim da conjuntura Hitler", escreveu no dia seguinte, escarnecendo a respeito da evolução do movimento nazista:

> A hitlerite é uma doença que aponta uma curva febril crescente e rápida. Ela ataca de repente, quando o palavrório da suástica contamina partes inteiras do povo, amedrontado com os apuros econômicos. Depois de delí-

rios febris políticos, o doente apresenta recuperação, às vezes rápida, às vezes gradual. O paciente torna-se saudável e a hitlerite parece-lhe depois um sonho ruim.[6]

O otimismo do *Post* aumentou em 13 de abril, quando um decreto assinado por Hindenburg proibiu finalmente a ação das violentas SA e SS. Publicada com destaque pela imprensa, a decisão visava a "manter a segurança e a ordem pública, assim como a garantir a autoridade do Estado". O jornal social-democrata comemorou, anunciando a dissolução do "exército particular de Hitler". Enquanto isso, o nazista *Völkischer Beobachter* manifestava sua indignação com as buscas feitas na "casa parda".[7]

O *Beobachter* passava por uma boa fase. Desde 1927 tinha uma edição para a Baviera e outra para o resto do país. O jornal vinha beneficiando-se do crescimento de sua editora, a Amann, que começava a fazer bons negócios com o *Mein Kampf*, de Hitler, assim como do sucesso da revista *Illustrierter Beobachter*. Também conquistava assinantes entre os filiados do NSDAP, que, em 1932, eram 1 milhão em toda a Alemanha – o país contava na época com 65 milhões de habitantes, aproximadamente.

O jornal nazista circulava agora com cerca de 120 mil exemplares, igualando-se, pelo menos nos números, aos maiores do país. Era uma situação de dar inveja ao *Münchener Post*, que conseguira manter suas seis edições por semana, de doze a catorze páginas, mas continuava reduzindo a tiragem para contornar a crise econômica.

A satisfação do *Post* pelas proibições impostas à SA e à SS, porém, não durou muito. Com a queda do chanceler Heinrich Brüning, do católico Centro, o ex-tenente-coronel Franz von Papen assumiu o governo da Alemanha em 1º de junho de 1932. Papen pertencia à ala monarquista do Centro (mas poucos dias depois deixaria o partido) e iniciava agora, com os nacionalistas do DNVP, um governo minoritário, que funcionaria apenas por meio de decretos-leis. A nova gestão seria logo apelidada de "gabinete dos barões", pois a maioria de seus ministros era de origem nobre. Ao nomear o conservador e autoritário Papen como chanceler, o presidente Hindenburg provavelmente tinha em mente atrair os nazistas, que eram fortes no Parlamento. Hitler, no entanto, não queria um cargo qualquer: desejava assumir ele mesmo a Chancelaria.

A mudança de governo em Berlim logo teve consequências, inaugurando um vaivém de proibições e provocando mais uma onda de violência em todo o país. Pouco depois da nomeação de Papen, em 14 de junho, um novo decreto suspendeu a proibição da SA e da SS no reino. Foi a vez, então, de o próprio governo bávaro proibir as organizações paramilitares nazistas, que não paravam de crescer e haviam se tornado uma ameaça ao Estado. A decisão enfureceu os camisas-pardas. Suas tropas tomaram as ruas de Munique, abrindo uma verdadeira batalha que engajou também policiais e militantes da esquerda. Chegaram até mesmo a ocupar o prédio onde morava o governador Held.

Em 28 de junho, buscando apoio dos nazistas no Reichstag, o governo central suspendeu a decisão da Baviera. A SA e a SS estavam livres para continuar suas ações violentas, que de fato nunca haviam cessado. Era a vez de os social-democratas se revoltarem.

O *Post* mostrou seu lado combatente, tornando-se o órgão oficioso do Front de Ferro, a nova aliança militar republicana. Passou a adotar na capa, junto a seu logotipo, o símbolo da organização, com as três lanças diagonais. Também começou a chamar as mulheres para a aliança – uma novidade, pois elas não costumavam ser bem-vistas nas organizações militares da época. "Já para o Front de Ferro!", conclamava, em anúncios diários, como em 29 de junho:

> Os punhos erguidos dos milhões são como um juramento de fidelidade: os punhos da juventude, dos homens e das mulheres do Front de Ferro são ao mesmo tempo uma proclamação de combate ao adversário político. Ele deve saber que o Front de Ferro trava a luta política com armas intelectuais; mas o punho do Front de Ferro também está decidido a defender-se de ataques violentos.[8]

Adolf Hitler numa manifestação a favor da Primeira Guerra, na Odeonsplatz, no centro de Munique, em foto que teria sido feita em 2 de agosto de 1914 e cuja autenticidade alguns historiadores questionam atualmente. Sem dinheiro e sem profissão, Hitler se alistaria naquele ano no Exército alemão e partiria para o front.

O líder socialista e ex-jornalista do *Münchener Post* Kurt Eisner (assinalado na foto), logo após assumir o governo da Baviera, no final de 1918.

Durante a revolução na Alemanha, o *Münchener Post* publica como manchete da edição de 9 e 10 de novembro de 1918 uma declaração do governo provisório de Kurt Eisner, "Ao povo da Baviera". No artigo editado abaixo dela, o jornal comemora o fim da monarquia no país: "A Europa torna-se republicana".

"Hitler fala!" é o título de foto tirada em 1923, no Zirkus Krone, onde o líder nazista costumava reunir milhares de simpatizantes.

Cartão-postal divulgado pelos nazistas nos anos 1930 encena o confronto travado no Feldherrnhalle, em 9 de novembro de 1923, durante o "golpe da cervejaria". Hitler aparece à frente dos golpistas, como herói, vestindo sua tradicional capa de chuva. Na verdade, ele foi ferido no conflito e afastado do local por correligionários.

Salas do *Münchener Post*, na Altheimer Eck, destruídas pelos nazistas, durante o "golpe da cervejaria", na noite de 8 para 9 de novembro de 1923. Além de furtarem dinheiro e pertences dos funcionários, os invasores depredaram o mobiliário, queimaram jornais e documentos.

Os acusados do "golpe da cervejaria", na frente da escola de infantaria, onde foram julgados, em março de 1924. Da esq. para a dir., o primeiro-tenente Heinz Pernet (enteado do general Erich Ludendorff), Friedrich Weber (líder da organização paramilitar Bund Oberland), Wilhelm Frick (secretário de Polícia de Munique), o tenente-coronel Hermann Kriebel (chefe militar da aliança Kampfbund), Ludendorff (braço direito de Hitler no golpe), Hitler, o primeiro-tenente Wilhelm Brückner (assessor do líder nazista), o ex-capitão Ernst Röhm e o tenente Robert Wagner. À dir., em um longo artigo na capa ("No túmulo da Justiça bávara"), de abril de 1924, o *Post* lamenta e critica o desfecho do julgamento.

Acima, o advogado do *Post*, Max Hirschberg, à época do julgamento do "caso da punhalada"; e o editor-responsável, Erhard Auer, no momento em que deixava o tribunal, em 1925. Ao lado, o advogado Anton Graf von Pestalozza (esq.), que defendeu o editor nacionalista Paul Nikolaus Cossmann (dir.) contra o *Post*.

O editor-executivo do *Post*, Martin Gruber, a caminho do julgamento do "caso da punhalada", no qual era acusado de injúria por Cossmann; e o jornalista Julius Zerfass. À dir., na edição de 13 e 14 de setembro de 1930, o *Post* pede o voto na social-democracia, questionando o que estava em jogo nas eleições para o Reichstag: "Democracia ou ditadura?".

Acompanhado pelo advogado Hans Frank (à dir.), Hitler deixa tribunal após vitória em processo contra a tropa de choque SA, em junho de 1930. Abaixo, o líder nazista e correligionários comemoram os dez anos do NSDAP na cervejaria Hofbräuhaus, em 24 de fevereiro de 1929.

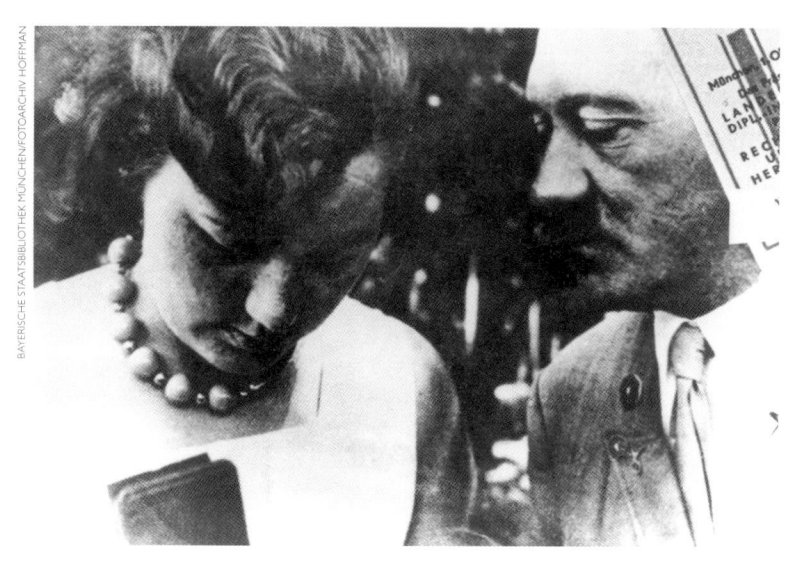

Hitler e sua meia-sobrinha Geli Raubal, por volta de 1930. Ela se suicidou em setembro de 1931, usando uma pistola do tio, supostamente após uma "briga impetuosa" com ele, segundo relataria o *Münchener Post* dias depois.

O líder nazista é conduzido por seu motorista e amigo Emil Maurice (de quepe, ao volante) durante um congresso do partido nazista em Nuremberg, em agosto de 1929.

A Braunes Haus (casa parda), sede do partido nazista em Munique, no início dos anos 1930. O NSDAP inaugurou o prédio de 4.000 m² em janeiro de 1931.

Confronto entre os homens da SA, a guarda nazista, e a polícia de Munique, provavelmente no início dos anos 1930. Sob os efeitos da crise econômica mundial, os conflitos entre grupos radicais de esquerda e direita se acirrariam.

Caricatura de Hitler no *Münchener Post*, publicada em novembro de 1932, depois de o NSDAP perder votos em pleito para o Reichstag. Comparando a queda de popularidade do líder nazista em 1932 com o fracassado "golpe da cervejaria", em 1923, o jornal escreve: "Adolf de quatro novamente!". O jornal também ironiza o fato de Hitler, ao final do "golpe", ter se atirado ao chão, com medo dos policiais.

Em 2 de janeiro de 1933, quatro semanas antes de Hitler conquistar o poder, o *Post* destaca o assassinato do jovem nazista Herbert Hentsch pelos próprios companheiros da SA. "Protejam seus filhos contra as bestas assassinas nazistas!", exclama a manchete.
A capa inteira é dedicada à onda de terror promovida pelas tropas nacional-socialistas.

Nazistas começam a deflagrar boicotes contra comerciantes judeus, em 1º de abril de 1933, dois meses depois de Hitler ser nomeado chanceler da Alemanha.

"Proibido!", diz a manchete do *Post* em 27 de fevereiro de 1933. O diário reproduz decreto da polícia bávara, segundo o qual a proibição do *Post* se baseava na nova lei de "proteção do povo alemão", assinada por Hitler. Em 9 de março, o jornal seria totalmente destruído pelos nazistas.

A rua do *Münchener Post*, a Altheimer Eck, bombardeada em março de 1944, pouco mais de dez anos depois da destruição do jornal. Abaixo, o jornalista Edmund Goldschagg (assinalado na foto), ex-editor de política do *Post*, trabalha na redação do novo *Süddeutsche Zeitung*, improvisada num porão em Munique, em fevereiro de 1947. Esse jornal circula até hoje na Alemanha.

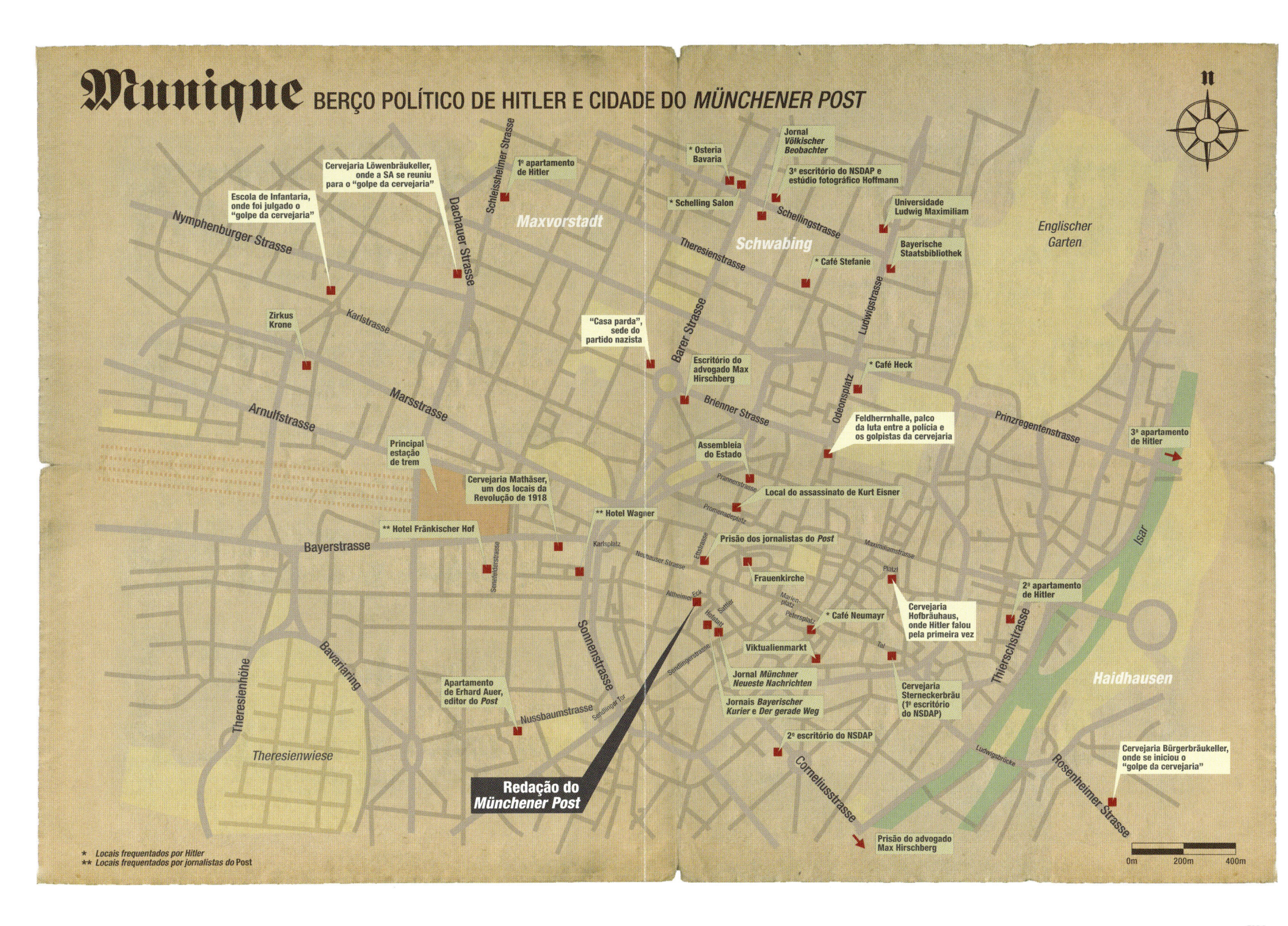

Munique
BERÇO POLÍTICO DE HITLER E CIDADE DO *MÜNCHENER POST*

Maxvorstadt
- Escola de Infantaria, onde foi julgado o "golpe da cervejaria"
- Cervejaria Löwenbräukeller, onde a SA se reuniu para o "golpe da cervejaria"
- 1º apartamento de Hitler
- Zirkus Krone
- "Casa parda", sede do partido nazista

Schwabing
- * Osteria Bavaria
- Jornal *Völkischer Beobachter*
- 3º escritório do NSDAP e estúdio fotográfico Hoffmann
- * Schelling Salon
- Universidade Ludwig Maximiliam
- * Café Stefanie
- Bayerische Staatsbibliothek
- Escritório do advogado Max Hirschberg
- * Café Heck
- Feldherrnhalle, palco da luta entre a polícia e os golpistas da cervejaria
- 3º apartamento de Hitler

Ruas: Nymphenburger Strasse, Dachauer Strasse, Schleissheimer Strasse, Schellingstrasse, Theresienstrasse, Ludwigstrasse, Barer Strasse, Karlstrasse, Marsstrasse, Arnulfstrasse, Brienner Strasse, Prinzregentenstrasse

- Principal estação de trem
- Cervejaria Mathäser, um dos locais da Revolução de 1918
- ** Hotel Fränkischer Hof
- ** Hotel Wagner
- Assembleia do Estado
- Local do assassinato de Kurt Eisner
- Prisão dos jornalistas do *Post*
- Frauenkirche
- 2º apartamento de Hitler
- * Café Neumayr
- Cervejaria Hofbräuhaus, onde Hitler falou pela primeira vez
- Viktualienmarkt
- Jornal *Münchner Neueste Nachrichten*
- Jornais *Bayerischer Kurier* e *Der gerade Weg*
- Cervejaria Sterneckerbräu (1º escritório do NSDAP)
- Apartamento de Erhard Auer, editor do *Post*
- 2º escritório do NSDAP
- Cervejaria Bürgerbräukeller, onde se iniciou o "golpe da cervejaria"
- Prisão do advogado Max Hirschberg

Redação do *Münchener Post*

Bairros: Haidhausen, Theresienhöhe, Theresienwiese, Englischer Garten

Ruas: Bayerstrasse, Sonnenstrasse, Nussbaumstrasse, Bavariaring, Cornelliusstrasse, Rosenheimer Strasse, Thierschstrasse

* Locais frequentados por Hitler
** Locais frequentados por jornalistas do Post

0m 200m 400m

Alemanha (1919-1933)

OS PRINCIPAIS ESTADOS DA REPÚBLICA DE WEIMAR

Impossibilitado de governar sem uma maioria no Parlamento, o chanceler Papen marcou novas eleições legislativas para o final de julho. Hitler mergulhou numa campanha eleitoral intensa, com viagens por toda a Alemanha e participação em pelo menos três grandes comícios por dia. Os nazistas tinham naquele ano uma novidade: um avião de passageiros à disposição do chefe do NSDAP, permitindo que ele comparecesse, num único dia, a eventos em diferentes cidades. Pela primeira vez, os eleitores alemães recebiam um líder político nas pistas de pouso. Hitler descia da aeronave acenando, com um capacete de couro na cabeça. Ao público, parecia um político moderno e onipresente. "O *Führer* sobre a Alemanha", dizia o slogan do partido.

As semanas que antecederam as eleições foram marcadas por conflitos diários entre grupos paramilitares. "O balanço do domingo: 17 mortos e 181 gravemente feridos", noticiou o *Post* na capa de 12 de julho de 1932 sobre os ataques envolvendo homens da suástica, membros do Reichsbanner e comunistas em todo o país. Pela atenção dedicada às batalhas de rua, aos assaltos, às pancadarias e aos tiroteios, o jornal lembrava mais um diário policial do que político.

No domingo seguinte, as notícias pareciam ser as mesmas da semana anterior: tiroteios na Baviera e distúrbios na Prússia. Em Altona, cidade operária perto de Hamburgo, milhares de camisas-pardas da SA puseram-se em marcha em 17 de julho, entrando em conflito com comunistas. O confronto durou várias horas e, controlado apenas com o apoio do Exército, terminou com dezesseis mortos e quase uma centena de feridos. O episódio, que ficou conhecido como "domingo sangrento de Altona", foi o mais violento daquelas eleições.

As principais vítimas da campanha de 1932 foram os comunistas. Só no verão, pelo menos cem militantes do KPD morreram e mais de mil ficaram feridos em conflitos com tropas da SA. Os nazistas também registravam baixas, mas em menor número. Segundo informações da própria SA, que desde 1926 oferecia um seguro de saúde a seus membros, mais de 14 mil camisas-pardas foram tratados por ferimentos em

1932. Entre 1923 e outubro de 1932, 182 homens da SA e do partido foram mortos, sobretudo em batalhas de rua e disputas em cervejarias.

Hitler não interferia nos conflitos, embora sempre defendesse seus homens e tentasse lucrar com o terror que as tropas da SA espalhavam pelo país. Ao mesmo tempo que deixava os jovens da suástica agirem com violência, afirmava ser o único capaz de estabilizar a Alemanha: "Acusam-nos de querer a guerra civil. Em uma Alemanha dominada por nós, não haverá guerra civil. Em uma Alemanha com nossa bandeira, a disciplina e a ordem voltarão a ser a lei máxima".[9]

Outro importante acontecimento marcou aquele verão agitado de 1932. Governada pelos social-democratas desde 1920, a Prússia era tida como um "bastião vermelho" dentro da Alemanha, mas enfrentava dificuldades para manter a coalizão que a sustentava. Apoiado pela comoção em torno dos distúrbios em Altona e alegando pretender restabelecer a ordem e a segurança pública naquele que era o maior Estado da Alemanha, Hindenburg nomeou, em 20 de julho, o autoritário Franz von Papen comissário da região. Além de chanceler, Papen acumulava agora um cargo equivalente ao de governador do Estado, controlando, entre outros órgãos, a forte polícia prussiana.

A decisão, que foi chamada de *Preussenschlag* (golpe na Prússia), feria o princípio federalista e a autonomia dos Estados previstos pela Constituição de Weimar e provocou a indignação da oposição, sobretudo do SPD, também irado com a passividade dos correligionários prussianos, que nem tentaram resistir. Mesmo o governo conservador da Baviera protestou, temeroso de que algo semelhante acontecesse no sul do país. O *Preussenschlag* logo teria graves consequências para a Alemanha, pois o controle da Prússia facilitaria a tomada do poder no país por Hitler, poucos meses depois.

No fim de semana das eleições legislativas, em 31 de julho, o *Münchener Post* lançou mais uma vez a grande questão: "*Liberdade ou ditadura?*", colocando o futuro da Alemanha nas mãos dos eleitores:

Amanhã vocês decidirão o destino das próximas décadas. Vocês devem escolher se querem viver no futuro sob um direito popular ou um direito senhorial; num Estado de grandes proprietários de terra ou num Estado popular; em liberdade ou na escravidão. [...] Nós, social-democratas, nunca estimamos o "melhor amigo da indústria pesada", como Hitler se define com orgulho, o preferido dos príncipes, soberanos e generais. Sempre soubemos que esse suposto homem do povo, que xinga o povo de covarde, inerte e incapaz e ao mesmo tempo corteja seu voto, é o pior inimigo do povo alemão.[10]

A violência dos camisas-pardas e o autoritarismo do governo em Berlim, entretanto, não assustaram os alemães. O NSDAP de Hitler conseguiu tirar milhões de votos dos partidos conservadores mais moderados e tornar-se, finalmente, a principal força política no Reichstag, conquistando 37,3% dos eleitores. O SPD obteve o segundo lugar, com 21,6%, e os comunistas do KPD, o terceiro, com 14,3%. Mais uma vez ficou claro que não eram apenas os desocupados, os marginais e a classe média baixa que davam votos a Hitler. Representantes de todas as camadas sociais, inclusive trabalhadores e empresários, apoiavam agora aquele "caçador de ratos", como escreveria mais tarde Wilhelm Hoegner.[11] O *Post*, contudo, ainda não admitia isso, mencionando apenas os desempregados que lotavam os comícios do NSDAP e alertando para o que chamava de "discursos fraudulentos"[12] do líder nazista.

Apesar da clara vitória nacional-socialista no pleito, Hitler precisou esperar. O presidente Hindenburg negou-se a nomeá-lo chanceler do reino, pois considerava os nazistas violentos e intolerantes. Além do mais, temia a repercussão no exterior; já fazia tempo que as ideias antissemitas e nacionalistas do NSDAP vinham assustando os países aliados. Hindenburg pediu então a "colaboração" de Hitler, oferecendo-lhe a Vice-Chancelaria numa nova gestão Papen. Em vão. O líder nazista recusou-se a participar de coligações e a nomear ministros nacional-socialistas para um governo que não fosse chefiado por ele.

O impasse político continuou, enquanto os alemães assistiam, estarrecidos, ao aumento da miséria no país. Nos meses seguintes, o governo conseguiu tomar algumas medidas para fomentar o emprego, mas que se mostraram ineficazes diante da massa de 6 milhões de pessoas sem trabalho. Nos postos assistenciais, os funcionários eram vítimas de tumultos e mesmo de violência dos desempregados, que diariamente se amontoavam nas filas em busca de algum apoio do Estado.

Na madrugada de 10 de agosto, um assassinato em particular abalou o país. Nove homens uniformizados da SA invadiram a casa do agricultor desempregado Konrad Pietzuch, militante comunista na cidade de Potempa (hoje situada na Polônia), pisoteando-o e espancando-o até a morte, na frente de sua mãe. Os assassinos foram capturados e, no mesmo mês, cinco deles foram condenados à morte. Chocado com a pena concedida pelo juiz, Hitler não hesitou em defender seus camisas-pardas, enviando-lhes um telegrama: "Meus camaradas! Diante dessa decisão sanguinária e monstruosa, sinto-me unido a vocês, num gesto de lealdade ilimitada; sua liberdade é, a partir deste momento, uma questão de honra para nós; a luta contra o governo que tornou isso possível é nossa obrigação".[13]

O *Post* indignou-se: "Com ele [o telegrama], o assassinato de 'marxistas' virou uma questão de princípio, e o senhor Hitler passa a responsabilizar-se por outros assassinatos cometidos por seus ajudantes".[14]

O "caso Potempa", que recebeu atenção da imprensa internacional, contribuiu para que Hindenburg não nomeasse Hitler para a Chancelaria. No entanto, atrás de um acordo com os nacional-socialistas, o presidente transformou, em setembro, a pena dos cinco camisas-pardas em prisão perpétua. Pouco mais de cinco meses depois, os assassinos seriam anistiados pelo novo chanceler da Alemanha, Adolf Hitler.

Foi necessária, porém, mais uma eleição para que o líder nazista chegasse ao poder. Com o Parlamento muito dividido, barrando as decisões de um governo que continuava a agir só por decretos, um novo pleito para o Reichstag foi marcado para novembro de 1932. Incansáveis, os membros do NSDAP deflagraram mais uma campanha de agitação, promovendo uma assembleia após a outra.

Dessa vez, contudo, o avião de Hitler e os comícios barulhentos não eram novidade para os eleitores. As táticas de propaganda nacional-socialista pareciam ter estagnado e vários comícios com o *Führer* não ficaram lotados como nas campanhas anteriores. O NSDAP perdeu 34 cadeiras em relação ao pleito de julho, mas, com 33,1% dos votos, permaneceu o partido mais forte do Reichstag. O SPD continuou em segundo lugar, com 20,4%, e o KPD em terceiro, com 16,9%. Os nazistas viram-se novamente sem a maioria necessária para assumir o poder sozinhos e confrontados com a resistência do presidente Hindenburg em nomear Hitler chanceler.

Uma onda de decepção tomou os simpatizantes e os chefes da casa parda. "Toda uma nação naufragando por causa dos conselheiros de Hindenburg?", perguntava-se o *Völkischer Beobachter*, citando o *Führer* Adolf Hitler.[15] Rumores de golpe voltaram a circular, assim como de conflitos entre os próprios líderes nazistas. Adepto da participação do NSDAP em uma coligação, o segundo homem do partido, Gregor Strasser, rompeu com Hitler logo depois das eleições, em dezembro. Strasser fora responsável pela construção do NSDAP no norte da Alemanha e liderava agora a "esquerda" da agremiação, um pouco mais "socialista" do que previa o programa nazista. Vinha negociando com o governo uma eventual colaboração e até recebera a oferta de ocupar a Vice-Chancelaria, no lugar de Hitler. Strasser, porém, não encontrou apoio entre os demais chefes nazistas e deixou o partido.

Apesar do mau resultado dos social-democratas, o *Post* comemorou a perda de votos dos nazistas e dos conservadores. Com a manchete "Hitler e Papen derrotados", tentava sepultar mais uma vez o líder nazista, considerando a popularidade do chefe do NSDAP coisa do passado: "Mesmo que o movimento fortemente retrógrado do partido de Hitler não leve a um deslocamento substancial das relações de força no novo Reichstag, o resultado eleitoral mostra claramente que a epidemia da suástica atingiu o limite".[16]

Tão lúcido a respeito das ameaças que o nazismo representava para a Alemanha, o órgão social-democrata deixava-se levar, nos pleitos, pela impaciência e pela ansiedade, almejando expelir Hitler o quanto antes do cenário político alemão. A expectativa sobre o futuro da suástica não se confirmou e, alguns dias depois, o jornal teve de noticiar o que chamou de "regateio": as negociações entre o presidente Hindenburg, o novo chanceler Kurt von Schleicher e Adolf Hitler para a formação de um governo que tivesse maioria no Parlamento.

Irredutível, o *Münchener Post* conclamou seus leitores, nas primeiras edições de 1933, para a maior de todas as batalhas: "Nossa tarefa é derrotar Hitler".[17]

A Alemanha aos pés dos nazistas

Já passava das dez e meia da noite quando o jovem Herbert Hentsch, membro da SA de Dresden, na Saxônia, recebeu um telefonema. Três camaradas da organização chamavam-no para um encontro. O rapaz de 26 anos vestiu seu uniforme pardo e despediu-se da mãe, a viúva Klara Bochmann, prometendo não demorar. Ele não voltaria mais para casa. Seu corpo só foi encontrado várias semanas depois daquela noite de 4 de novembro de 1932. Hentsch havia sido espancado e assassinado com um tiro no peito. Amarrado pelas pernas e enfiado num saco plástico cheio de pedras pesadas, seu corpo foi jogado numa represa.

O *Münchener Post* noticiou esse crime tão brutal em 27 de dezembro, num texto na primeira página. Pelos resultados das primeiras investigações, tratava-se de um evidente caso de execução política, daqueles que o diário não cansava de denunciar.

O jornal não perdeu tempo. Tomou as dores da mãe do rapaz e lançou uma campanha para o esclarecimento do crime. Em 29 de dezembro, destacou-o na manchete "Ela acreditava em camaradagem!". Ali reproduziu a carta que Klara Bochmann enviara aos líderes do NSDAP e da SA, Adolf Hitler e Ernst Röhm, antes da descoberta do corpo do filho:

> Os senhores podem imaginar meu sofrimento, minha aflição, se eu, como mãe, perder de repente meu filho, um menino bem-educado, de 26 anos! Na condição de membro do departamento de informação [da SA] em Dresden, ele realizou fielmente seu serviço, durante anos. Por isso eu esperava

que, pelo menos uma vez, algum de seus chefes viesse até mim, trazendo-me consolo e um raio de esperança a meu coração! Nada aconteceu da parte do grande partido! [...] Com o desaparecimento de meu filho, também tiraram o ganha-pão de minha família.[1]

No mesmo texto, o *Post* informou que a mãe de Hentsch ficara sem resposta alguma, seja de Hitler, de Röhm ou de qualquer líder da SA:

Hitler disse uma vez, considerando, naturalmente, a eliminação planejada de muitos marxistas: "Misericórdia não é meu forte!". Agora, a mãe de um homem da SA sente no próprio corpo esse princípio do "grande *Führer*". Muito triste, mas um grito de advertência para as massas que caíram na armadilha![2]

Os nazistas eram então os principais responsáveis pelas execuções políticas que aconteciam no país, os chamados *Fememorde*. Seus ataques, à base de tiros, golpes de cassetete ou facadas, voltavam-se não só contra comunistas e social-democratas, mas também contra jovens da própria SA suspeitos de traição. Foi o que aconteceu com Herbert Hentsch.

O jornal revelou que o jovem queria deixar suas funções na SA, depois de ter arranjado um emprego numa fábrica de cigarros. Isso teria causado a irritação dos principais suspeitos, três camaradas da organização, que só foram encontrados em janeiro de 1933, refugiados em Bolzano, na Itália. Hentsch poderia ter informações comprometedoras a respeito da SA.

"Protejam seus filhos contra as bestas assassinas nazistas", preveniu o *Post* na manchete de 2 de janeiro de 1933:

Com o sangue de Hentsch, o homem da SA morto por assassinos nazistas, o partido de Hitler fechou o ano sangrento de 1932. Na história do povo alemão, esse capítulo permanecerá um dos mais negros. Tão negro, sangrento e vil que precisamos buscar nas páginas sobre a Guerra dos Trinta

Anos para encontrar um exemplo de tamanha barbárie. Assassinato e descaramento. Com essa sombra escura do *Fememord* de Dresden termina um ano no qual não se passou um dia sem terror político e sem derramamento de sangue. Isso é o Terceiro Reich do senhor Hitler.[3]

Na mesma edição, o *Post* trouxe o anúncio fúnebre, também publicado nos jornais de Dresden: "Herbert Moritz Julius Hentsch – Nascido em 25 de abril de 1906 em Dresden, morto por mãos assassinas no início de novembro de 1932".[4] No texto, a mãe de Hentsch acusava os camaradas nazistas de assassinato e concluía: "Lamento imensamente não ter prevenido minha criança querida de não frequentar esses círculos. Em minha dor inexprimível, quero chamar todas as mães: protejam seus filhos de tais elementos!".[5]

O diário retomou o assunto várias vezes em janeiro de 1933, sempre reivindicando uma investigação completa do crime. Logo, porém, foi atropelado pelos fatos políticos, e o triste caso Hentsch caiu no esquecimento.

A atenção dos alemães estava toda voltada para um mesmo evento: a ascensão de Hitler ao governo da Alemanha.

Na noite de 30 de janeiro de 1933, milhares de homens uniformizados, carregando uma tocha acesa na mão, marcharam pelo portão de Brandemburgo, em Berlim. Batendo as botas de maneira imponente, os membros da SA, da SS e da Stahlhelm seguiram rumo à Wilhelmstrasse, onde ficavam os palácios da Presidência e da Chancelaria. Com o braço direito esticado, os homens saudaram o novo chanceler. Treze anos depois de assumir a liderança de um agrupamento marginal, surgido nos fundos de uma cervejaria de Munique, Adolf Hitler alcançara o objetivo que fixara para seu movimento: conquistar o poder na Alemanha.

Não só os berlinenses acompanharam o espetáculo. O chefe da propaganda nazista, Joseph Goebbels, ordenara sua transmissão pelo rádio, que não funcionaria bem em algumas regiões do país, como a Baviera, que só no dia seguinte pôde saber, pelos jornais, os detalhes da ascensão do "ex-tocador de tambor".

Durara apenas dois meses o governo de Kurt von Schleicher, o décimo segundo e último chanceler da República de Weimar. Sem maioria no Parlamento, Schleicher tentara negociar o respaldo dos nacional-socialistas nas primeiras semanas do ano, mas Hitler permaneceu firme em seu propósito de ele mesmo chefiar o governo. Mostrava-se agora fortalecido nas negociações, pois acabara de sair vitorioso de uma eleição no pequeno Estado de Lippe, realizada em 15 de janeiro de 1933. Além disso, vinha recebendo o apoio dos principais industriais, banqueiros e grandes proprietários de terra, que também tentavam intervir junto às autoridades políticas, em busca de um governo estável que tirasse a Alemanha da crise.

Isolado politicamente, Schleicher renunciou em 28 de janeiro, obrigando Hindenburg a agir. Convencido pelo filho Oskar, o presidente concordou em nomear, dois dias depois, o nazista como chanceler. "Chegou a hora. Estamos sentados na Wilhelmstrasse. Hitler é o chanceler do reino. Como num conto de fadas", registrou Goebbels em seu diário, em 30 de janeiro.[6] "Uma data histórica", anunciou na manchete o *Völkischer Beobachter*, no dia seguinte.

Hitler assumiu o poder numa coalizão de extrema direita com o nacionalista DNVP. Concordou em destinar apenas dois ministérios para seu NSDAP: o do Interior do Reino, entregue ao deputado do Reichstag Wilhelm Frick, e o do Interior da Prússia, ao presidente do Parlamento, Hermann Göring, que acumularia o cargo de ministro sem pasta de Hitler. Chefiando esses importantes ministérios, os nazistas passavam a controlar as polícias do reino e da Prússia.

As demais pastas ficaram principalmente para o DNVP, o que deixou seus representantes satisfeitos. Liderados pelo ex-chefe de governo Papen (agora vice-chanceler de Hitler e governador provisório da Prússia) e o novo ministro da Economia e da Agricultura, o industrial Alfred Hugenberg, os demais membros do novo gabinete acreditavam que conseguiriam conter os ímpetos do nazista. Julgavam também que, com o troca-troca costumeiro de chanceleres na Alemanha, seria breve a passagem de Hitler pelo comando do governo.

Os partidos e a imprensa oposicionistas assistiram, estupefatos, à nomeação. Depois do pleito de novembro, estavam certos de que o NSDAP entrava em decadência, por causa das disputas internas e de problemas financeiros – o caixa do partido estava vazio depois das três grandes eleições no ano anterior. Além disso, não acreditavam que o presidente Hindenburg voltasse atrás em sua decisão de entregar o poder ao chefe dos violentos camisas-pardas.

"Tormenta sobre a Alemanha", anunciou o jornal comunista *Die rote Fahne* em 1º de fevereiro, ao mesmo tempo que chamava seus leitores para greves e manifestações de protesto.[7] "O calvário da Alemanha", dizia a manchete do semanário *Der gerade Weg*.[8] Apesar de mais contidas, as publicações liberais também não esconderam sua surpresa em relação aos acontecimentos. O *Münchner Neueste Nachrichten* (então com tiragem de 130 mil exemplares) lembrou, na edição de 31 de janeiro, que tinha "reservas" quanto aos homens que estavam assumindo os mais altos cargos políticos do país.[9] Já o *Frankfurter Zeitung* foi bem mais claro: "Dessa política não podemos esperar nada para o futuro da Alemanha".[10]

"Hitler, o chanceler da indústria e dos grandes proprietários" foi a manchete do *Münchener Post*, em 31 de janeiro. Para o jornal, a ascensão do *Führer* se devia à pressão feita por grandes empresários, "financiadores do partido nazista",[11] para que Hitler aceitasse governar com uma coalizão. O *Post* resumiu para os leitores a composição do novo governo em Berlim: "Cinco nobres, nenhum trabalhador e cheio de reacionários".[12]

Ganhou destaque na edição um apelo do SPD aos operários, chamando-os para a mobilização em torno do grupo paramilitar republicano Front de Ferro:

> Os inimigos da classe trabalhadora, que até poucos dias atrás se combatiam ao extremo, uniram-se para uma luta conjunta contra os operários.

[...] O momento exige a união de todo o povo trabalhador na luta contra os adversários. [Exige] prontidão para o emprego das mais extremas forças derradeiras. [...] Já para o Front de Ferro! Sangue-frio, determinação, disciplina, unidade e mais uma vez unidade são a necessidade da hora.[13]

A repercussão das eleições alemãs na Europa e em outros países foi igualmente forte. O conservador *Temps*, da França, considerou a entrega do poder a Hitler "uma experiência que abriria portas para muitos aventureiros na Alemanha". Para o também francês *Le Figaro*, o novo governo seria o mesmo que "uma faísca num barril de pólvora". O *Herald Tribune*, ligado ao *New York Times*, falou de uma "surpresa desagradável". O *Times*, da Inglaterra, percebeu que Hindenburg corria um grande risco com sua decisão.[14]

Hitler esperou pacientemente para fazer seu primeiro pronunciamento como chanceler. A data escolhida foi 10 de fevereiro, e o local, o Palácio dos Esportes, em Berlim, onde ele falou para mais de 10 mil pessoas, que o saudavam com gritos de "*Heil!*". Num discurso inflamado, que milhões de pessoas ouviram pelo rádio, convocou os alemães para as "grandes tarefas" que tinham pela frente: "Ele [o povo] nunca deve acreditar que liberdade, felicidade e vida caiam de repente do céu. Tudo está arraigado na própria vontade, no próprio trabalho". Interrompido por aplausos calorosos, afirmou que seu principal objetivo era garantir a existência do povo alemão e de seu território: "Só isso pode ser para nós uma finalidade de vida".[15]

Como nos arranjos anteriores, a coalizão de direita não tinha a maioria das cadeiras do Reichstag, onde os social-democratas do SPD e os comunistas do KPD formavam forte oposição. Os novos governantes buscaram o apoio do partido católico Centro, mas este se negou a participar de uma gestão encabeçada por Hitler. Outras eleições foram então marcadas para 5 de março. O novo chanceler dizia a Hindenburg que seriam "as últimas eleições", o que o chefe de Estado entendia como promessa de um governo estável. Não imaginava que o líder nazista pretendia, passado o pleito de março, acabar de vez com a democracia no país.

Até as eleições, entretanto, Hitler precisava conter a fúria da oposição, sobretudo dos comunistas. Convenceu Hindenburg a assinar, em 4 de fevereiro, um "decreto para a proteção do povo alemão", que proibia assembleias políticas e publicações que colocassem em risco a segurança pública, além de conceder plenos poderes ao ministro do Interior do Reino, Wilhelm Frick. Por limitar a liberdade de reunião e de expressão, a lei chocou os adversários. "Trabalho e pão? Não, decreto contra o direito e a liberdade", atacou o *Post* em 7 de fevereiro. "Lei de exceção contra a classe trabalhadora", escreveu o comunista *Die rote Fahne* no dia 8. Também os jornais liberais criticaram o documento, destacando em suas páginas os protestos das associações de imprensa da Alemanha.

Sob a chefia do editor-responsável Erhard Auer e do editor de política Edmund Goldschagg, o *Post* mobilizou todas as suas forças contra Hitler. Ele precisava ser derrotado, a qualquer custo, nas urnas. Denunciando a violência dos nazistas nas ruas, desde Berlim até os vilarejos mais longínquos, as páginas do jornal encheram-se de crimes. No texto "A Alemanha sob Hitler: mortos, mortos, mortos!",[16] listou os ataques e assassinatos registrados nos dias anteriores, entre eles em Frankfurt, Braunschweig e Breslau, durante confrontos entre nazistas e seus adversários: "Desde que Hitler e 'seu povo' assumiram o governo, acumulam-se os assassinatos políticos e os homicídios. Não há um dia sem vítimas, mortas no âmbito da luta política. Por todos os lados acontecem atos de violência e de terror do partido governamental da suástica".[17]

O *Post* também atacava as medidas autoritárias do novo governo, alertando para as ameaças que punham em risco a liberdade de imprensa. Em 16 de fevereiro, anunciou a proibição por vários dias do *Vorwärts*, então o principal jornal social-democrata na Alemanha, assim como de outras publicações do SPD. Os artigos e notas foram tantos que o próprio *Post* acabou sendo vítima de perseguição e, em 26 de fevereiro, foi proibido de circular. Coberta com uma tarja preta, sua edição de 27 de fevereiro trazia apenas um comunicado curto da polícia de Munique, que nem justificava a proibição, avisando apenas que ela se baseava na nova lei de "proteção do povo alemão".

Esse dia, no entanto, não teria significado apenas para o *Münchener Post*. Também marcaria a história da Alemanha.

Na noite de 27 de fevereiro, um incêndio criminoso destruiu o Reichstag, em Berlim. Em questão de minutos, o prédio do Parlamento ficou em chamas, espalhando um clarão vermelho no céu da cidade.

O fogo começou por volta de nove da noite no restaurante da instituição e logo foi controlado. Entretanto, havia na sala do plenário outros focos de incêndio, que se espalharam rapidamente por todo o edifício. Todos os carros de bombeiros de Berlim acorreram ao Reichstag, já tomado pelas chamas. O fogo só foi extinto depois da meia-noite, e o resultado, estampado no dia seguinte pelos jornais, era desolador: um dos símbolos da democracia alemã estava em ruínas.

A polícia prendeu, no local do crime, o holandês Marinus van der Lubbe, um pedreiro de 24 anos, meio cego, que depois de atear fogo no prédio entregou-se, exausto, aos homens que faziam a guarda do Parlamento. O jovem confessou ter agido sozinho. Simpatizante dos comunistas, ele fora para Berlim semanas antes, com o intuito de protestar contra o novo governo nazista, achando que encontraria a capital da Alemanha em clima de revolução. Antes do Reichstag, tentara incendiar outras instituições da cidade, como a Prefeitura, mas em todos os casos o fogo foi controlado tão rapidamente que os fatos não chamaram a atenção da polícia. Van der Lubbe já estava decidido a voltar para seu país quando resolveu cometer mais uma de suas ações. Não imaginava as consequências que a destruição do Reichstag teria para a Alemanha e também para sua vida: condenado à morte, ele foi enforcado um ano depois.

As investigações policiais indicaram apenas Van der Lubbe como autor do crime, mas os nazistas logo divulgaram sua versão do episódio: o holandês estaria a serviço dos comunistas, e o incêndio seria obra de uma "conspiração marxista". Apesar de desprezarem o Reichstag como símbolo da democracia de Weimar, os novos governantes sentiam-se legitimados para atacar fortemente seus adversários, sobretudo os membros do KPD.

Após a Segunda Guerra, alguns historiadores apontariam os próprios capangas da SA como responsáveis pelo incêndio do Reichstag. Foi o caso do americano William L. Shirer, autor do clássico *Ascensão e queda do Terceiro Reich*, para quem Van der Lubbe teria sido apenas um instrumento dos nazistas.[18] Hoje, entretanto, a maioria dos especialistas, alemães e estrangeiros, concorda que o incêndio foi provocado exclusivamente pelo jovem holandês.

No dia seguinte ao incêndio, o presidente Hindenburg assinou outro "decreto para a proteção do povo alemão", revogando os direitos civis previstos pela Constituição de Weimar. Visando à "defesa contra atos de violência e de caráter subversivo dos comunistas", a lei limitava ainda mais a liberdade de expressão e de reunião, além de permitir buscas e sequestros de bens. Também possibilitava ao governo central intervir nos Estados, caso estes não cumprissem as medidas ali previstas para garantir a segurança e a ordem pública – determinação que, mais tarde, ajudaria o líder nazista a tomar o poder nos lugares que não eram governados por nacional-socialistas. Com esse segundo decreto, Hitler começou a implantar sua ditadura na Alemanha.

Foi desencadeada então uma nova onda de perseguição e terror contra os inimigos dos nazistas. Todas as publicações do KPD, entre elas *Die rote Fahne*, foram proibidas definitivamente, e centenas de comunistas, detidos ou assassinados nos dias seguintes ao incêndio.

O governo aproveitou para atacar os social-democratas, proibindo publicações do SPD e decretando a "prisão preventiva" de muitos líderes do partido, dos sindicatos e do grupo paramilitar Reichsbanner. Vários social-democratas fugiram no início de março para o exterior, sobretudo para Praga, na Tchecoslováquia, e Salzburgo, na Áustria, de onde tentariam iniciar uma resistência. Calcula-se que mais de 45 mil pessoas tenham sido presas na Alemanha em março e abril de 1933. Muitas dessas prisões eram arbitrárias, frequentemente motivadas por vingança pessoal, segundo a historiadora Barbara Distel.[19]

Com a perseguição em massa, os presídios das grandes cidades ficaram superlotados. Os nacional-socialistas começaram então a improvisar o que mais tarde se tornaria o principal instrumento de repressão do regime totalitário: os campos de concentração. O primeiro deles foi instituído em 3 de março no vilarejo de Nohra, vizinho de Weimar, a cidade-símbolo da República que os nazistas estavam agora despedaçando.

Nas semanas seguintes, surgiram os campos de Oranienburgo, numa antiga fábrica de cerveja dos arredores de Berlim, e de Dachau, numa fábrica de munição desativada, no norte de Munique. Nos primeiros tempos, os "campos de reeducação" receberam sobretudo políticos, jornalistas e sindicalistas, muitos deles judeus. Mais tarde, se multiplicariam tanto na Alemanha como nos países ocupados durante a Segunda Guerra e se tornariam campos de extermínio, as chamadas "fábricas da morte", onde milhões de pessoas seriam assassinadas até 1945.

A propaganda nazista também não perdeu tempo para tirar proveito do choque que o incêndio no Reichstag provocara na população. "A obra dos comunistas", anunciou em 1º de março o *Völkischer Beobachter*, ilustrando seus artigos com fotos enormes do prédio destruído. Milhões de cartazes do NSDAP foram espalhados pelo país. Um deles dizia:

> O Reichstag em chamas. Queimado por comunistas. O mesmo aconteceria em todo o país se os comunistas e seus aliados social-democratas tomassem o poder, ainda que por pouco tempo. [...] Esmaguem os comunistas. Fulminem os social-democratas. Elejam Hitler, lista 1.[20]

Além de espalhar o medo, a campanha nazista insistia numa aliança entre comunistas e social-democratas, insinuando que também os militantes do SPD estariam envolvidos no incêndio do Reichstag. A provocação indignou tanto os social-democratas como os jornais da imprensa burguesa. O respeitado *Frankfurter Zeitung*, citado pelo *Post*, escreveu:

É totalmente absurdo querer responsabilizar a social-democracia por tal atentado e fazer dela um partido terrorista. É uma arbitrariedade que despreza a história da social-democracia e que será interpretada por todos os membros do SPD como uma das maiores injustiça feitas ao partido.[21]

Apesar de suas origens comuns, desde o final da Primeira Guerra social-democratas e comunistas combatiam uns aos outros. Agora, diante das medidas autoritárias tomadas pelo novo governo, os comunistas pediam a união dos trabalhadores, procurando cooptar os simpatizantes social-democratas. Uma tentativa de aproximação ocorreu entre os políticos, mas eles não conseguiram superar as divergências e a animosidade da década anterior. Antes da proibição de seus jornais, os comunistas alfinetaram a liderança do SPD até o último momento. Às vésperas de ser fechada, a publicação *Die rote Fahne* insinuara haver uma colaboração dos chefes social-democratas da Prússia com o novo governo de extrema direita: "Operários do SPD, seus líderes solidarizam-se com os ministros nazistas! Solidarizem-se com seus companheiros de classe comunistas nessa luta conjunta!".[22]

Os social-democratas não deixavam por pouco. Se, no dia seguinte ao incêndio, o jornal *Vorwärts* fora cauteloso na cobertura do caso, nas demais edições sugeriu a cumplicidade dos comunistas do KPD no crime. Afirmou que o jovem holandês demonstrara conhecer bem demais a cidade de Berlim para ter agido sozinho.

O *Post* voltou a circular em 3 de março e, em face das eleições iminentes, escancarou na manchete: "Não nos deixemos intimidar! Não vamos desistir!", pedindo votos para a lista 2, da social-democracia. Além de trazer páginas de denúncias sobre a violência e a arbitrariedade da nova gestão em Berlim, criticou a perseguição contra a imprensa, aproveitando para fazer um autoelogio: "A Munique política sentiu muita falta do *Münchener Post* nesses dias. Podemos constatar isso sem presunção. Pois o *Münchener Post* é o único jornal que ousa citar nomes na atual situação que vive a Alemanha, apesar das ameaças dos detentores do poder em Berlim".[23]

Naquelas semanas, a redação na Altheimer Eck tornou-se ponto de encontro dos social-democratas de Munique e de Berlim. Vários deputados do SPD achavam-se mais seguros na Baviera do que na capital do reino, onde as tropas da SA assumiam cada vez mais o papel de "polícia auxiliar" na perseguição aos adversários de Hitler. Na sala que ocupava junto à redação, o editor e líder do SPD Erhard Auer fazia sua avaliação dos acontecimentos também para correligionários estrangeiros que o procuravam, preocupados com a situação.

O chefe do *Münchener Post* gostava de afirmar que não temia os nacional-socialistas e que os social-democratas já haviam sofrido muitas perseguições em sua história para se sentirem ameaçados. Menosprezando o poder e as intenções de Hitler, irritaria muitos correligionários, como Wilhelm Hoegner, e decepcionaria os que nele haviam confiado.

Próximo de Auer desde o início dos anos 1920, Hoegner mostrava reservas quanto ao otimismo cego do editor do *Post*, mas se manteve fiel ao político naquelas semanas de perseguição. Entretanto, em suas memórias, publicadas na década de 1970, não poupou críticas ao amigo. Segundo ele, durante os encontros de março de 1933, Auer mencionava as "dificuldades" da situação na Alemanha, porém preferia rememorar os tempos melhores do passado. Dessa maneira, acabava iludindo seus interlocutores, que deixavam a redação do *Post* achando que a Baviera estava isenta das ameaças:

> O pai Auer, como diziam seus bajuladores, era perfeito para simular as últimas esperanças da moribunda social-democracia alemã e aliviar sua agonia. [...] Seu sentimento de força natural e o bom humor regado a cerveja desviavam-no para uma reflexão otimista demais sobre as coisas e para promessas que não conseguia cumprir. Assim ele perdeu com o tempo seu crédito político.[24]

No fim de semana das eleições, o *Post* fez um apelo desesperado a seus leitores, pedindo votos "para a liberdade e o direito". Descrevia a situação no Estado da Prússia, que no ano anterior sofrera a intervenção do governo autoritário de Papen e cuja polícia Hermann Göring agora controlava: "[A situação] mostra como se governa no Terceiro Reich. O que vemos nós? Assassinatos e mais assassinatos dia após dia, incêndios criminosos, assaltos políticos até mesmo em casas particulares, proibições de reuniões e de jornais que passam de centenas".[25] Também alertava os operários: "[A Alemanha] será governada de forma capitalista. Disso cuidará o senhor Hugenberg, o ditador da economia nomeado por Hitler. São condições que golpeiam qualquer compreensão de direito e justiça na vida política".[26]

Num artigo interno, intitulado "O Terceiro Reich na Itália", trouxe um balanço dos dez anos do governo fascista de Benito Mussolini, buscando fazer um paralelo com o que poderia acontecer na Alemanha de Hitler: a eliminação dos opositores políticos, o fim do sistema parlamentarista e dos sindicatos. Observava que, apesar das promessas do fascismo, a situação dos trabalhadores na Itália não era melhor do que em outros países. "Eleitor, deverá ser esse seu futuro?", perguntava.[27]

O pleito de 5 de março de 1933, no qual pela oitava vez em doze anos os alemães escolheram um novo Parlamento, selou a derrota dos grupos da esquerda na Alemanha. Apesar de perseguidos, os comunistas do KPD tiveram 12,3% dos votos, mantendo o terceiro lugar na preferência do eleitorado. O SPD permaneceu como a segunda maior bancada, com 18,3% cadeiras. Depois de fazer uma campanha agitada e personalizada, mostrando Hitler como o salvador da pátria, o NSDAP conquistou 43,9% dos votos, crescendo quase 11 pontos percentuais. Unindo-se à aliança nacionalista liderada pelo antissemita DNVP (8%), os nazistas obtiveram assim, mesmo que de maneira apertada, a base parlamentar necessária para governar. Ficou claro que uma enorme parcela dos alemães havia abandonado a confiança na democracia e no parlamentarismo.

As eleições demonstraram que o NSDAP havia ampliado o número de simpatizantes em toda a Alemanha, inclusive nos lugares onde costumava enfrentar resistência. Foi o caso de Munique e da região da Baviera, que Hitler chamava de "berço" do nacional-socialismo, mas que até então haviam se recusado a confiar naquele agitador de cervejarias. O bom desempenho do NSDAP na Baviera, com 43,1% dos votos, escandalizou os que consideravam o Estado imune ao movimento pardo. Pela primeira vez, os nazistas haviam batido o católico BVP e os social-democratas do SPD. "Uma vitória sem precedentes", comemorou o *Völkischer Beobachter* em 6 de março.

"A tropa de elite do SPD permanece inabalada", escreveu o *Post* no mesmo dia, decidindo-se por uma manchete otimista, como se ainda visse alguma esperança. Provavelmente de autoria de Goldschagg, o texto ponderou que os social-democratas haviam perdido poucos votos (dois pontos percentuais), consideradas a campanha sórdida feita pelos nazistas por conta do incêndio no Reischstag e a perseguição sofrida pela oposição nas semanas anteriores. Atribuiu a vitória nacional-socialista aos métodos "brutais" usados pelo NSDAP e pela SA, sobretudo na Prússia, como a proibição de jornais e de panfletos políticos. Das 192 publicações social-democratas existentes no país, apenas oito teriam circulado às vésperas da eleição: "Temos a convicção de que, passado esse delírio político, para o qual foram puxados amplos setores da população, logo chegará o dia no qual a razão política retornará. E esse será nosso dia".[28]

Com a imprensa comunista já eliminada, apenas os jornais social-democratas, os sindicais e os do partido católico Centro, também avesso aos nacional-socialistas, ainda resistiam às pressões e ameaças. Apesar de céticos em relação à trupe que assumira o poder no país, as publicações liberais tentavam se adaptar à nova situação. Para o *Frankfurter Zeitung*, o pleito de 5 de março mostrava a confiança do eleitor alemão no novo governo nacional-socialista: "O chanceler Hitler tem o direito de atribuir esse resultado sobretudo ao partido que ele criou [...]. A habitual tática política do nacional-socialismo está colhendo os frutos que plantou: o movimento ganhou o poder por caminhos legais e democráticos".[29]

Para quem estava na oposição em março de 1933, a situação era desesperadora. Milhares de políticos e militantes foram presos ou fugiram para o exterior. Os que permaneceram livres e na Alemanha testemunharam o crescimento vertiginoso do partido nazista naquelas semanas e nas seguintes. Se, no final de 1932, o NSDAP contava oficialmente com menos de 1 milhão de filiados, um ano depois esse número quase quadruplicaria.

Ao mesmo tempo que as tropas da SA e da SS aterrorizavam os adversários, Hitler continuava a tomar medidas para consolidar seu poder. Ele ainda não tinha o caminho totalmente livre, pois faltava assumir o controle dos Estados resistentes a governos nacional-socialistas, localizados principalmente no Sul católico.

Com exceção da Prússia, os Estados alemães gozavam de certa autonomia, mantendo uma polícia própria. Sem dominá-los, seria difícil criar um governo autoritário, como o líder nazista planejava. Em 8 de março, valendo-se dos decretos que o presidente Hindenburg assinara, Hitler enviou um comissário do reino para assumir funções importantes na Saxônia e nos Estados de Baden e Württemberg. Como acontecera na Prússia no ano anterior, alegava que era preciso "garantir a ordem" naquelas regiões. No dia seguinte, fez o mesmo com a Baviera.

Nas semanas agitadas de março, temendo que ocorresse no Estado bávaro algo semelhante ao *Preussenschlag*, o golpe contra a Prússia, os políticos chegaram a apelar às inclinações monarquistas do presidente Hindenburg, propondo a ele um acordo que sugeria a volta do príncipe herdeiro Ruprecht ao poder. Os católicos do BVP deixavam claro: antes um monarca do que um nazista.

Também os social-democratas bávaros foram incluídos nas discussões, como admitiu na época o líder Erhard Auer. Às vésperas da nomeação de Hitler, o *Post* tratara do tema na capa, num artigo de Wilhelm Hoegner intitulado "A Baviera, um reino monárquico?". O deputado mostrava-se cético quanto à ideia de restauração da monarquia no Estado, ressaltando as dificuldades legais que isso pressupunha. A mobilização em torno da proposta não foi suficiente para impedir a intervenção na Baviera. Era tarde demais para a volta do príncipe.

O *Post* despedaçado

Em 9 de março de 1933, Adolf Hitler conquistou finalmente a Baviera, o Estado onde começara a carreira política – sua "pátria adotiva", como gostava de dizer. Às sete horas da noite, o vereador nazista Max Amann apareceu na sacada da Prefeitura de Munique, na Marienplatz, e anunciou a nomeação, por Hitler, do general Franz Xaver Ritter von Epp como comissário do reino. Quando deixou a sacada, aclamado pelos camisas-pardas da SA e pelo povo ali reunido, uma longa bandeira da suástica já havia sido desenrolada na torre da Prefeitura. Não se viam policiais no local. O caminho estava livre para os homens da SA se espalharem pela cidade e ocuparem os principais prédios públicos da cidade, sempre hasteando a bandeira do NSDAP.

Epp era conhecido dos bávaros por ter liderado, durante a revolução, um dos corpos de voluntários que combateram os comunistas em 1919. Ele partiu para a Baviera munido de amplos poderes e apoiado pelo líder da SA, Ernst Röhm, e pelo *Gauleiter* Adolf Wagner, chefe do NSDAP de Munique. Apesar de o Estado ainda ter um governador, o novo comissário nomearia políticos do partido nacional-socialista para cargos ministeriais e para a chefia da polícia, que logo seria entregue a Heinrich Himmler.

O governador Heinrich Held só recebeu o comunicado oficial da nomeação de Epp pouco antes das nove da noite, quando os nazistas já comemoravam a tomada do poder nas ruas centrais de Munique. Apesar de renitente no primeiro momento, Held não organizou forma de resistência alguma e se afastou do cargo seis dias depois, alegando problemas de saúde. Em pouco tempo, a Baviera estava sob a égide nacional-socialista.

A agitação de 9 de março não se limitou às comemorações dos nazistas nas praças. Os homens da SA decidiram atacar os velhos adversários do NSDAP, espalhando o terror pela cidade. Decretaram a "prisão preventiva" de vereadores social-democratas e militantes comunistas, sem dar-lhes o direito de defesa. Com o apoio da polícia estadual, ocuparam a Confederação dos Sindicatos, na Pestalozzistrasse, próxima à redação do *Post*, e lá prenderam vários membros do Reichsbanner. A resistência de alguns deles foi em vão: os guardas republicanos foram obrigados a sair em filas, de cabeça baixa, sob os gritos sarcásticos dos capangas de Hitler, situação vergonhosa para os militantes, já que muitos deles eram soldados condecorados, orgulhosos de sua organização.[1]

As próximas vítimas foram os adversários do líder nazista na imprensa. O primeiro jornal a ser atacado foi *Der gerade Weg*, do católico Fritz Gerlich, na Hofstatt, rua que ficava nos fundos do prédio do *Post*. Os camisas-pardas destruíram a redação e levaram preso o jornalista, que encontraram trabalhando como se nada de ameaçador estivesse acontecendo na cidade. Em seguida, ocuparam o conservador *Bayerischer Kurier*, órgão do partido católico BVP, cujas instalações eram vizinhas às da publicação de Gerlich. Por fim, chegaram ao número 19 da Altheimer Eck.

Os homens da SA arrombaram os portões e invadiram o prédio que abrigava a editora Birk & Co., o apartamento do gerente Ferdinand Mürriger e a redação do *Münchener Post*. Despedaçaram as instalações do jornal e, com os documentos e papéis recolhidos na redação, fizeram na entrada uma grande fogueira. Havia uma bandeira da editora hasteada na frente do prédio. Os nazistas arrancaram-na, levaram-na para o monumento do Feldherrnhalle e queimaram-na, enquanto as pessoas em volta soltavam gritos de júbilo. Dez anos atrás, a praça Ferldherrnhalle fora palco da derrota dos nazistas. Agora, ela se tornava o centro de suas comemorações. A polícia fechou os olhos à destruição na Altheimer Eck, que só terminou depois da meia-noite, quando os agressores trancaram o prédio e deixaram um guarda fazendo a vigia. Pela manhã, a SA voltou para interditar a rua, por causa da multidão de curiosos no local.

A destruição do *Post* e do semanário *Der gerade Weg* foi noticiada sem estardalhaço nos outros jornais da cidade. Temendo retaliações, mesmo o *Münchner Neueste Nachrichten*, que nos últimos anos vinha criticando a violência nacional-socialista, limitou-se a uma pequena nota em 10 de março. No dia 11, informou que uma faixa fora pendurada na entrada do prédio da Altheimer Eck, anunciando a instalação de um centro de lazer da SA. "Não se espera para brevemente a publicação do *Münchener Post*", acrescentou.[2]

Longe da redação e da residência naquela noite trágica, os principais jornalistas do *Post*, Erhard Auer, Edmund Goldschagg e Julius Zerfass, conseguiram escapar da SA. O editor Martin Gruber havia se aposentado no ano anterior, aos 66 anos, e ficou milagrosamente livre da perseguição. Como ocorrera em 1923, o apartamento de Auer foi revirado pelos nazistas. Dessa vez, porém, eles encontraram ali apenas a empregada. Para não sair de mãos abanando, decidiram levá-la para a casa parda.

Exausto com os acontecimentos do dia, o deputado Wilhelm Hoegner tomou uma decisão arriscada: foi dormir em casa. Os capangas de Hitler saíram a sua procura durante a madrugada, mas não tinham seu novo endereço.

O advogado do *Post*, Max Hirschberg, não teve a mesma sorte. Menosprezando a perseguição, também decidiu ir para casa. Pouco depois das quatro horas da manhã, foi acordado por dois policiais anunciando sua prisão. Ao subir para o quarto para se vestir, aproveitou para ligar secretamente para o colega Philipp Löwenfeld. Pediu que este o representasse na Justiça e o substituísse nos compromissos do dia. Hirschberg foi levado para uma delegacia, onde respondeu a perguntas de rotina, e depois para a prisão Cornelius, em Munique. Ficaria encarcerado por quase seis meses.

Poucos dias depois da destruição do *Post*, Auer resolveu viajar para Salzburgo, na Áustria, acompanhado de Wilhelm Hoegner, a fim de discutir a situação alemã com correligionários exilados. Eles poderiam ter ficado lá, mas os dois social-democratas decidiram voltar a Munique. "Não aguentamos ficar sentados em Salzburgo, lendo jornais e tomando café, enquanto a Alemanha pegava fogo", contou Hoegner em suas memórias.[3]

Corajoso e persistente, Auer começou a lutar pela liberação do *Post*, depois que retornou à capital. O editor cogitara usar o *Volkszeitung*, um jornal social-democrata de Augsburgo, no oeste de Munique, como substituto do *Post* na luta contra a repressão nazista. No entanto, também o *Volkszeitung* seria destruído, só restando a Auer apelar pessoalmente às novas autoridades que assumiam o poder na Baviera e no país.

Em 16 de março, o social-democrata mandou um telegrama para o governo em Berlim, protestando contra a ocupação do *Post* e da sede dos sindicatos em Munique. Quatro dias depois, enviou um telegrama para o Ministério do Interior do Reino. No dia 22, encaminhou uma carta para o Ministério do Interior da Baviera, reclamando da busca feita em sua casa.

Decidiu se dirigir ao comissário do Estado, o general Ritter von Epp. Numa carta de quatro páginas datada de 31 de março, lembrou-o de que o prédio do jornal era uma propriedade privada, onde trabalhavam 180 pessoas, agora desempregadas: "Não posso acreditar que seja do interesse do governo e de Vossa Excelência obrigar pessoas inocentes, com suas famílias, a viver sem pão".

Auer também calculava os prejuízos da destruição do jornal e de sua editora em "centenas de milhares" de marcos do reino. Por fim, pedia a intervenção de Epp para a absolvição de correligionários social-democratas com problemas de saúde:

Entenda meus pedidos não como reclamação, mas como expressão de minha preocupação com a evolução pacífica e saudável de nossa pátria bávara. Meu ponto de vista básico sempre foi este, em todas as situações: a justiça e a caridade devem ter sempre um lugar em qualquer sistema estatal.[4]

O pedido não surtiu efeito. A SA não só permaneceu na Altheimer Eck, como tentou pedir à seguradora do *Post* que assumisse os gastos com a reforma do prédio destruído. O fato indignou os jornalistas, que pareciam não desistir de sua luta e decidiram reivindicar do Estado uma indenização. Auer achou que isso poderia levar as autoridades a liberar o jornal. Cálculo errado: a polícia aproveitou a audiência dos acusados com um juiz para fazer uma detenção coletiva, em 16 de junho de 1933. Em seu diário, o fotógrafo húngaro Stefan Lorant, encarcerado na mesma cadeia, contou o que teria dito um dos policiais aos jornalistas do *Post* na hora da prisão: "Vocês parecem tão bem juntos... Melhor impossível para nós. Já para a polícia!".[5]

Edmund Goldschagg, Julius Zerfass, Eugen Kirchpfening, Carl Sotier, Friedrich Göhring, Jakob Eisenschink e Hermann Esswein foram levados para a cadeia da Ettstrasse, onde um comissário os recebeu com uma reprimenda: "Vocês ainda querem dinheiro pelo trabalho conspirador que fazem? Nossa resposta para tal atrevimento é a prisão preventiva".[6]

A maioria deles passou quase uma semana numa pequena cela, onde não havia cadeira ou mesa. Além disso, como registrou o fotógrafo Lorant, não podiam comprar comida na cantina nem fumar.

Enquanto isso, a situação política em Berlim ficava cada vez mais sinistra, com as medidas de Hitler levando a Alemanha rápida e claramente rumo à ditadura. Em 23 de março de 1933, o Reichstag, reunido numa ópera da cidade depois da destruição de sua sede, aprovou a *Ermächtigungsgesetz* (Lei de Concessão de Plenos Poderes), que autorizava o governo a promulgar leis sem consultar o Parlamento ou depender da assinatura do presidente. Não foi difícil para os partidos de direita reunidos em torno do chanceler aprovarem a nova lei, pois praticamente não enfrentavam mais oposição: todos os deputados comunistas haviam perdido o mandato após o incêndio no Reichstag e muitos social-democratas tinham sido presos ou se exilado do país. Hitler também conseguira convencer os hesitantes parlamentares do partido Centro, garantindo-lhes que não perseguiria as instituições católicas. A marcha intimidadora que a SA promoveu durante a plenária no Parlamento não impediu que 94 deputados social-democratas votassem contra a lei.

Naqueles tempos difíceis, os social-democratas de Munique encontravam-se secretamente num restaurante da Lenbachplatz, na Casa dos Artistas, à qual eles se referiam, entre si, como "palácio dos lagos", para não chamarem a atenção da polícia e dos camisas-pardas. Reuniam-se numa sala separada do salão principal, perto de uma saída para os fundos, a fim de poderem escapar facilmente quando chefes nazistas chegavam ao local para jantar.

Numa ocasião, quando se reuniam numa sala dos fundos do "palácio dos lagos", Auer e Hoegner foram avisados de que o novo chefe da polícia bávara, Heinrich Himmler, também estava ali, bebendo vinho com um assessor. Segundo Hoegner, Auer teria ameaçado usar o revólver que sempre levava no bolso, mas mudou de ideia:

> Não éramos bandidos, não atirávamos em pessoas pelas costas. As consequências de um assassinato de dois nacional-socialistas seriam terríveis para os social-democratas nas prisões e nos campos de concentração. Então pagamos a conta e deixamos o "palácio dos lagos" pela porta de trás.[7]

Depois de ser solto da prisão de Ettstrasse, Goldschagg mandou a mulher e o filho de três anos para Freiburg, em Baden, na fronteira com a França, onde morava o restante da família. Nos Estados mais liberais de Baden e Württemberg, no oeste da Alemanha, a situação não se mostrava ainda tão violenta como em Berlim e na Baviera.

Temendo novas perseguições, o jornalista dormia sempre fora de casa, escapando assim dos assaltos noturnos que a SA gostava de promover. Aparecia em seu apartamento só durante o dia, por algumas horas. Numa noite de março, um destacamento da polícia de Himmler chegou com vários carros à Prinzenstrasse, trazendo até mesmo holofotes para iluminar do alto dos prédios a rua onde ele vivia. "Como Goldschagg não estava lá, eles saquearam o apartamento, jogaram pela janela os livros da biblioteca que ele montara tão cuidadosamente durante anos e carregaram os bens capturados em um caminhão", conta o biógrafo Hans Dollinger.[8] O ataque não intimidou Goldschagg, que permaneceu em Munique, onde continuaria assistindo à ação violenta das tropas nazistas.

Em 1º de abril, o governo nacional-socialista deu mais um passo na política de privar profissionais judeus de seus direitos, conclamando a população a boicotar suas lojas, seus consultórios médicos e seus escritórios de advocacia. Pichando paredes e vitrines com a estrela de Davi, símbolo do judaísmo, e palavras agressivas, homens da SA impediam, com ameaças, a entrada nesses locais. *"Deutsche, wehrt Euch! Kauft nicht bei Juden"*[9] [Alemães, defendam-se! Não comprem de judeus!], diziam os cartazes nazistas.

Três meses depois, Goldschagg e seus amigos de partido foram atingidos pelo golpe final de Hitler contra a social-democracia e a liberdade na Alemanha.

Perseguição, fuga e exílio

Em 22 de junho de 1933, Hitler divulgou um decreto que considerava o Partido Social-Democrata da Alemanha uma agremiação "hostil" ao Estado e ao povo, disposta a promover atividades subversivas contra o país e o governo. A decisão selou a morte do SPD, o segundo maior partido do país, com mais de sessenta anos de existência.

Exatamente como havia ocorrido poucos meses antes com os comunistas, a social-democracia foi destruída. Os políticos do SPD perderam o mandato e os jornalistas do partido foram proibidos de exercer a profissão. A agremiação, além de ser impedida de publicar jornais, distribuir propaganda política e fazer comícios, teve os bens confiscados, e os funcionários públicos a ela filiados tiveram de deixar o cargo.

Não bastassem as proibições, mais uma onda de perseguição foi iniciada: em poucos dias, cerca de 3 mil social-democratas foram mandados para prisões ou campos de concentração em toda a Alemanha. "O fim merecido do partido conspirador e marxista", comemorou o *Völkischer Beobachter*.[1]

Edmund Goldschagg decidiu, então, que chegara a hora de deixar Munique. Em julho de 1933, partiu para Freiburg, onde estava sua família. Vários colegas tomaram a mesma decisão de escapar da Baviera ou da Alemanha. O redator e economista Carl Landauer partiu para os Estados Unidos. Hans Dill, que colaborava com a editoria de política do *Post*, refugiou-se primeiro na Tchecoslováquia, depois na Inglaterra e no

Canadá. Wilhelm Lukas Kristl, redator para assuntos jurídicos e crítico de cinema do jornal, escapou para a Espanha.

De todas as fugas, a do ex-deputado e ex-articulista do *Post* Wilhelm Hoegner foi a mais atribulada. Como as tropas da SA já controlavam os postos fronteiriços, ele decidiu ir a pé para a Áustria, atravessando os Alpes. Deixou a mulher e os filhos em Munique e partiu, em julho, levando apenas uma mochila nas costas e vestindo uma calça de couro típica da Baviera. Seguiu para a pequena cidade de Mittenwald, ao pé da cordilheira, com dois alpinistas, que o ajudariam na difícil travessia.

Depois de cruzarem uma floresta e escalarem com muita dificuldade um penhasco, tiveram uma infeliz surpresa. Avistaram uma cabana onde tremulava uma bandeira da suástica. Estavam diante de um posto da SA, e todo o esforço para aquela fuga mirabolante pareceu, por um momento, ter sido em vão. Os nazistas da cabana, no entanto, não fizeram mais que saudar os "alpinistas" com acenos. Hoegner e os colegas prosseguiram na viagem tranquilamente e conseguiram atravessar a fronteira com a Áustria. Ao chegarem ao país, não se esqueceram de "rogar pragas violentas" contra os novos mandantes da Alemanha, como conta Hoegner em suas memórias.[2]

O político permaneceu um ano na Áustria, trabalhando para o Partido Social-Democrata daquele país. Em 1934, partiu para a Suíça, onde viveria por mais uma década. Lá, dedicou-se aos escritos literários, que assinava com um pseudônimo. Sua principal ocupação, porém, era redigir textos jurídicos, sobretudo projetos de lei para uma Alemanha democrática e para uma Baviera pós-Hitler.

Nem todos os social-democratas ligados ao *Post* tiveram a sorte de fugir a tempo. Julius Zerfass, editor de cultura e um dos principais desafetos de Hitler no jornal, não escapou da prisão. Conforme contaria anos depois Erwein Freiherr von Aretin, jornalista do *Münchner Neueste Nachrichten* e parceiro de cela de Erhard Auer em uma de suas prisões, Zerfass teria sido traído por um colega da própria redação do *Post*, Friedrich Göhring. Este o teria denunciado como autor do pedido de indenização coletiva almejada pelos redatores do *Post*. Enquanto os demais jornalistas foram definitivamente liberados, Zerfass foi transportado, em 30 de junho de 1933, para o novo campo de concentração de Dachau, nos arredores de Munique. Hitler mostrava não ter se esquecido do responsável pela publicação das matérias sobre o suposto apoio financeiro da Itália à campanha nazista.

Em 1936, Zerfass contou sobre sua prisão num livro publicado durante seu exílio na Suíça, *Dachau 1933 – Eine Chronik* (Dachau 1933 – Uma crônica). Na obra, publicada com o pseudônimo Walter Hornung, o personagem fictício Hans Firner, secretário de um partido de oposição e manco de uma das pernas, como Zerfass, descreve a vida terrível no maior campo de concentração nazista, com os assassinatos aleatórios de prisioneiros, as fugas frustradas, as torturas e os suicídios. Também rememora a destruição do *Münchener Post*, em março de 1933, a prisão dos jornalistas e os maus-tratos que sofreram.

– Deputados e secretários, apresentem-se!

Com Firner, um grupo de pessoas deslocou-se da fileira.

– Ah, aqui estão vocês. Agora podem tentar abrir sua boca suja! Vocês não sabem como são inúteis! Sentido! Redatores e jornalistas, um passo à frente!

Quatro homens avançaram.

– O quê? É impossível! *Münchener Post*, para frente!

Um homem pequeno, com a perna manca, deslocou-se do grupo dos quatro. Visivelmente decepcionado, o homem alto gritou:

– Fora! Fora! Mais ninguém?

Um deles respondeu:

– Não.

Então o homem alto gritou novamente:

– Nós ainda vamos pegá-los, seus porcos![3]

Nas vésperas do Natal de 1933, como por milagre, Zerfass foi liberado de Dachau. Na opinião de Hoegner, ele teria sido poupado pelos nazistas por causa de seus problemas físicos.[4] Em Munique, o redator cultural e escritor continuaria, entretanto, a ser fiscalizado pela polícia e teria várias vezes seus poemas apreendidos. Por sorte, escapou da chamada *Nacht der langen Messer* (Noite dos Longos Punhais).

O episódio aconteceu no verão de 1934, quando membros do próprio partido nazista começaram a plantar boatos sobre um golpe que o chefe da SA, Ernst Röhm, estaria planejando. Na verdade, o que estava em questão era a rivalidade entre a forte SA (então com mais de 2 milhões de membros) e o Exército. Dessa vez, Hitler não protegeria o amigo. Precisando do apoio dos generais para ocupar o lugar de Hindeburgo, o chanceler preferiu selar o chamado "Pacto da Alemanha"[5] com o Exército. Entre 30 de junho e 1º de julho, ordenou uma onda de assassinatos que eliminou Röhm e vários camaradas da SA. Os nazistas aproveitaram a ocasião para liquidar antigos adversários políticos, entre eles o jornalista Fritz Gerlich, o ex-chefe do NSDAP Gregor Strasser, o ex-governador bávaro Gustav von Kahr e o ex-chanceler Kurt von Schleicher. Cerca de duzentas pessoas foram executadas, várias delas por engano.

Na Noite dos Longos Punhais, uma figura voltava à cena: o ex-motorista Emil Maurice, agora reabilitado por Hitler. Sempre fiel ao *Führer*, ele acatou as ordens de participar das detenções dos suspeitos da SA.

Zerfass fugiu com a mulher e o filho para a Suíça no final de 1934. Viveram em 1935 num apartamento de quatro cômodos em Zurique, com mais duas famílias, uma delas a de Wilhelm Hoegner. No exílio, as condições de vida não eram fáceis para os refugiados, que se mantinham graças a uma pequena ajuda assistencial. Além disso, eles não se sentiam totalmente seguros num país que temia complicações diplomáticas por abrigar exilados da Alemanha nazista. Também faltava trabalho para os desterrados políticos, que estavam impedidos de se manifestar. Só algum tempo depois Zerfass obteve do governo suíço uma autorização parcial para trabalhar como poeta e escritor, mas assinava seus textos com um pseudônimo – foi o que lhe permitiu publicar seu livro sobre Dachau.

Em 1946, um ano depois de terminada a Segunda Guerra, Zerfass deixou a família em Zurique e voltou a Munique. Tinha sessenta anos e faltava-lhe força para tocar uma nova carreira. Decepcionado com seu povo, amargurado a respeito de seu país, retornou à Suíça, onde escreveu: "A Alemanha foi libertada da tirania de Hitler, mas não por meio de um ato revolucionário do povo alemão, e sim da vitória das nações aliadas contra a investida bélica promovida pelo Terceiro Reich na Europa...".[6]

Apenas em 1949 Zerfass obteve permissão completa para exercer livremente as profissões de jornalista e escritor, começando a publicar poemas e artigos na imprensa estrangeira e alemã. Vivia com um pequeno salário e passou por sérias dificuldades econômicas. Até três anos antes de sua morte, em 1953, ainda reivindicava na Justiça alemã um aumento da aposentadoria.

O nazismo também não poupou Erhard Auer, de 58 anos, que foi detido e solto várias vezes entre abril e maio de 1933. Em 9 de maio, ele e outros políticos social-democratas foram espancados por vereadores do NSDAP dentro da Câmara Municipal de Munique. Foi preso e torturado na temida Stadelheim, prisão conhecida por servir às execuções sumárias dos nazistas, que ameaçaram mandá-lo para Dachau. Dez dias depois, foi liberado, graças às intervenções de Wilhelm Hoegner junto ao governador Ritter von Epp.

Depois de deixar a cadeia, "sua confiança e disposição de antigamente não voltariam mais", escreveu o amigo Hoegner.[7] Recebeu uma ordem para deixar Munique e, com os nervos abalados pelas torturas sofridas, impedido de exercer sua profissão, sem dinheiro e com as contas bancárias confiscadas, o outrora combativo editor do *Münchener Post* e destemido social-democrata partiu para o Estado de Württemberg, abandonando de vez o jornalismo e a política. Tentou voltar a Munique, mas foi impedido. Viveu em várias cidades até se fixar, por fim, em Karlsruhe, no Estado de

Baden, perto da fronteira com a França, onde passou a trabalhar numa loja de tecidos, retomando sua primeira profissão, a de comerciante.

Em seguida à morte de sua mulher, em 1939, Auer viu seu estado de saúde se agravar. Por causa de um ferimento que sofrera na perna durante a Primeira Guerra e ao atentado de que fora vítima em 1919, tinha dificuldades para se movimentar e padecia de problemas respiratórios. Em 1944, pouco antes de completar setenta anos, foi obrigado a amputar a perna. No mesmo ano, em 20 de julho, recebeu a visita inesperada de homens da Gestapo, a polícia secreta de Hitler, depois de um atentado frustrado contra Hitler num centro militar de Rastenburgo (hoje na Polônia).

A Operação Valquíria fora liderada pelo conde Claus Schenk von Stauffenberg, um oficial nazista insatisfeito com os rumos que Hitler vinha dando ao país e à guerra. Seu alvo era o próprio *Führer*, que escapou ileso de um atentado a bomba em 20 de julho de 1944 no quartel-general de Wolfsschanze (Reduto do lobo). Os conspiradores foram mortos, mas os nazistas deflagraram, no mesmo dia do ataque, uma onda de prisões e assassinatos contra milhares de alemães ligados aos antigos partidos de oposição. Por isso, bateram à porta de Auer. Ao constatarem, porém, seu lastimável estado de saúde, os homens da Gestapo desistiram de prendê-lo.

Em 1945, quando as tropas norte-americanas aproximavam-se de Karlsruhe, uma ambulância levou Auer e outros doentes para o leste da Alemanha. O editor não suportou a viagem. Morreu em 20 de março, aos 71 anos, quando a ambulância passava por Giengen, pequena cidade a poucos quilômetros de sua Baviera natal. A Segunda Guerra terminaria poucas semanas depois.

Nos cinco meses e meio que passou no cárcere, em 1933, o advogado do *Münchener Post*, Max Hirschberg, foi poupado da violência, mas sofreu com o medo e as incertezas a respeito de sua vida e a da Alemanha, como contaria em suas memórias. Foi Anton Graf von Pestalozza, seu adversário no caso da punhalada, que assumiu a defesa de Hirschberg. Com a Justiça cada vez mais nas mãos dos nazistas, a tarefa de defender um réu socialista e judeu não era fácil, além de bastante arriscada.

Pestalozza, no entanto, não hesitou. Alegou que representar o colega era uma questão moral e que não admitia que o taxassem de comunista apenas porque tinha defendido comunistas durante sua carreira. "Eu mesmo participei de processos políticos em todas as direções e me causaria repulsa ser colocado num partido ou numa tendência", disse.[8]

Hirschberg foi solto no final de agosto de 1933, surpreso de ser liberado, enquanto muitos judeus eram assassinados nas prisões e campos de concentração. "De fato, saí totalmente ileso, tanto do ponto de vista físico como do mental. Só os sonhos angustiantes permaneceram", escreveu mais tarde.[9] Também ficou espantado ao descobrir quem lhe dera permissão especial para voltar a advogar e circular nos tribunais (o que havia sido proibido para judeus): o advogado nazista Hans Frank, um de seus principais adversários, empossado como novo ministro da Justiça da Baviera.

Hirschberg, porém, sabia que ainda corria riscos em Munique e que seria impossível trabalhar num país em que os direitos civis já nada valiam: "Um advogado honrado não consegue exercer mais sua profissão quando não há mais leis".[10] Em abril de 1934, fugiu para a Itália, onde a mulher e o filho o esperavam. Escapou por pouco do terror nazista: dois meses depois de sua chegada a Milão, centenas de adversários de Hitler foram assassinados na Noite dos Longos Punhais.

O advogado passou cinco anos na Itália, escrevendo livros e aconselhando judeus que ainda se encontravam na Alemanha. Entretanto, nem em Milão a família Hirschberg estava segura. Mussolini começava a introduzir leis antissemitas no país, e a Gestapo vinha fazendo pressão para que a polícia italiana prendesse os refugiados judeus da Alemanha. Aconselhado pelo amigo e também advogado do *Post* Philipp Löwenfeld, que se refugiara nos Estados Unidos, Hirschberg começou a preparar em setembro de 1938 os papéis de imigração para a América. Na noite de 9 de março de 1939, seis anos depois da destruição do *Münchener Post* e seis meses antes da eclosão da Segunda Guerra, o navio em que viajava a família Hirschberg passou pela Estátua da Liberdade e atracou no porto de Nova York.

A reconstrução
da imprensa livre

Num jipe vindo de Munique, um grupo do Exército norte-americano cruzou os escombros de Freiburgo, no final de junho de 1945, à procura do jornalista Edmund Goldschagg. Os militares encontraram o ex-editor do *Münchener Post* em seu novo emprego, na Secretaria de Economia, onde ocupava um cargo importante: cuidava da grave situação nutricional da cidade depois dos bombardeios que a haviam atingido nos últimos meses da Segunda Guerra.

Goldschagg mal pôde acreditar no motivo da visita dos militares. Doze anos depois de ter sido afastado da imprensa e fugir da perseguição em Munique, ele estava sendo chamado para dirigir o primeiro jornal livre da Baviera. A licença para a criação de um diário, trazida pelos norte-americanos, fazia parte da política dos aliados de reeducar os alemães para a democracia e a liberdade de expressão, depois do fim da ditadura nazista.

Havia oito semanas que Adolf Hitler se matara, aos 56 anos, num *bunker* em Berlim, e sete que a Alemanha assinara sua capitulação. Entre 1939 e 1945, mais de 50 milhões de pessoas morreram no front da Segunda Guerra ou em decorrência das perseguições promovidas pelos nazistas. A Alemanha foi ocupada pelas potências vencedoras – Estados Unidos, Grã-Bretanha, França e Rússia –, que dividiram entre si o controle do país. Freiburgo, a cidade de Goldschagg, estava nas mãos dos franceses; Munique, nas dos norte-americanos, que agora concediam licenças para alemães que não haviam apoiado Hitler e fossem capazes de fazer um jornalismo democrático e independente.

A partir de 1933, a Alemanha havia passado pelo chamado *Gleichschaltung* ("padronização" ou "alinhamento"), o processo de ocupação pelos nazistas de todos os órgãos públicos, sindicatos, instituições e órgãos da imprensa. Depois de proibirem os jornais adversários, começaram a controlar os jornais burgueses, como o liberal *Münchner Neueste Nachrichten*. Até o final de 1936, entre quinhentas e seiscentas publicações desapareceram no país, fechadas pela horda nazista.[1] Hitler eliminou, assim, toda oposição na imprensa e toda liberdade de opinião, transformando os jornais em veículos de propaganda de suas ideias e do programa político do nacional-socialismo.

O antissemita *Völkischer Beobachter*, por sua vez, continuou a crescer. Logo se tornou o maior diário da Alemanha, chegando a ter tiragens de mais de 1 milhão de exemplares em 1941.

Não foi fácil para Goldschagg aceitar a proposta dos norte-americanos. Aos 59 anos e tendo vivido mais de uma década em "exílio interno", afastado dos acontecimentos políticos, ele achava difícil iniciar uma nova empreitada jornalística de uma hora para outra.

Ele havia chegado a Freiburgo no verão de 1933 e ficou dois anos desempregado. Em 1936, começou a trabalhar na tipografia do irmão. Embora acostumado ao trabalho intelectual, tornou-se linotipista. Ocasionalmente, recebia notícias de Munique, como a do assassinato do jornalista Fritz Gerlich durante a Noite dos Longos Punhais e a da morte (provavelmente natural) do ex-editor-executivo do *Münchener Post* Martin Gruber, em outubro de 1936. Também acompanhava as tentativas frustradas de Erhard Auer para voltar a Munique.

Goldschagg sabia que sua situação era privilegiada, se comparada com a dos amigos social-democratas de Munique, que estavam presos ou viviam na clandestinidade. No entanto, mesmo em Freiburgo, situada no católico e liberal Estado de Baden, o jornalista nunca esteve totalmente livre de perseguições.

Em janeiro de 1934, foi preso "por causa de um descuido", como contaria mais tarde.[2] Quando sua mulher ainda vivia com o filho em Berlim, ele costumava enviar a ela, de Freiburgo, artigos de jornais. Certa vez, mandou um texto sobre a importância do casamento para o povo alemão, em que anotou na margem os nomes de Adolf Hitler e Ernst Röhm, acompanhados de um ponto de exclamação. Queria chamar a atenção de sua mulher para o fato de os dois nazistas serem celibatários. O pacote foi aberto pelo correio e enviado para a polícia em Freiburgo. Goldschagg foi detido, mas libertado quatro semanas depois, sem ter sofrido violência física alguma.

A sorte o acompanharia outras vezes durante a ditadura. Em 1940, aos 54 anos, foi convocado para o front. Hitler preparava sua "guerra-relâmpago" no norte e no oeste do país e, para isso, chamou os velhos reservistas – o jornalista lutara na Primeira Guerra. O primeiro-tenente Goldschagg foi então enviado para chefiar uma companhia no norte do Estado de Baden, não muito longe da França.

A missão de comandar os exercícios militares dos jovens soldados, entretanto, durou apenas dois meses. Alertados de seu passado como jornalista social-democrata, seus superiores exigiram que ele prestasse por escrito um juramento de fidelidade ao *Führer*, o que se recusou a fazer. Ele poderia ter sido fuzilado, mas foi mandado para casa, provavelmente por sua idade avançada para lutar numa guerra. Segundo o biógrafo Hans Dollinger, a companhia de Goldschagg foi "aniquilada" numa ofensiva contra a Rússia, um ano depois.[3]

A família Goldschagg também colocou sua vida em risco durante um ano inteiro, quando escondeu em casa a socialista judia Elisabeth Rosenfeld. Seu marido e suas filhas emigraram antes da eclosão da Segunda Guerra, em 1939, mas ela permaneceu na Alemanha, vivendo clandestinamente em várias cidades e conseguindo escapar das deportações em massa para os campos de concentração. Com a ajuda de uma amiga dos Goldschaggs, Lene Heilmann, mulher do político social-democrata judeu Ernst Heilmann, morto em Buchenwald, em 1940, Elisabeth chegou, em maio de 1943, à rua Adolf Hitler, nº 30, onde viviam os Goldschaggs.

Tinha 51 anos, usava um nome falso, Martha Schröder, e ganhou um apelido, "Buddeli", inventado pelo filho do jornalista, Rolf. Para o menino e para os vizinhos, Buddeli era apenas uma amiga da família que se instalara em Freiburgo para fugir dos bombardeios em Berlim. Em 1944, Goldschagg foi alertado por um policial de que haveria uma busca em sua casa e decidiu que seria melhor Elisabeth partir. Em 20 de abril, dia do 55º aniversário de Hitler, ela seguiu para a Suíça, numa operação arriscada e perigosa. Só um ano depois os Goldschaggs tiveram notícia de que a fuga da socialista fora bem-sucedida.

Um mês após a visita dos norte-americanos, Goldschagg informou que aceitava a missão de chefiar o novo jornal em Munique. Na última semana de julho de 1945, foi levado de jipe à capital bávara. Na Färbergraben, uma continuação da rua do antigo *Münchener Post*, ele passou a projetar a nova publicação com sua primeira equipe de jornalistas. A redação improvisada funcionava em apenas uma sala, onde trabalhavam repórteres, secretárias e estenotipistas. Mais tarde, eles ocupariam o prédio do antigo jornal *Münchner Neueste Nachrichten*, agora em parte destruído, na Sendlingerstrasse. Nos primeiros tempos, iam da Färbergraben para a Sendlingerstrasse equilibrando-se em tábuas de madeira, colocadas sobre os destroços para facilitar a caminhada.

Na primeira equipe, exceto Goldschagg, não havia outro jornalista da redação do *Münchener Post*. Aos poucos, velhos companheiros foram reaparecendo: Eugen Kirchpfening, responsável pelas notícias da Baviera no antigo jornal, passou a cuidar do folhetim na nova publicação; o crítico de cinema Wilhelm Lukas Kristl, depois de voltar da Espanha em 1950, entrou para o time de articulistas, assim como Julius Zerfass, que escrevia da Suíça.

Em 6 de outubro de 1945, foi lançada a primeira edição do *Süddeutsche Zeitung*, o primeiro jornal independente da Baviera desde o fim da ditadura de Hitler, sob o comando do diretor de redação Edmund Goldschagg. De início, a tiragem foi de 357 mil exemplares, mas logo subiu para 410 mil, e hoje o diário é o maior em número de assinantes de toda a Alemanha, com mais de 430 mil exemplares.

Um texto na primeira página apresentou a publicação:

Pela primeira vez desde a derrocada do terror pardo, é publicado em Munique um jornal dirigido por alemães. Ele está limitado pelas necessidades políticas da atualidade, mas não preso a alguma forma de censura e coação moral. O *Süddeutsche Zeitung* não é órgão de um governo ou de um partido, e sim porta-voz de todos os alemães que estão unidos no amor à liberdade e no ódio ao Estado totalitário. Na aversão a tudo o que é nacional-socialista.

A manchete da primeira edição do *Süddeutsche* parecia um tributo à história do extinto *Münchener Post*: "Novo governo da Baviera sob a chefia do dr. Hoegner". O jurista social-democrata e ex-articulista do *Post* acabara de se tornar o primeiro governador do Estado.

Com a missão de reformular o sistema judiciário da Baviera, Wilhelm Hoegner voltara à Alemanha em junho de 1945. Tratava-se de tarefa bastante complexa, já que, depois de doze anos de ditadura, a Justiça bávara estava infestada de funcionários nazistas. No final de setembro, foi nomeado governador do Estado pelos norte-americanos. Encontrou uma série de obstáculos. As cidades, destroçadas, penavam para alimentar seus habitantes e os milhares de refugiados vindos do leste, que chegavam às levas. Além disso, a relação entre Hoegner e os aliados norte-americanos, que mantinham um governo militar no Estado, não era das melhores. O governador recebia deles muitas ordens, como a de testemunhar a execução de onze criminosos nazistas – entre eles o ex-advogado de Hitler, Hans Frank – no Tribunal de Nuremberg, em outubro de 1946, uma experiência traumática para o ex-promotor, como ele conta em suas memórias.[4]

Os primeiros tempos do pós-guerra não foram fáceis para os social-democratas bávaros. Uma vez que a história confirmara suas antevisões sobre os perigos do nazismo, esperavam um crescimento enorme do SPD, que acabara de ser refundado depois de doze anos de proibição. No entanto, só colheram decepções, pelo menos na Baviera. Assim Hoegner descreveu o clima político da época:

Depois da Segunda Guerra, o povo alemão estava não só derrotado, mas arrasado. Os cidadãos não tinham mais vontade política. Entregavam-se, apáticos, a seu destino, que era lutar diariamente por um miserável pedaço de pão, contra a fome, o desemprego, a falta de moradia, o desespero e as exigências das forças de ocupação. À maior parte da população faltava a vontade de reformular as relações políticas.[5]

No pleito municipal realizado em 27 de janeiro de 1946, o SPD sofreu uma grande derrota para o partido conservador recém-fundado Christlich-Soziale Union (CSU, União Social-Cristã), sucessor do católico BVP, que governara a Baviera durante a República de Weimar. Hoegner quis abandonar o cargo, mas os militares norte-americanos recusaram sua renúncia, pois não queriam mudanças no governo pelo menos até as primeiras eleições estaduais.

No mesmo mês, o SPD de Munique lançou a primeira edição de um novo *Münchener Post*, um jornal pequeno, de quatro a seis páginas, que trazia principalmente notícias do partido. O número inaugural, de 25 de janeiro de 1946, relembrou a destruição do antigo *Post*, em março de 1933, e mostrou ao leitor, pela primeira vez, uma foto de uma das salas da redação destroçada: "Assim foi eliminada a imprensa do Partido Social-Democrata em Munique, que havia se tornado, depois de quatro décadas e meia, uma das mais respeitadas". Sem periodicidade regular e com formatos variados, o *Münchener Post* do pós-guerra circulou apenas até 1948.

Em 9 de maio de 1948, noticiou numa nota a condenação do relojoeiro Emil Maurice, o ex-motorista de Hitler e um dos desafetos do antigo *Post*, a quatro anos de trabalho forçado e à cessão de 30% de seu patrimônio para um fundo de reparação da guerra. Preso naquele mês, Maurice conseguiu engabelar os oficiais norte-americanos, dando depoimentos contraditórios e subestimando suas atividades na SA e na SS. Por falta de provas e com a ajuda dos depoimentos falsos prestados por seus ex--camaradas, escapou de ser incluído na lista dos principais criminosos nazistas. Além disso, cumpriu sua pena só em parte, pois logo depois foi perdoado. O relojoeiro morreu em 1972, aos 76 anos, em Munique.

As primeiras eleições para o governo bávaro depois da guerra aconteceram em dezembro de 1946. A CSU, principal adversária do SPD, conquistou a maioria absoluta das cadeiras na Assembleia, o que levou Hoegner a renunciar. Ele voltou a governar o Estado entre 1954 e 1957, sustentado por uma coalizão de quatro partidos em oposição à CSU, mas a Baviera continuou conservadora: em 1958, a CSU retornou ao poder com maioria absoluta e dali não saiu mais, até hoje. O ex-colaborador do *Münchener Post* foi o primeiro e único político social-democrata a governar o Estado desde 1945.

Depois da Segunda Guerra, seguindo os passos do amigo Erhard Auer, Hoegner liderou a social-democracia bávara por vários anos, na condição de deputado estadual. Aposentou-se em 1970 e morreu dez anos depois, em Munique, aos 92. Deixou três livros de memórias, hoje importantes fontes históricas sobre a República de Weimar em Munique e os primeiros anos do pós-guerra na Baviera.

Goldschagg foi um dos chefes da Süddeutscher Verlag, a editora que publica o *Süddeutsche Zeitung*, até 1961, quando completou 75 anos. Antes de sair da empresa, deixou o filho, Rolf, como sócio e diretor-administrativo. Morreu aos 85 anos, em 1971, na capital bávara. Sua família, que até 2008 permaneceu associada à editora, mantém em Munique o Museu Goldschagg, dedicado à arte da impressão, uma das principais paixões de Rolf, falecido em 2006.

Os caminhos do jornalista Edmund Goldschagg e do político Wilhelm Hoegner cruzaram-se várias vezes depois da guerra. Quando Goldschagg, já aposentado, fez oitenta anos, em outubro de 1966, Hoegner, então deputado estadual da Baviera, escreveu-lhe uma carta, hoje guardada no Instituto de História Contemporânea, em Munique. Nela, o político falou sobre a luta dos dois correligionários nas décadas anteriores e, entre melancólico e otimista, relembrou os heroicos tempos do *Münchener Post*:

Muito antes de 1933, nossas vidas se cruzaram; mais tarde, tivemos o mesmo destino dos perseguidos. Depois de 1945, fomos intimados a colaborar na construção de nossa Alemanha. Não acredito que estejamos agora diante de escombros e que tudo tenha sido em vão. Esperemos que a vitória dos ideais pelos quais lutamos por toda a vida não seja cerceada. Confiando nisso, desejo-lhe tudo o que há de melhor para a próxima década!

Saudações cordiais de seu velho amigo, dr. Wilhelm Hoegner.[6]

Epílogo

Um monumento à democracia

Não é fácil encontrar hoje rastros do *Münchener Post* na geografia de Munique.

Algumas ruas da cidade foram batizadas com o nome de seus jornalistas e advogados: Kurt-Eisner-Strasse, Erhard-Auer-Strasse, Max-Hirschberg-Weg e Wilhelm-Hoegner-Strasse. No entanto, não há placa ou monumento recordando a luta do jornal contra Adolf Hitler. Diferentemente do que ocorreu com o jornalista católico Fritz Gerlich, que hoje é lembrado até mesmo num passeio guiado para turistas, nenhum dos tours históricos que passam perto da Altheimer Eck nem sequer menciona a publicação social-democrata.

O único vestígio que resta é o próprio edifício do *Post*, uma bela construção *art nouveau* com entrada arqueada, que não tem mais o número 19 de antigamente, e sim o 13, pois os prédios da rua ganharam uma nova numeração depois da guerra.

O bairro de Hackenviertel foi em grande parte destruído durante a Segunda Guerra, mais ainda nos bombardeios de outubro de 1943 e março de 1944. Persistente como o próprio jornal que abrigou, o edifício permaneceu de pé.

Até quatro anos atrás, ele mantinha certa tradição jornalística, alojando por várias décadas os departamentos comercial e de assinaturas do *Abendzeitung*, diário popular de Munique. Atualmente, acomoda escritórios de advocacia, consultórios médicos, domicílios e até a filial de uma casa de massagem tailandesa.

Também não há ali uma placa lembrando a destruição do *Post* em 1933. Por isso, não é de estranhar que os inquilinos e vizinhos nada saibam sobre como a história foi vivida com tanta intensidade, risco e paixão entre aquelas paredes.

De uma das salas que um dia fizeram parte do *Post*, pode-se avistar, pela janela, a Altheimer Eck. É uma rua estreita e com muitos estabelecimentos comerciais: restaurantes, escritórios, lojas de roupas, de calçados e de bicicletas.

Há oitenta anos, quando os jornalistas do *Münchener Post* passavam por ela e entravam diariamente na redação, estavam longe de viver sua sonhada democracia. Quem passeia hoje pela Altheimer Eck, distraído, sem mesmo pensar na fase mais escura da história, está desfrutando da herança deixada por aqueles homens, que nunca perderam a esperança na construção de uma Alemanha livre e pacífica.

Notas

A NOITE EM QUE O *MÜNCHENER POST* FOI DESTRUÍDO

1 Zerfass, Julius. *Dachau 1933 – Eine Chronik*, p. 10.

2 B. Traven é o pseudônimo do autor de *O tesouro de Sierra Madre* e mais uma dezena de livros. Sua verdadeira identidade é desconhecida e foi objeto de estudo de vários pesquisadores. Nascido provavelmente por volta de 1860, acredita-se que, por suas ideias anarquistas, tenha tido importante papel na República dos Conselhos da Baviera. Quando esta foi massacrada pelo governo social-democrata alemão, em 1919, ele teria conseguido escapar da execução fugindo para o México, aí vivendo até sua morte, em 1969. [N.E.]

3 Goldschagg, Edmund. "Ausklang der *Münchener Post*", p. 78.

4 Hoegner, Wilhelm. *Flucht vor Hitler*, p. 102.

5 Gerlich, Fritz. "Hat Hitler Mongolenblut?". *Der gerade Weg*, v. 4, n. 29, p. 1, 17/7/1932.

6 Hoegner, Wilhelm. *Flucht vor Hitler*, p. 105.

7 Idem, p. 106.

UM JORNAL ENGAJADO COM A SOCIAL-DEMOCRACIA

1 Koszyk, Kurt. *Deutsche Presse im 19 – Jahrhundert, Teil II*, p. 127.

2 Knaus, Albrecht. *Die Münchener Post während des Weltkrieges*. A publicação, em plena ditadura nazista, desse livro sobre o jornal detestado por Hitler provavelmente só foi possível porque o autor se limitou a investigar as origens do *Post* até o final da Primeira Guerra, deixando de fora a luta que a publicação travou contra os nacional-socialistas. Apesar de ser considerada tendenciosa pelos historiadores, a obra de Knaus traz uma série de documentos importantes sobre as primeiras décadas do *Post*, que mais tarde foram destruídos pelos nazistas.

3 Hess, Ulrich. *Louis Viereck und seine Münchner Blätter für Arbeiter 1882-1889*.

4 *Münchener Post*, pp. 1-2, 1º/7/1926.

5 Idem, p. 1, 20/11/1889.

6 Jansen, Reinhard. *Georg von Vollmar, eine politische Biographie*, p. 24.

7 Hoser, Paul. *Die politischen, wirtschaftlichen und sozialen Hintergründe der Münchner Tagespresse zwischen 1914 und 1934*, p. 813.

8 *Münchener Post*, p. 3, 27/5/1926.

9 Idem, p. 1, 4/6/1908.

A MAIOR GUERRA DA HISTÓRIA

1 *Münchener Post*, p. 2, 30/7/1914.

2 Krockow, Christian Graf von. *Die Deutschen in ihrem Jahrhundert 1890-1990*, p. 92.

3 Hitler, Adolf. *Mein Kampf*, p. 177.

4 Koszyk, Kurt. *Zwischen Kaiserreich und Diktatur – Die Sozialdemokratische Presse von 1914 bis 1933*, p. 25.

5 Pohl, Karl Heinrich. *Adolf Müller – Geheimagent und Gesandter in Kaiserreich und Weimarer Republik*, p. 135.

6 *Münchener Post*, p. 1, 6/8/1914.

7 Ato 98.719/A, de 29/6/1917, dirigido ao Departamento de Imprensa Bélico, em Berlim, citado por Knaus, Albrecht, op. cit., pp. 71-2.

8 Citado por: Koszyk, Kurt. *Zwischen Kaiserreich und Diktatur – Die Sozialdemokratische Presse von 1914 bis 1933*, p. 33.

9 *Münchener Post*, p. 1, 1º/7/1926.

10 Koszyk, Kurt. *Deutsche Presse 1914-1945 – Geschichte der deutschen Presse, Teil III*, pp. 23-4.

11 Knaus, Albrecht, op. cit., p. 37.

12 *Münchener Post*, p. 1, 1º/10/1918.

13 Idem, p. 1, 28/3/1917.

A ONDA REVOLUCIONÁRIA

1 Kluge, Ulrich. *Die deutsche Revolution 1918/1919 – Staat, Politik und Gesellschaft zwischen Weltkrieg und Kapp-Putsch*, p. 54.

2 Grau, Bernhard. *Kurt Eisner, 1867-1919 – Eine Biographie*, p. 345.

3 Large, David Clay. *Hitlers München – Aufstieg und Fall der Hauptstadt der Bewegung*, p. 120.

4 Fechenbach, Felix. *Der Revolutionär Kurt Eisner*, p. 40.

5 Idem, ibidem.

6 Wilke, Jürgen. "Gewalt gegen die Presse", p. 144.

7 *Münchener Post*, p. 4, 8/11/1918.

8 Grau, Bernhard, op. cit., p. 377.

9 *Münchener Post*, p. 1, 9/11/1918.

10 *Münchener Beobachter*, p. 1, 30/11/1918.

11 Idem, ibidem.

12 Hitler, Adolf, op. cit., p. 225.

13 Ver: Kershaw, Ian. *Hitler – A Biography*, p. 64; Fest, Joachim. *Hitler – Eine biographie*, p. 121.

14 Ver descrição de Oskar Maria Graf, *Wir sind Gefangene*, pp. 625-9.

15 *Münchener Post*, p. 1, 24/2/1919.

16 Idem, p. 5, 28/4/1919.

17 Paul Hoser, op. cit., p. 211.

EXÉRCITOS PARTICULARES

1 Citado por Large, David Clay. *The Politics of Law and Order: a History of the Bavarian Einwohnerwehr, 1918-1921*, p. 14.

2 Idem, pp. 13-4.

3 *Münchener Post*, p. 1, 4/5/1919.

4 Idem, ibidem.

5 Idem, p. 1, 5/5/1919.

6 Franz-Willing, Georg. *Die Hitler-Bewegung – Der Ursprung 1919-1922*, p. 62.

7 Large, David Clay. *Hitlers München – Aufstieg und Fall der Hauptstadt der Bewegung*, p. 155.

8 *Münchener Post*, p. 4, 24-25/3/1923.

9 Citado por: Kershaw, Ian, op. cit., p. 75.

UM SENHOR CHAMADO HITLER

1 *Münchener Post*, p. 5, 14/5/1920.

2 Dornberg, John. *Der Hitler-Putsch*, p. 372.

3 Hoegner, Wilhelm. *Die verratene Republik*, p. 106.

4 Ver: Hoser, Paul. "*Münchener Post*". *Historisches Lexikon Bayerns*. Disponível em: http://www.historisches-lexikon-bayerns.de/artikel_44552. Acesso em: março de 2013.

5 *Münchener Post*, p. 1, 4/5/1920.

6 Idem, p. 5, 8/4/1920.

7 Idem, ibidem.

8 Jäckel, Eberhard; Kuhn, Axel (orgs.). *Hitler – Sämtliche Aufzeichnungen 1905-1924*, pp. 89-90.

9 Hitler, Adolf, op. cit., pp. 390-1.

10 Kershaw, Ian, op. cit., p. 84.

11 Hillesheim, Jürgen; Michael, Elisabeth (orgs.). *Lexikon Nationalsozialistischer Dichter – Biographien, Analysen, Bibliographien*, p. 136.

12 Citado em relatório da polícia de Munique, nº 6.698, publicado em: Jäckel, Eberhard; Kuhn, Axel (orgs.), op. cit., p. 110.

13 Hoegner, Wilhelm. *Der schwierige Aussenseiter*, p. 18.

14 Citado em relatório da polícia de Munique, nº 6.698, publicado em: Jäckel, Eberhard; Kuhn, Axel (orgs.), op. cit., p. 110.

15 Hitler, Adolf, op. cit., p. 406.

16 *Münchner Neueste Nachrichten*, p. 4, 25/2/1920.

17 Jäckel, Eberhard; Kuhn, Axel (orgs.), op. cit., p. 133.

18 Hoegner, Wilhelm. *Die verratene Republik*, p. 129.

19 Franz-Willing, Georg. *Die Hitler-Bewegung – Der Ursprung 1919-1922*, p. 178.

OS PRIMEIROS CONFRONTOS COM O POST

1 *Münchener Post*, p. 6, 20/5/1920.

2 Idem, p. 5, 1º/6/1920.

3 Idem, p. 4, 8/7/1920.

4 Idem, p. 5, 14/8/1920.

5 Carta de Anton Drexler, citada por: Franz-Willing, Georg. *Die Hitler-Bewegung – Der Ursprung 1919-1922*, p. 105.

6 *Münchener Post*, p. 4, 23/9/1920.

7 Idem, p. 4, 10/9/1920.

8 Relatório do serviço secreto da polícia de Munique publicado em: Jäckel, Eberhard; Kuhn, Axel (orgs.), op. cit., p. 143.

9 Landauer, Carl. "Erinnerungen an die Münchener Sozialdemokratie 1921-1923", p. 381.

10 Kershaw, Ian, op. cit., p. 125.

11 Hitler, Adolf, op. cit., p. 561.

12 Franz-Willing, Georg. *Die Hitler-Bewegung – Der Ursprung 1919-1922*, pp. 156-7.

13 Artigo do *Völkischer Beobachter* publicado em: Jäckel, Eberhard; Kuhn, Axel (orgs.), op. cit., p. 381.

14 Ron Rosenbaum, *Para entender Hitler – A busca das origens do mal*, p. 110.

15 Maser, Werner. *Hitlers Briefe und Notizen – Sein Weltbild in handschriftlichen Dokumenten*, p. 375.

16 Jäckel, Eberhard; Kuhn, Axel (orgs.), op. cit., p. 381.

17 Fest, Joachim. *Hitler – Eine biographie*, p. 207.

18 *Münchener Post*, p. 5, 3/8/1921.

19 *Völkischer Beobachter*, p. 1, 4/8/1921.

20 Relatório policial publicado em: Jäckel, Eberhard; Kuhn, Axel (orgs.), op. cit., p. 529.

21 Piepenstock, Klaus. *Die Münchener Tagespresse 1918-1933*, p. 187.

22 Sigmund, Anna Maria. *Des Führers bester Freund*, p. 14.

23 Hitler, Adolf, op. cit., p. 566.

24 Idem, p. 567.

25 *Münchener Post*, p. 7, 5-6/11/1921.

OS NAZISTAS CONQUISTAM AS MANCHETES

1 *Münchener Post*, p. 5, 14/4/1922.

2 Hanfstaengl, Ernst. *Zwischen Weissem und Braunem Haus*, p. 39.

3 Franz-Willing, Georg. *Die Hitler-Bewegung – Der Ursprung 1919-1922*, p. 178.

4 *Münchener Post*, p. 1, 11-12/11/1922.

5 Franz-Willing, Georg. *Die Hitler-Bewegung – Der Ursprung 1919-1922*, p. 230.

6 *Münchener Post*, p. 4, 18/9/1922.

7 Landauer, Carl, op. cit., p. 381.

8 Gerstenberg, Günther. *Freiheit! Sozialdemokratischer Selbstschutz in München der zwanziger und frühen dreissiger Jahre*, p. 97.

9 Anúncio do *Münchener Post*, p. 5, 23-24/9/1922.

10 *Münchener Post*, p. 1, 31/10/1922.

11 Idem, p. 1, 11/12/1922.

12 Idem, p. 5, 15/12/1922.

13 Discurso publicado em: Jäckel, Eberhard; Kuhn, Axel (orgs.), op. cit., p. 732.

BARRICADAS DE PAPEL

1 Discurso publicado em: Jäckel, Eberhard; Kuhn, Axel (orgs.), op. cit., p. 782.

2 Idem, p. 783.

3 Idem, ibidem.

4 Idem, p. 781.

5 Idem, p. 785.

6 *Münchener Post*, p. 5, 12/1/1923.

7 Idem, p. 1, 30/1/1923.

8 Idem, p. 5, 12/1/1923.

9 Large, David Clay. *Hitlers München – Aufstieg und Fall der Hauptstadt der Bewegung*, p. 212.

10 Discurso publicado em: Jäckel, Eberhard; Kuhn, Axel (orgs.), op. cit., p. 806.

11 *Münchener Post*, p. 1, 19/2/1923.

12 Idem, ibidem.
13 Idem, p. 2, 2/3/1923.
14 Landauer, Carl, op. cit., p. 381.
15 Idem, p. 384.
16 *Münchener Post*, p. 5, 6/3/1923.
17 Idem, ibidem.
18 Idem, p. 5, 22/6/1923.
19 Franz-Willing, Georg. *Krisenjahr der Hitlerbewegung* – 1923, p. 127.
20 *Münchener Post*, p. 1, 23/4/1923.
21 Idem, p. 5, 14/2/1923.
22 *Völkischer Beobachter*, p. 1, 2/5/1923.
23 *Münchener Post*, p. 1, 3/5/1923.

BILHÕES DE MARCOS POR UMA ASSINATURA

1 *Münchener Post*, p. 3, 1-2/9/1923.
2 Idem, ibidem.
3 Idem, p. 1, 5/6/1923.
4 Idem, ibidem.
5 Idem, p. 1, 4/6/1923.
6 Idem, p. 1, 11/6/1923.
7 Citado pelo *Münchener Post*, p. 2, 11/6/1923.
8 *Münchener Post*, p. 1, 11/6/1923.
9 Idem, p. 4, 21-22/7/1923.
10 Idem, p. 1, 31/8/1923.
11 Manifesto publicado em: Jäckel, Eberhard; Kuhn, Axel (orgs.), op. cit., p. 991.
12 Cópia de relatório da polícia de Munique, de 28 de setembro de 1923: Staatsarchiv München, Pol. Dir. München 6.879.
13 *Münchener Post*, p. 1, 29-30/9/1923.
14 Idem, ibidem.
15 Idem, ibidem.
16 Idem, ibidem.

O GOLPE BUFO DA CERVEJARIA

1. Assél, Astrid; Huber, Christian. *München und das Bier*, p. 99.
2. Dornberg, John, op. cit., p. 27.
3. Relato policial publicado em: Jäckel, Eberhard; Kuhn, Axel (orgs.), op. cit., p. 1.053.
4. Citado por: Large, David Clay. *Hitlers München – Aufstieg und Fall der Hauptstadt der Bewegung*, p. 228.
5. Dornberg, John, op. cit., p. 193.
6. Müller, Karl Alexander von. *Im Wandel einer Welt – Erinnerungen Band 3: 1919-1932*, p. 162.
7. Idem, pp. 162-3.
8. Röhm, Ernst. *Die Geschichte eines Hochverräters*, p. 234.
9. Citado por Franz-Willing, Georg, *Putsch und Verbotszeit der Hitlerbewegung*, p. 93.
10. Schlier, Paula. *Petras Aufzeichnungen*, p. 117.
11. Documento da polícia de Munique, de 23 de abril de 1924: Staatsarchiv München, Pol. Dir. München 6.712.
12. Depoimento de Sophie Auer à polícia de Munique, de 31 de janeiro de 1924: Staatsarchiv München, Pol. Dir. München 6.710.
13. Documento da direção da polícia de Munique ao comissário-geral Kahr, publicado em: Deuerlein, Ernst (org.). *Der Hitlerputsch – Bayerische Dokumente zum 8./9. November 1923*, p. 475.
14. *Völkischer Beobachter*, edição extra, p. 1, 9/11/1923.
15. Kershaw, Ian, op. cit., p. 131.
16. *Münchener Post*, p. 2, 10-11/11/1923.
17. Idem, p. 5.
18. Citado por Dornberg, John, op. cit., p. 335.
19. *The New York Times*, 10/11/1923.

OS "ATOS HEROICOS" DAS TROPAS HITLERISTAS

1. Hoser, Paul, op. cit., p. 494.
2. Idem, p. 496.
3. Koszyk, Kurt. *Zwischen Kaiserreich und Diktatur – Die Sozialdemokratische Presse von 1914 bis 1933*, pp. 165 e 177.
4. Hirschberg, Max. *Jude und Demokrat – Erinnerungen eines Münchener Rechtsanwalts: 1883 bis 1939*, p. 253.

OS NAZISTAS NA CADEIA

1 Manuscrito da defesa de Hitler, publicado em: Jäckel, Eberhard; Kuhn, Axel (orgs.), op. cit., p. 1.103.

2 Idem, ibidem.

3 *Münchener Post*, p. 5, 27/2/1924.

4 Hanfstaengl, Ernst, op. cit., p. 156.

5 Depoimento publicado em: Deuerlein, Ernst (org.). *Der Aufstieg der NSDAP in Augenzeugenberichten*, pp. 205-6.

6 Idem, p. 205.

7 *Münchener Post*, p. 1, 12/3/1924.

8 Manuscrito publicado em: Jäckel, Eberhard; Kuhn, Axel (orgs.), op. cit., p. 1.204.

9 Declaração extraída de relatório da audiência, publicado em: *Der Hitler-Prozess – Auszüge aus den Verhandlungsberichten*, p. 272.

10 *Münchener Post*, p. 1, 4/4/1925.

11 Kershaw, Ian, op. cit., p. 136.

12 Sigmund, Anna Maria, op. cit., p. 53.

A LENDA DA PUNHALADA

1 Landauer, Carl, op. cit., p. 381.

2 Hirschberg, Max, op. cit., p. 254.

3 Depoimento publicado na brochura *Der Dolchstossprozess – Eine Ehrenrettung des deutschen Volkes*, p. 229.

4 *Münchener Post*, p. 1, 29/10/1925.

5 Depoimento publicado na brochura *Der Dolchstossprozess – Eine Ehrenrettung des deutschen Volkes*, p. 477.

6 Idem, p. 464.

7 *Berliner Tageblatt*, 9/12/1925, citado pelo *Münchener Post*, p. 1, 11/12/1925.

8 *Frankfurter Zeitung*, 10/12/1925, citado pelo *Münchener Post*, p. 1, 12-13/12/1925.

O FÜHRER VOLTA À ATIVA

1 *Münchener Post*, p. 1, 15/10/1924.

2 Idem, p. 7, 22/12/1924.

3 Kershaw, Ian, op. cit., p. 160.

4 *Münchener Post*, p. 6, 28/2/1925.

5 Discurso publicado em: Vollnhals, Clemens (org.). *Hitler – Reden, Schriften, Anordnungen: Februar 1925 bis Januar 1933*, p. 27.

6 Idem, p. 20.

7 Idem, p. 28.

8 Kershaw, Ian, op. cit., p. 166.

9 Citado por Franz-Willing, Georg. *Die Hitler-Bewegung 1925-1934*, p. 95.

10 *Münchener Post*, p. 6, 6/5/1926.

11 Idem, p. 6, 28-29/4/1928.

A GUERRA DOS JORNAIS

1 *Völkischer Beobachter*, p. 1, 8/3/1923.

2 Rosenbaum, Ron, op. cit., p. 21.

3 *Münchener Post*, p. 13, 14-15/3/1925.

4 Idem, p. 9, 4/7/1927.

5 Idem, ibidem.

6 *Völkischer Beobachter*, p. 3, 23/9/1929.

7 *Münchener Post*, p. 3, 28/8/1930.

8 Idem, ibidem.

9 Idem, ibidem.

10 Idem, ibidem.

11 Idem, p. 3, 29/8/1930.

12 Idem, p. 6, 5-6/7/1930.

13 Idem, p. 1, 26/8/1930.

14 *Völkischer Beobachter*, p. 1, 7/7/1927.

15 Idem, p. 2, 16/7/1927.

O "PEQUENO DUCE" E O CASO DO TIROL

1 Citado pelo *Münchener Post*, p. 9, 4/7/1927.

2 *Münchener Post*, p. 4, 21/5/1928.

3 Idem, ibidem.

4 Goldschagg, Edmund, op. cit., p. 77.

5 Idem, ibidem.

6 Idem, p. 76.

7 Defesa publicada em: Lankheit, Klaus A. (org.). *Hitler – Reden Schriften Anordnungen: Februar 1925 bis Januar 1933*, p. 242.

8 Idem, p. 247.

9 *Münchener Post*, p. 3, 6/5/1929.

10 Idem, p. 4, 8-9/5/1929.

11 Idem, p. 9, 15/5/1929.

12 Fest, Joachim. *Das Gesicht des Dritten Reiches – Profile einer totalitären Herrschaft*, p. 287.

13 Citado por Morris, Douglas G. *Justice Imperiled – The Anti-Nazi Lawyer Max Hirschberg in Weimar Germany*, p. 280.

14 Frank, Hans. *Im Angesicht des Galgens*, p. 64.

15 *Münchener Post*, p. 9, 6/2/1930.

16 Idem, p. 6, 27/9/1932.

17 Idem, ibidem.

18 Frank, Niklas. *Meine Deutsche Mutter*, p. 204.

19 *Münchener Post*, p. 6, 1-2/10/1932.

20 Morris, Douglas G., op. cit., p. 262.

21 Franz-Willing, Georg. *Die Hitler-Bewegung 1925-1934*, p. 53.

22 Documento da direção da polícia de Munique, de 19 de janeiro de 1928: BayHStA MA 101.235/2.

23 *Münchener Post*, p. 1, 4/2/1925.

24 Citado por Franz-Willing, Georg. *Die Hitler-Bewegung 1925-1934*, p. 44.

25 Citado pelo *Völkischer Beobachter*, p. 4, 7/5/1927.

26 Joachim Fest, *Hitler – Eine biographie*, p. 287.

A ALEMANHA EM FRANGALHOS

1 *Münchener Post*, p. 4, 30/1/1930.

2 Idem, ibidem.

3 Idem, p. 1, 1-2/2/1930.

4 Koszyk, Kurt. *Zwischen Kaiserreich und Diktatur*, p. 188.

5 *Münchener Post*, p. 1, 7/3/1930.

6 Blaich, Fritz. *Der Schwarze Freitag – Inflation und Wirtschaftskrise*, p. 60.

7 *Münchener Post*, p. 7, 22-23/2/1930.

8 Idem, p. 6, 24-25/1/1931.

9 Blaich, Fritz, op. cit., p. 74.

10 *Münchener Post*, p. 6, 14/4/1930.

11 Idem, p. 4, 22/1/1931.

12 Idem, p. 4, 11/3/1931.

13 Idem, p. 4, 30/3/1931.

14 Idem, ibidem.

O PALÁCIO PARDO DO "REI DA BAVIERA"

1 Turner Jr., H. A. (org.). *Hitler aus nächster Nähe – Aufzeichnungen eines Vertrauten 1929-1932*, p. 184.

2 Discurso de 23/5/1930, publicado em: Hartmann, Christian (org.). *Hitler – Reden Schriften Anordnungen: Februar 1925 bis Januar 1933*, v. 3, p. 201.

3 Idem, p. 202.

4 Heusler, Andreas. *Das braune Haus – Wie München zur "Hauptstadt der Bewegung" wurde*, p. 137.

5 Grammbitter, Ulrike; Lauterbach, Iris. *Das Parteizentrum der NSDAP in München*, p. 10.

6 Idem, p. 12.

7 *Münchener Post*, p. 7, 16/4/1931.

8 Idem, p. 3, 9/3/1931.

A PRIMEIRA GRANDE VITÓRIA DE HITLER

1 Gerstenberg, Günther, op. cit., p. 341.

2 *Völkischer Beobachter*, p. 5, 9/4/1930.

3 *Münchener Post*, p. 1, 23-24/8/1930.

4 Idem, p. 11, 17/7/1930.

5 Discurso de 12/8/1930, publicado em: Hartmann, Christian (org.). *Hitler – Reden Schriften Anordnungen: Februar 1925 bis Januar 1933*, v. 3, p. 325.

6 *Münchener Post*, p. 1, 4/7/1930.

7 Idem, p. 1, 13-14/9/1930.

8 Fest, Joachim. *Hitler – Eine biographie*, p. 401.

9 Citado em: Deuerlein, Ernst (org.). *Der Aufstieg der NSDAP in Augenzeugenberichten*, p. 318.

10 *Münchener Post*, p. 6, 17/9/1930.

11 Citados pelo *Münchener Post*, pp. 1-2, 18/9/1930.

BATALHAS SUJAS

1 Rosenbaum, Ron, op. cit., p. 121.

2 *Münchener Post*, p. 6, 14/4/1931.

3 Atas do processo sobre o caso encontram-se no Bundesarchiv (Arquivo Federal, em Berlim): BArch R3.001/25.006, f. 1-4.

4 *Münchener Post*, p. 1, 22/6/1931.

5 Idem, ibidem.

6 Idem, ibidem.

7 Idem, ibidem.

8 *Völkischer Beobachter*, p. 1, 26/6/1931.

9 *Münchener Post*, p. 1, 24/6/1931.

10 Bundesarchiv: BArch R3.001/25.006, f. 1-4.

11 Jellonnek, Burkhard. *Homosexuelle unter dem Hakenkreuz*, p. 70.

12 *Münchener Post*, p. 6, 21/4/1932

13 Idem, p. 1, 9/3/1932.

14 Morris, Douglas G., op. cit., p. 290.

15 *Münchener Post*, p. 1, 26/6/1931.

16 Idem, p. 3, 20/4/1932.

17 Idem, p. 1, 8/4/1932.

18 Morris, Douglas G., op. cit., p. 293.

19 *Münchener Post*, p. 7, 21/9/1931.

20 Idem, p. 6, 22/9/1931.

21 Discurso de 24/9/1931, publicado em: Hartmann, Christian (org.). *Hitler – Reden Schriften Anordnungen: Februar 1925 bis Januar 1933*, v. 3, p. 112.

O TERCEIRO REICH, SEGUNDO O POST

1 *Münchener Post*, p. 3, 23/2/1931.

2 Idem, p. 1, 27/8/1931.

3 Idem, p. 4, 10-11/10/1931.

4 Idem, p. 1, 25/11/1931.

5 Idem, p. 1, 1º/12/1931.

6 Idem, p. 1, 5-6/12/1931.

7 Idem, p. 3, 9/12/1931.

8 Idem, p. 1, 30/12/1931.

9   Idem, ibidem.

10 Idem, p. 1, 12/1/1932.

11 Idem, ibidem.

12 Idem, p. 1, 23-24/7/1932.

13 Idem, ibidem.

14 Kral, Herbert. *Die Landespolitik der SPD in Bayern von 1924 bis 1933*, p. 28.

A "HITLERITE" CONTAMINA O POVO

1 *Münchener Post*, p. 9, 23/3/1932.

2 Idem, p. 6, 14-15/5/1932.

3 Idem, p. 1, 22/2/1932.

4 Ata de 20/9/1932, do Bayerisches Hauptstaatsarchiv (arquivo principal do Estado da Baviera): BayHStA MJu 17.413.

5 *Der gerade Weg*, p. 1, 14/2/1932.

6 *Münchener Post*, p. 1, 16/3/1932.

7 *Völkischer Beobachter*, p. 1, 15/4/1932.

8 *Münchener Post*, p. 1, 29.06.1932.

9 Discurso proferido em 6/4/1932, em Würzburg, publicado em: Lankheit, Klaus (org.), op. cit., p. 33.

10 *Münchener Post*, p. 1, 31/7/1932.

11 Hoegner, Wilhelm. *Die verratene Republik*, p. 307.

12 *Münchener Post*, p. 1, 29/8/1932.

13 Publicado em: Lankheit, Klaus (org.), op. cit., p. 317.

14 *Münchener Post*, p. 2, 24/8/ 1932.

15 *Völkischer Beobachter*, p. 1, 29/11/1932.

16 *Münchener Post*, p. 1, 7/11/1932.

17 Idem, p. 1, 3/1/1933.

A ALEMANHA AOS PÉS DOS NAZISTAS

1 *Münchener Post*, p. 1, 29/12/1932.

2 Idem, ibidem.

3 Idem, p. 1, 2/1/1933.

4 Idem, ibidem.

5 Idem, ibidem.

6 Reuth, Ralf Georg (org.). *Joseph Goebbels – Tagebücher 1924-1945*, p. 757.

7 *Die rote Fahne*, p. 1, 1º/2/1933.

8 *Der gerade Weg*, p. 1, 1º/2/1933.

9 *Münchner Neueste Nachrichten*, p. 1, 31/1/1933.

10 *Frankfurter Zeitung*, p. 2, 1º/2/1933.

11 *Münchener Post*, p. 1, 31/1/1933.

12 Idem, ibidem.

13 Idem, ibidem.

14 Repercussão publicada em: *Münchener Post*, p. 3, 3/2/1933.

15 Publicado em: Reimers, Karl Friedrich. *Begleitpublikation zur Edition G 126, Reihe Filmdokumente zur Zeitgeschichte*, IWF.

16 *Münchener Post*, p. 2, 15/2/1933.

17 Idem, p. 3, 3/2/1933.

18 Shirer, William L. *Aufstieg und Fall des Dritten Reiches*, pp. 188-92.

19 Distel, Barbara. "Der Terror kam schleichend", p. 6.

20 Ver cartaz original em: http://www.mahnung-gegen-rechts.de/pages/staedte/Zittau/pics/wahlschlager--Hitler--Wahlplakat-1932.jpg. Acesso em: 13/3/2013.

21 Citado pelo *Münchener Post*, p. 3, 3/3/1933.

22 *Die rote Fahne*, p. 1, 1º/2/1933.

23 *Münchener Post*, p. 1, 3/3/1933.

24 Hoegner, Wilhelm. *Flucht vor Hitler*, pp. 89-90.

25 *Münchener Post*, p. 1, 4-5/3/1933.

26 Idem, ibidem.

27 Idem, p. 3.

28 Idem, p. 1, 6/3/1933.

29 *Frankfurter Zeitung*, p. 3, 7/3/1933.

O POST DESPEDAÇADO

1 Hoegner, Wilhelm. *Flucht vor Hitler*, p. 104.

2 *Münchner Neueste Nachrichten*, p. 13, 11/3/1933.

3 Hoegner, Wilhelm. *Flucht vor Hitler*, p. 121.

4 Carta de Erhard Auer a Franz Xaver Ripper von Epp, de 31 de março de 1933: BayHStA StK 5.475.

5   Lorant, Stefan. *Ich war Hitlers Gefangener*, p. 137.

6   Idem, ibidem.

7   Hoegner, Wilhelm. *Der schwieriger Aussenseiter*, p. 115.

8   Dollinger, Hans. *Edmund Goldschagg 1886-1971*, p. 130.

9   Citado no site do Deutsches Historisches Museum (Museu Histórico Alemão): http://www.dhm.de/lemo/html/nazi/antisemitismus/index.html. Acesso em: 13/3/2013.

PERSEGUIÇÃO, FUGA E EXÍLIO

1   *Völkischer Beobachter*, p. 1, 22/6/1933.

2   Hoegner, Wilhelm. *Flucht vor Hitler*, p. 256.

3   Zerfass, Julius, op. cit., p. 57.

4   Hoegner, Wilhelm. *Flucht vor Hitler*, p. 57.

5   Shirer, William L., op. cit., p. 212.

6   Citado por Bohn, Rainer. *Ich bin ein Prolet und du ein Prolet. Julius Zerfass im Traditionswandel der deutschen Arbeiterdichtung um 1910*, p. 67.

7   Hoegner, Wilhelm. *Flucht vor Hitler*, p. 210.

8   Citado por Morris, Douglas G., op. cit., p. 308.

9   Hirschberg, Max, op. cit., p. 285.

10 Citado por Morris, Douglas G., op. cit., p. 316.

A RECONSTRUÇÃO DA IMPRENSA LIVRE

1   Wilke, Jürgen, op. cit., p. 182.

2   Dollinger, Hans, op. cit., p. 146.

3   Idem, p. 158.

4   Hoegner, Wilhelm. *Der schwierige Aussenseiter*, p. 271.

5   Idem, pp. 241-2.

6   Carta de 10 de outubro de 1966, arquivada no Instituto de História Contemporânea, em Munique: Nachlass Hoegner, Institut für Zeitgeschichte, Bd. 42/Briefe Hoegner-Goldschagg.

Fontes e referências bibliográficas

As pesquisas para este livro foram feitas sobretudo na Biblioteca do Estado da Baviera (Bayerische Staatsbibliothek), uma instituição de 450 anos e um dos maiores acervos da Europa, com quase 10 milhões de volumes. Ali mesmo, no prédio imponente da Ludwigstrasse, construído em 1843, o jovem Adolf Hitler, bem antes de entrar para a política, costumava ler os jornais do dia.

Na principal sala de leitura da biblioteca, no primeiro andar, estão as dezenas de rolos de microfilmes com as edições do *Münchener Post* de 1889 a 1933. É apenas uma das várias coleções do jornal arquivadas em Munique que sobreviveram à fúria nazista e aos bombardeios da Segunda Guerra Mundial. A coleção não está completa: faltam várias edições e, por problemas de conservação, fica difícil decifrar muitos artigos. No entanto, é abrangente o suficiente para conhecer a evolução do jornal.

A um quarteirão da biblioteca, na Schönfeldstrasse, estão os arquivos estatais da Baviera, onde se encontram os principais documentos citados neste livro. O Arquivo Municipal de Munique (Stadtarchiv), na Winzererstrasse, e o Instituto de História Contemporânea (Institut für Zeitgeschichte), na Leonrodstrasse, também foram paradas importantes desta pesquisadora. Ali estão as edições do jornal nazista *Völkischer Beobachter*, um dos maiores rivais do *Münchener Post* na última década de sua existência.

Fontes documentais
Arquivos estatais da Baviera:
Pol. Dir. München 6.710
Pol. Dir. München 6.712
Pol. Dir. München 6.879

BayHStA MA 101.235/2
BayHStA MJu 17.413
BayHStA StK 5.475

Arquivo Federal de Berlim:
BArch R3.001/25.006, f. 1-4

Instituto de História Contemporânea:
Nachlass Hoegner, Institut für Zeitgeschichte, Bd. 42/Briefe Hoegner-Goldschagg

Jornais

Bayerischer Kurier, Der gerade Weg, Die rote Fahne, Folha da Noite, Frankfurter Zeitung, Münchener Post, Münchner Neueste Nachrichten, O Estado de S. Paulo, The New York Times, Völkischer Beobachter e Vorwärts.

Bibliografia

ARETIN, Erwein von. *Krone und Ketten – Erinnerungen eines bayerischen Edelmannes*. Munique: Süddeutscher Verlag, 1955.

ASSÉL, Astrid; HUBER, Christian. *München und das Bier*. Munique: Volk Verlag, 2009.

AUERBACH, Hellmuth. "Hitlers politische Lehrjahre und die Münchener Gesellschaft 1919-1923". *Vierteljahresheft für Zeitgeschichte*, 25. Jahrgang, 1. Heft. Stuttgart: Deutsche Verlags-Anstalt, 1977. pp. 1-45

BLAICH, Fritz. *Der Schwarze Freitag – Inflation und Wirtschaftskrise*. Munique: DTV, 1985.

BOHN, Rainer. *Ich bin ein Prolet und du ein Prolet. Julius Zerfass im Traditionswandel der deutschen Arbeiterdichtung um 1910*. Echternach: Phi, 1982.

DER DOLCHSTOSSPROZESS – *Eine Ehrenrettung des deutschen Volkes*. Munique: Verlag Birk & Co., 1925.

DER HITLER-PROZESS – *Auszüge aus den Verhandlungsberichten*. Munique: Deutscher Volksverlag, 1924.

DEUERLEIN, Ernst (org.). *Der Aufstieg der NSDAP in Augenzeugenberichten*. Düsseldorf: Karl Rauch Verlag, 1968.

_____(org.). *Der Hitlerputsch – Bayerische Dokumente zum 8./9. November 1923*. Stuttgart: Deutsche Verlags-Anstalt, 1962.

DISTEL, Barbara. "Der Terror kam schleichend". *Zeitungszeugen*, n. 2, pp. 6-7, 2012.
DOLLINGER, Hans. *Edmund Goldschagg 1886-1971*. Munique: Süddeutscher Verlag, 1986.
DORNBERG, John. *Der Hitler-Putsch*. Munique: Langen Müller, 1983.
FECHENBACH, Felix. *Der Revolutionär Kurt Eisner*. Berlim: J. H. W. Dietz Nachf., 1929.
FEST, Joachim. *Das Gesicht des Dritten Reiches – Profile einer totalitären Herrschaft*. Munique: Piper Verlag, 1993.
_____. *Hitler – Eine Biographie*. Berlim: Propyläen, 2006.
FRANK, Hans. *Im Angesicht des Galgens*. Neuhaus: Eigenverlag Brigitte Frank, 1955.
FRANK, Niklas. *Meine Deutsche Mutter*. Munique: C. Bertelsmann Verlag, 2005.
FRANZ-WILLING, Georg. *Die Hitler-Bewegung – Der Ursprung 1919-1922*. Hamburgo/Berlim: Decker, 1962.
_____. *Die Hitler-Bewegung 1925-1934*. Oldendorf: DVG, 2001.
_____. *Krisenjahr der Hitlerbewegung – 1923*. Preussisch Oldendorf: Verlag K. W. Schütz KG, 1975.
_____. *Putsch und Verbotszeit der Hitlerbewegung*. Preussisch Oldendorf: Verlag K. W. Schütz, 1977.
GERSTENBERG, Günther. *Freiheit! Sozialdemokratischer Selbstschutz in München der zwanziger und frühen dreissiger Jahre*. Andechs: Ulenspiegel, 1997.
GOLDSCHAGG, Edmund. "Ausklang der *Münchener Post*". *100 Jahre SPD*, pp. 73-80, 1963.
GRAF, Oskar Maria. *Wir sind Gefangene*. Munique: Drei Masken Verlag, 1927.
GRAMMBITTER, Ulrike; LAUTERBACH, Iris. *Das Parteizentrum der NSDAP in München*. Berlim/Munique: Deutscher Kunstverlag, 2009.
GRAU, Bernhard. *Kurt Eisner, 1867-1919 – Eine Biographie*. Munique: Verlag C. H. Beck, 2001.
HAERENDEL, Ulrike (org.). *München – Hauptstadt der Bewegung*. Munique: Stadtmuseum, 1993.
HANFSTAENGL, Ernst. *Zwischen Weissem und Braunem Haus*. Munique: Piper, 1970.
HARTMANN, Christian (org.). *Hitler – Reden Schriften Anordnungen: Februar 1925 bis Januar 1933*. v. 3, parte 3. Munique: K. G. Saur, 1995.
_____(org.). *Hitler – Reden Schriften Anordnungen: Februar 1925 bis Januar 1933*. v. IV, parte 2, Munique: K.G. Saur, 1996.
HESS, Ulrich. "Louis Viereck und seine Münchner Blätter für Arbeiter 1882-1889". *Dortmunder Beiträge zur Zeitungsforschung*, v. 6, pp. 1-50, 1961.

HEUSLER, Andreas. *Das braune Haus – Wie München zur "Hauptstadt der Bewegung" wurde*. Munique: Deutsche Verlags-Anstalt, 2008.

HILLESHEIM, Jürgen; MICHAEL, Elisabeth (orgs.). *Lexikon Nationalsozialistischer Dichter – Biographien, Analysen, Bibliographien*. Würzburg: Verlag Königshausen & Neumann, 1993.

HIRSCHBERG, Max. *Jude und Demokrat – Erinnerungen eines Münchener Rechtsanwalts: 1883 bis 1939*. Munique: R. Oldenburg Verlag, 1998.

HITLER, Adolf. *Mein Kampf*. Munique: Verlag Franz Eher, 1942.

HOEGNER, Wilhelm. *Der schwierige Aussenseiter*. Munique: Isar Verlag, 1959.

_____. *Die verratene Republik*. Munique: Isar Verlag, 1958.

_____. *Flucht vor Hitler*. Munique: Nymphenburger Verlagshandlung, 1977.

HOSER, Paul. *Die politischen, wirtschaftlichen und sozialen Hintergründe der Münchner Tagespresse zwischen 1914 und 1934*. Frankfurt: Peter Lang, 1990.

JÄCKEL, Eberhard; KUHN, Axel (orgs.). *Hitler – Sämtliche Aufzeichnungen 1905-1924*. Stuttgart: Deutsche Verlags-Anstalt, 1980.

JANSEN, Reinhard. *Georg von Vollmar, eine politische Biographie*. Düsseldorf: Droste Verlag, 1958.

JELLONNEK, Burkhard. *Homosexuelle unter dem Hakenkreuz*. Paderborn: Schöningh, 1990.

KERSHAW, Ian. *Hitler – A Biography*. Nova York/Londres: W. W. Norton & Company, 2008.

KIRCHPFENING, Eugen. *Der Weg in die Freiheit – 80 Jahre Sozialdemokratie in Bayern*. Munique: Das Volk, 1948.

KLUGE, Ulrich. *Die deutsche Revolution 1918/1919 – Staat, Politik und Gesellschaft zwischen Weltkrieg und Kapp-Putsch*. Frankfurt: Suhrkamp, 1985.

KNAUS, Albrecht. *Die Münchener Post während des Weltkrieges*. Miesbach, 1940.

KOSZYK, Kurt. *Deutsche Presse 1914-1945 – Geschichte der deutschen Presse, Teil III*. Berlim: Colloquium Verlag, 1972.

_____. *Deutsche Presse im 19 – Jahrhundert, Teil II*. Berlim: Colloquium Verlag, 1966.

_____. *Zwischen Kaiserreich und Diktatur – Die Sozialdemokratische Presse von 1914 bis 1933*. Heidelberg: Quelle & Meyer, 1958.

KRAL, Herbert. *Die Landespolitik der SPD in Bayern von 1924 bis 1933*. Munique: Uni--Druck, 1985.

KROCKOW, Christian Graf von. *Die Deutschen in ihrem Jahrhundert 1890-1990*. Reinbeck bei Hamburg: Rohwolt, 1990.

LANDAUER, Carl. "Erinnerungen an die Münchener Sozialdemokratie 1921-1923". In: LAMM, Hans (org.). *Vergangene Tage – Jüdische Kultur in München*. Munique e Viena: Langen Müller, 1982. pp. 380-6,

LANKHEIT, Klaus A. (org.). *Hitler – Reden Schriften Anordnungen: Februar 1925 bis Januar 1933*. v. 5, parte 1. Munique: K. G. Saur, 1996.

LARGE, David Clay. *Hitlers München – Aufstieg und Fall der Hauptstadt der Bewegung*. Munique: C. H. Beck, 1998.

_____. *The Politics of Law and Order: a History of the Bavarian Einwohnerwehr, 1918--1921*. Filadélfia: American Philosophical Society, 1980.

LORANT, Stefan. *Ich war Hitlers Gefangener*. Munique: List Verlag, 1985.

LOTTERSCHMID, Michael; MEHRINGER, Hartmut. "Erhard Auer – ein bayerischer Sozialdemokrat". In: MEHRINGER, Hartmut (org.). *Von der Klassenbewegung zur Volkspartei – Wegmarken der bayerischen Sozialdemokratie 1882-1992*. Munique: K. G. Saur, 1992. pp. 138-50

MASER, Werner. *Hitlers Briefe und Notizen – Sein Weltbild in handschriftlichen Dokumenten*. Düsseldorf/Viena: Econ Verlag, 1973.

MORRIS, Douglas G. *Justice Imperiled – The Anti-Nazi Lawyer Max Hirschberg in Weimar Germany*. Michigan: The University of Michigan Press, 2005.

MÜLLER, Karl Alexander von. *Im Wandel einer Welt – Erinnerungen Band 3: 1919-1932*. Munique: Süddeutscher Verlag, 1966.

PIEPENSTOCK, Klaus. *Die Münchener Tagespresse 1918-1933*. Munique, 1955. Dissertação.

PILWOUSEK, Ingelore (org.). *Verfolgung und Widerstand – Das Schicksal Münchner Sozialdemokraten in der NS-Zeit*. Munique: Volk Verlag, 2012.

POHL, Karl Heinrich. *Adolf Müller – Geheimagent und Gesandter in Kaiserreich und Weimarer Republik*. Colônia: Bund-Verlag, 1995.

_____. *Die Münchener Arbeiterbewegung – Sozialdemokratische Partei, freie Gewerkschaften, Staat und Gesellschaft in München 1890-1914*. Munique: K.G. Saur, 1992.

PRIDHAM, Geoffrey. *Hitler's Rise to Power*. Londres: Hart-Davis, 1973.

REIMERS, Karl Friedrich. *Begleitpublikation zur Edition G 126, Reihe Filmdokumente zur Zeitgeschichte*. Göttingen: IWF, 1971.

REUTH, Ralf Georg (org.). *Joseph Goebbels – Tagebücher 1924-1945*. v. 2, 1930-1934. Munique: Piper, 1992.

RÖHM, Ernst. *Die Geschichte eines Hochverräters*. Munique: Verlag Frz. Eher Nachf., 1928.

ROSENBAUM, Ron. *Para entender Hitler – A busca das origens do mal*. Rio de Janeiro: Record, 2004.

SCHENK, Dieter. *Hans Frank*. Frankfurt: S. Fischer Verlag, 2006.

SCHLIER, Paula. *Petras Aufzeichnungen*. Innsbruck: Brenner Verlag, 1926.

SCHMITT-GLÄSER, Angela. *Politik und Roman – Der Zeitungsroman in der "Münchener Post" als Zeugnis der kulturpolitischen Verbürgerlichung der SPD*. Frankfurt: Lang, 1992.

SHIRER, William L. *Aufstieg und Fall des Dritten Reiches*. Colônia/ Berlim: Kiepenheuer & Witsch, 1961.

TURNER JR., H. A. (org.). *Hitler aus nächster Nähe – Aufzeichnungen eines Vertrauten 1929-1932*. Frankfurt/Berlim/Viena: Ullstein, 1978;

VOLLNHALS, Clemens (org.). *Hitler – Reden, Schriften, Anordnungen: Februar 1925 bis Januar 1933*. v 1. Munique/Londres/Nova York/Paris: K. G. Saur, 1992.

WEBER, Reinhard. *Das Schicksal der jüdischen Rechtsanwälte in Bayern nach 1933*. Munique: R. Oldenburg, 2006.

WIENINGER, Karl. *In München erlebte Geschichten*. Munique: Strumberger Verlag, 1985.

WILKE, Jürgen. "Gewalt gegen die Presse – Episode und Eskalation in der deutschen Geschichte". In: WILKE, Jürgen (org.). *Unter Druck gesetzt, Vier Kapitel deutscher Pressegeschichte*. Colônia/Weimar/Viena: Böhlau Verlag, 2002. pp. 129-98.

ZERFASS, Julius. *Dachau 1933 – Eine Chronik*. Zurique: Europa Verlag, 1988.

Sites (em alemão)

Dicionário Histórico da Baviera:
http://www.historisches-lexikon-bayerns.de

Museu Histórico Alemão (serviço online):
http://www.dhm.de/lemo

Seis artigos
do *Münchener Post*

A revolução no Brasil*

O Münchener Post *de 20 de novembro de 1889 noticia, na primeira página, a Proclamação da República no Brasil, ocorrida no dia 15.*

Um cabograma relata: segundo informações do Rio de Janeiro, eclodiu ali um movimento revolucionário que teve como objetivo a derrubada do governo e o estabelecimento da República. O Exército apoia o movimento revolucionário. Foi instituído um governo provisório, ao qual pertencem Fadonseca** [sic] e Benjamin Constant***. Um telegrama posterior acrescenta: ministros foram capturados. Consta que Theodora Fonseca [sic] foi nomeado presidente da República. O novo governo provisório garantiu a segurança da família imperial. O imperador encontra-se em Petrópolis (residência de verão, próxima à capital). A segurança pública não está ameaçada. Caiu, então, a última monarquia da América! De repente consumou-se no Brasil um fato previsto havia tempo pelos pessimistas, mas em cuja iminência poucos acreditavam. O Exército brasileiro, que participou da revolução, conta apenas com pouco mais de 20 mil homens, inclusive da gendarmaria, servindo mais como polícia do que como tropa de guerra; no entanto, por isso mesmo sua participação na revolução é um fator importante. "Um governo provisório foi instalado", anunciou-se; assim, supõe-se que o Império e

---

* A tradução deste e dos outros artigos foi feita pela autora.
** O texto refere-se ao marechal Manuel Deodoro da Fonseca (1827-1892), primeiro presidente do Brasil. Ele governou o país entre 1889 e 1891, quando renunciou.
*** O general de brigada Benjamin Constant Botelho de Magalhães (1836-1891) também participou do movimento republicano. Foi ministro da Guerra e da Instrução Pública no governo provisório de Deodoro da Fonseca.

os sequazes a ele fiéis não conseguirão restabelecer o antigo regime, que parece ter sido eliminado sem violência.

A revolução no Brasil não se dirige contra a pessoa do soberano, e sim exclusivamente contra a forma de governo. Dom Pedro II, proclamado imperador quando ainda era um menino de cinco anos e que por quase seis décadas carregou o peso da coroa, foi sempre um exemplo de monarca constitucional. Homem extremamente culto e inteligente, amigo sincero de tudo o que é bom e bonito, governou seu país com benevolência humana, altruísmo e aquela discrição cuidadosa, considerada indispensável diante da Constituição brasileira – esta reduzia os direitos da Coroa a um mínimo. Pessoalmente, ele gozava do respeito de todos os seus súditos, mas não do amor do povo; e este lhe foi negado só pelo fato de ele ser um monarca. O povo brasileiro, a burguesia e a aristocracia agrária são democráticos tanto nas ideias como nos costumes. Sempre viram o imperador como uma espécie de mal, não tão necessário, porém do qual era difícil libertarem-se. Algumas ocasiões à parte, testemunhos de respeito quase não lhe eram oferecidos; realmente, tirar o chapéu a sua passagem era um ato que pertencia às exceções. E ele era um monarca que nunca desconheceu os limites de seus direitos, que nunca fez tentativas de marcar sua posição de soberano.

O Brasil foi, notadamente, desde o Descobrimento até o começo de nosso século, uma colônia portuguesa e, como tal, mantida na mais rígida dependência da pátria-mãe. A mudança aconteceu apenas quando o rei João VI de Portugal, fugindo de Napoleão, foi para o país, em 1808, e responsabilizou-se ali mesmo pelo governo. O movimento revolucionário, que naqueles tempos teve como palco toda a América do Sul, propagou-se também no Brasil, e João VI só salvou sua coroa ao prometer aos brasileiros, em 1821, a Constituição que desejavam. Quando logo depois ele retornou a Portugal, deixou para trás seu filho Pedro como regente, e este conseguiu manter a coroa do Brasil para sua família só porque – enquanto o governo português continuou a tratar o país como colônia dependente – se colocou à frente do movimento de Independência; isso motivou o Parlamento a declará-lo, em 13 de maio de 1822, "o defensor perpétuo do Brasil". No mesmo ano, uma Assembleia Constituinte promulgou a Lei Fundamental e proclamou Pedro I o imperador do Brasil.

Infelizmente, os anos seguintes não foram abençoados para o país. Apesar de a Constituição – logo abraçada pelas cortes – reduzir o poder do imperador a uma sombra, eclodiu uma revolta republicana, que só conseguiu ser sufocada com a ajuda inglesa. Além disso, houve uma guerra contra a República Argentina, assim como contra o Paraguai e o Uruguai. Em 10 de março de 1826, dom Pedro I tornou-se, com a morte de João VI, rei de Portugal, mas ele desistiu da coroa em benefício de sua filha Maria da Glória, para permanecer, ele mesmo, imperador do Brasil. Entretanto, nessa renúncia estava a origem de novos conflitos. Quando o infiel esposo de Maria da Glória, dom Miguel, levantou a bandeira da indignação, Pedro I quis recorrer à ajuda do Brasil para apoiá-la [a filha]; porém, como os brasileiros sempre se consideraram humilhados pelos portugueses, as cortes recusaram renitentemente a ajuda pedida. As sugestões de dom Pedro I foram repetidamente rejeitadas, e o conflito tomou tal rigor que o imperador precisou renunciar em prol de seu pequeno filho.

Nos primeiros anos de governo de dom Pedro II, seguiu-se uma cadeia, quase contínua, de motins revolucionários. Apenas na segunda metade dos anos 1850 a calma retornou. O bem-estar do país aumentou a olhos vistos, a descoberta de ricas minas de ouro atraiu mais colonos para o interior. A partir daí, desconsiderando a guerra fronteiriça contra o Paraguai na década de 1860, o Brasil vem desfrutando a paz.

Uma das tarefas a que dom Pedro II se propôs, ele solucionou. Nós nos referimos à Abolição da Escravatura. Já em 1871, graças aos esforços pessoais do imperador, aprovou-se uma lei segundo a qual ninguém mais nasceria escravo e todos os escravos seriam sucessivamente libertados. Quatro anos depois, seguiu-se uma lei que deveria continuar a compensar as contradições sociais, uma lei que garantia os mesmos direitos políticos dos brasileiros aos não católicos, aos estrangeiros naturalizados e aos negros libertados. É notório que a execução dessas leis pouco correspondia à boa vontade de seu autor, que deve ser considerado o próprio Pedro II. Assim, na verdade como algo repentino, aconteceu a Abolição da Escravatura, proclamada em 13 de maio de 1888 por meio de um decreto da princesa herdeira Isabella [sic], que desempenhava, durante a ausência do pai doente, a função de regente. O júbilo do povo e de uma pequena burguesia pouco esclarecida contrastou com o ressentimento de uma aristocracia agrícola marginalizada. Esta, que já mantinha uma posição cética em relação ao regime liberal de dom Pedro, tornou-se ainda mais adversa. A Abolição da Escravatura provavelmente acelerou o fim da monarquia brasileira. Que a nova forma liberal de Estado também inspire agora o espírito liberal.

Os anseios de 5 milhões

Em 30 de março de 1931, no auge da crise econômica mundial, o Münchener Post *denuncia a situação dos milhões de desempregados na Alemanha, ataca o sistema capitalista e adverte para os perigos do nazismo naquela época de crise.*

Deem-nos trabalho! Cinco milhões de pessoas só na Alemanha dirigem esse apelo aos responsáveis no Estado e na economia. Cinco milhões de trabalhadores, que perderam seu emprego por causa dos efeitos da crise econômica e foram obrigados a ficar parados, têm apenas um desejo: trabalho! E ainda não se reconhecem sinais de melhoria dessa situação catastrófica. Quando os milhões de desempregados vão ter de novo um martelo nas mãos? Quando vão ouvir de novo o ritmo das máquinas em movimento?

Não há resposta satisfatória para essas perguntas. No entanto, cada vez mais se reconhece que o desemprego não é o destino pessoal de um indivíduo ou outro; é, sim, a falta de planejamento do atual sistema econômico,

o açoite do capitalismo,*

que distancia milhões de pessoas do trabalho e do pão e condena à ociosidade milhões de pessoas com desejo de trabalhar. Fica cada vez mais claro que não merece permanecer uma ordem mundial que criou obras-primas gigantes da técnica e levou o capital a se aglomerar nas mãos de poucos, que roubou a base da existência de uma massa de milhões de trabalhadores, entregando-os ao ócio, assim como suas famílias; que, no lugar da "ordem capitalista" da sociedade, deve se impor outra, que tem o bem-estar das pessoas acima dos lucros: a s o c i e d a d e s o c i a l i s t a!**

---

* O *Münchener Post* costumava empregar o negrito para destacar algumas expressões dos textos.

** O *Post* também usava o espaçamento entre as letras para destacar trechos de seus artigos.

De que adiantam todas as promessas de um futuro melhor, quando milhões de pessoas se encontram hoje numa situação desesperadora? Não é quase uma consequência natural que charlatões políticos procurem suas presas entre esses milhões de desesperados? Na condição de "nacional-socialistas", eles os enganam com a ilusão de um novo "socialismo alemão", por trás do qual está nada além do que a d i t a d u r a f a s c i s t a, que almeja um Estado corporativo nos moldes reacionários, no qual

o trabalhador deve perder todos os direitos e liberdades batalhados com grandes sacrifícios.

Esses charlatões políticos ganham cada vez mais apoio quando anunciam, de maneira sutil, reivindicações pseudossocialistas, visando a reverter o clima anticapitalista entre as massas para seus confusos objetivos.

Aponta-se repetidamente que a social-democracia nunca viu o melhor dos mundos no regime capitalista. Ela luta, há mais de duas gerações, pela eliminação dessa "ordem capitalista" e da dominância do rico sobre os milhões de despossuídos. Tem realizado um trabalho árduo e perseverante para romper os bastiões do capitalismo, e a multidão de milhões de simpatizantes é a prova mais expressiva de que a social-democracia luta por um ideal de sociedade que expressa o desejo e a vontade das massas. Naturalmente, ela não se limita a pintar um alvo distante: promove, muito mais,

um trabalho duro

para cimentar os fundamentos sobre os quais a nova sociedade deve ser construída, mas também para melhorar a situação de vida dos operários e empregados. Neste tempo de crise, ela se esforça, com toda a energia, para eliminar, ou pelo menos atenuar, a miséria das massas.

Foi a social-democracia que lutou pelo direito do trabalhador de reivindicar formas de apoio sempre que ele, como agora, se encontra no meio da rua, como consequência da crise capitalista. Foi a social-democracia que impôs, com a criação do seguro-desemprego, o auxílio extra para tempos de crise e o subsídio de assistência social nas cidades.

Ao lado dessa luta em prol das vítimas da crise econômica, a social-democracia se esforça permanentemente para que os desempregados sejam reincorporados ao processo de produção. Com essa finalidade, ela apresentou, com os sindicatos, propostas de estímulo da economia e, a partir daí, uma série de medidas que aliviariam de maneira substancial o mercado de trabalho. Basta lembrar suas reivindicações **pela redução da jornada de trabalho, pela prorrogação da obrigatoriedade da escola popular, pela redução eficaz dos preços, pelo fomento à construção de habitações e pela intervenção na posição monopolista dos cartéis e trustes.**

A social-democracia está consciente de que todos os meios devem ser usados para melhorar a situação catastrófica do mercado de trabalho e voltar a dar, aos milhões de desempregados, uma existência humana. A social-democracia luta com todas as forças e em todas as áreas para que suas reivindicações se tornem r e a l i d a d e. Entretanto, ela compreende que isso não será possível por muito tempo sem intervenções profundas no atual sistema capitalista e sem sua superação final. Para isso, ela também precisa

de mais poder político!

Por isso, o fortalecimento da social-democracia é a melhor arma para realizar o desejo de 5 milhões por trabalho.

Pedras em vez de pão

Na edição de 17 de setembro de 1930, o Münchener Post *descreve e comenta a aparição de Hitler em Munique depois da primeira grande vitória eleitoral do partido nazista, três dias antes. O jornal ainda não acredita que Hitler consiga chegar ao poder.*

Na terça-feira à noite, reinava na frente do circo [Zirkus Krone] a conhecida confusão dos comícios da suástica: carros obstruindo as ruas. Um elegante Mercedes esportivo para na entrada, soam gritos de *"Un'-Heil"** – chegou Hitler, o "líder dos trabalhadores". O circo está superlotado, pois os eleitores apareceram para ouvir, da boca de Hitler, como o prometido paraíso nacional-socialista deve se tornar realidade. Uma grande decepção toma muitos rostos – aqui e acolá um bocejo furtivo – quando Hitler oferece pedras, em vez de pão, a seus simpatizantes. Nada – absolutamente nada – ele diz sobre o próximo objetivo do movimento. Nem uma palavra de política prática! Durante anos eles combateram os adversários políticos com os meios mais sujos, considerando detestáveis os "métodos de governo". E hoje? Mesmo depois que os homens da suástica se tornaram o segundo partido mais forte do Reichstag, eles ainda não desviaram do antigo caminho. Não se ouve de Hitler um discurso programático; ele parece continuar em campanha e esperar, fazendo seus discursos costumeiros. P a l a v r e a d o – n a d a a l é m d e p a l a v r e a d o. Acreditam eles que conseguirão assim satisfazer seus simpatizantes? Será que seus seguidores não percebem a pobreza de ideias do movimento da suástica? Isso nunca se mostrou tão evidente como ontem.

* O *Post* joga com a palavra alemã *"Heil!"* (Salve!), muito usada pelos nazistas: *unheil* significa "desgraça".

Apenas a posição de Hitler sobre o parlamentarismo e a revolução teve um aspecto significativo. O sentido dessa vitória, expôs Hitler, é ver que o mais difícil foi superado, ou seja, a luta do movimento contra as tentativas de calá-lo e a luta por um lugar na política. Seria absurdo, disse ele, considerar objetivo do movimento participar da formação de um novo governo. Para os nacional-socialistas, o Parlamento não seria uma finalidade em si, mas apenas um meio; não seria o objetivo em si, mas apenas um caminho para o objetivo. "Não somos", acentuou ele, "um partido parlamentar por princípio, e sim por obrigação, e o nome dessa obrigação é Constituição. Pisamos nesse caminho que a Carta prevê de maneira legal, constitucional; andamos pelo caminho delineado pela Constituição em direção ao objetivo que nós traçamos. A Carta pode apenas indicar a preservação de uma forma, mas não a preservação de um povo. Esse objetivo está hoje livre: nós o estabelecemos e vamos também alcançá-lo".

"A vitória de 14 de setembro", continuou Hitler, "não é para nós um sinal para relaxar; ela nos trouxe apenas uma nova arma. Cento e sete homens estão agora sobre um campo legalizado de esgrima. Eles mostrarão não só que os nacional-socialistas dominam as massas, como também que sabem usar o florete com agilidade. Nesse campo vamos aproveitar, com cabeça fria, todas as possibilidades que nos levem para mais perto de nosso objetivo. Não lutamos por mandatos de deputados, mas conquistamos mandatos para, um dia, libertarmos o povo. A vitória não mudou em nada o objetivo nacional-socialista. O objetivo não é a revolução, a derrubada, o golpe, e sim a conquista da alma alemã, do homem alemão".

"A prestação de contas com os [atuais] líderes", destacou Hitler finalmente, "deixaremos para o soberano povo alemão".

Hitler aprendeu, sem dúvida. Parece que um golpe como o de 1923 está fora de questão. Mas o que acontecerá quando seus seguidores exigirem o cumprimento das múltiplas promessas? A noite de ontem foi a primeira decepção para as massas. Outras seguirão. Elas significarão a dilaceração do movimento. Sobre a tribuna estava pendurada uma grande bandeira vermelha da suástica com a inscrição: "Liberdade e pão!". O que acontecerá se não houver nem liberdade nem pão para oferecer? Os simpatizantes lutaram, uma vitória foi conquistada – e agora eles exigem os frutos da vitória. Mesmo Hitler parece pressentir esse perigo, pois o final de seu discurso culminou numa advertência à SA e à SS para que continuem fazendo sacrifícios até que o objetivo seja alcançado. A luta não deve afrouxar nem por um segundo, disse ele. Por isso a palavra "vitória" deve ser tirada das cabeças e substituída pela palavra "luta".

A tribuna está enfeitada fartamente com louros e guirlandas. Duas mesas estão cheias de coroas de flores, que mãos suaves presentearam o "Harry Liedtke* do palco político". Pequenos corações juvenis batem mais forte quando o "belo Adolf" sobe ao pódio. Sogras esperançosas sacam seus binóculos de teatro...

Em suas palavras introdutórias, Wagner** exigiu que sejam realizadas quanto antes novas eleições para a Assembleia bávara e a Prefeitura de Munique. Os áugures sorriem. Querem levar rapidamente a colheita eleitoral para o celeiro da suástica, antes que o tempo mude para eles.

---

* Harry Liedtke (1882-1945) era um ator de cinema alemão que fazia sucesso entre as mulheres na época.

** Trata-se provavelmente de Adolf Wagner (1890-1944), na época *Gauleiter* (chefe) do NSDAP de Munique.

Os preparativos para a Noite de São Bartolomeu nazista

Em 25 de novembro de 1931, o Münchener Post *anuncia os planos de Hitler para eliminar adversários políticos e traidores do* NSDAP*, depois de tomar o poder na Alemanha. O jornal chama a perseguição de "Noite de São Bartolomeu", referindo-se ao massacre contra protestantes na França, em 1572.*

A casa parda elabora listas

Na casa parda estão sendo preparadas listas de pessoas que devem ser eliminadas, caso os nazistas cheguem ao poder. Ao lado dos nomes e atrás de cada lista está marcada, com caneta vermelha, azul ou verde, a organização (distrito, tropa de assalto ou departamento) que deverá realizar o serviço de algoz.

Uma das listas é reproduzida aqui. As cruzes que aparecem na fotografia estão na cor vermelha no original; no lado de trás da lista, as anotações estão na cor verde.

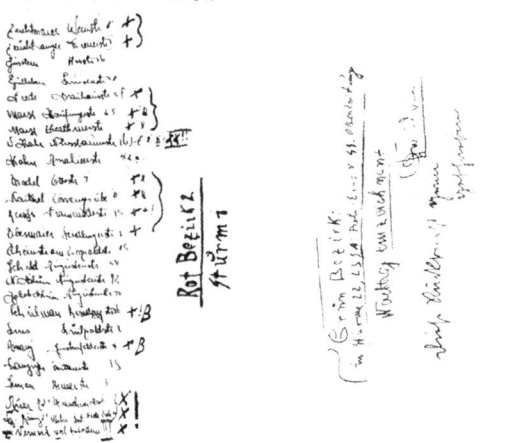

Com base nessas listas, conclui-se claramente que os líderes do partido nazista na casa parda preparam assassinatos políticos em grande escala no momento em que tomarem o poder.

Não há dúvida de que a simples elaboração de tais listas já pode ser considerada um delito.

Os judeus no Terceiro Reich

Em 9 de dezembro de 1931, o Münchener Post *também noticia os planos dos nazistas para os judeus.*

Um *Standartenführer** da SA berlinense relatou para o serviço de imprensa social-democrata:

A direção do NSDAP elaborou, caso o partido venha a tomar o poder, diretrizes especiais para a "solução final da questão judaica", que devem ser tratadas de maneira extremamente secreta. Por questões táticas, qualquer discussão pública sobre a questão judaica tem sido evitada. Temem-se as reações do exterior, sobretudo de Londres e Paris. Na prática, porém, já existe um plano exato para todos os distritos. Os principais pontos desse programa são os seguintes:

Todos os judeus residentes na Alemanha perderão seus direitos civis. Nenhum judeu poderá exercer cargo público. Todos os funcionários públicos judeus, como professores, juízes, funcionários de governo etc., serão demitidos imediatamente. Nenhum judeu poderá testemunhar perante a Justiça ou participar de um júri. Todos os judeus residentes na Alemanha serão submetidos a um "direito" especial. Eles terão de pagar um imposto especial e estarão subordinados a determinados regulamentos policiais, que serão definidos localmente e decidirão sobre sua autorização de residência. Nenhum judeu poderá ser advogado. Não será permitido aos judeus o exercício da prática da medicina em cristãos. O [ritual do] abate será proibido. Todos os apoios do Estado à "comunidade religiosa judaica", assim como o reconhecimento dela pelo Estado, serão suprimidos. Todos os judeus naturalizados desde 1914 perderão

---

* Posto correspondente ao de um coronel, responsável por chefiar uma unidade da SA ou da SS.

os direitos civis alemães e serão deportados como estrangeiros indesejáveis. Uma comissão especial de inquérito controlará, da mais rigorosa maneira, todas as grandes empresas judaicas, sobretudo armazéns, bancos, lojas de atacado e indústrias; no caso de "ameaça ao povo", elas serão expropriadas e transferidas como "propriedade do povo alemão". Uma lei especial tratará da luta contra a "contaminação cultural judaica". Judeus detentores de teatros perderão sua concessão. Todos os produtos jornalísticos que estão nas mãos de judeus deverão registrar isso no alto da primeira página. Uma lei especial pedirá satisfação de todos os escritores e jornalistas judeus que "se intrometerem ilicitamente em questões alemãs".

A "comunidade do povo alemão" se reservará terminantemente o direito de internar ou expulsar todos os "judeus residentes" malquistos que violarem os "interesses do povo alemão". Casamentos mistos entre judeus e cristãos serão declarados inválidos. A autorização para o casamento civil será, por princípio, recusada. Crianças judias não poderão frequentar nenhuma escola ou universidade alemã. Para a solução final da questão judaica, propõe-se empregar os judeus em serviços e cultivos nos charcos alemães, que estarão sobretudo sob a vigilância da ss.

A tropa de elite do SPD permanece inabalada

Em 6 de março de 1933, o Münchener Post *analisa os resultados das eleições para o Reichstag realizadas no dia anterior, pouco mais de um mês depois de Adolf Hitler assumir o poder na Alemanha. O último pleito da República de Weimar selou a vitória dos nacional-socialistas.*

A derrota de Hugenberg* à custa de uma vitória de Hitler

Com o emprego violento de todo o aparelho oficial, o Partido Nacional-Socialista conquistou uma vitória sem precedentes na história do parlamentarismo. O NSDAP cresceu de 196 mandatos para 288, sucesso que só foi possível graças à utilização, contra adversários políticos, de métodos brutais de luta até então nunca vistos num Estado moderno.

Dos 192 jornais social-democratas, apenas oito circularam no dia das eleições, em todo o reino; os demais foram calados. No norte, também os panfletos do SPD foram confiscados, e em grande parte do reino o Partido Social-Democrata nem pôde distribuir folhetos, fazer visitas de campanha ou usar colunas para afixar cartazes. Onde ele [o SPD] se fazia notar com sua agitação, sobretudo na Prússia, a polícia era destacada imediatamente para oprimir sua força e sua vitalidade. Contra todos os indícios, ligaram o Partido Social-Democrata ao incêndio no Reichstag.

A despeito de tudo isso, a s o c i a l - d e m o c r a c i a   m a n t é m - s e   f i r m e! Ela se impôs, mesmo com a mais dura repressão, e continua, como antes, a ser um fator político, apesar das palavras de ódio que lançaram contra ela.

---

* Alfred Hugenberg (1865-1951), empresário e político, era deputado do Reichstag pelo partido antissemita DNVP, que nessas eleições perdeu muitos votos para o NSDAP. Foi ministro da Economia de Hitler nos primeiros meses de seu governo.

A social-democracia volta ao Reichstag com quase a mesma força de antes. A luta contra o "marxismo" que foi dirigida contra ela, com todos os meios de propaganda, a fez perder poucos mandatos. Temos a convicção de que, passado esse delírio político, para o qual foram puxados amplos setores da população, logo chegará o dia no qual a razão política retornará. E esse será n o s s o dia.

Nossa esperança é viver esse dia sem o KPD. Pois, com o KPD, esse momento do despertar ficaria prejudicado. Quando falamos aqui do Partido Comunista, de modo algum pensamos de maneira desrespeitosa nos trabalhadores que há anos apoiam esse partido por profunda necessidade e indignação em face da injustiça econômica. No entanto, sem esse partido, Hitler nunca teria se tornado chanceler do reino e saído vitorioso desse 5 de março.

A liderança do KPD atiçou em milhões de corações de trabalhadores um ó d i o c o n t r a a s o c i a l - d e m o c r a c i a, que agora levou a uma deserção em direção às fileiras pardas da suástica. O resultado eleitoral, sobretudo comparando as perdas do KPD com os ganhos do SPD* e do NSDAP, nos leva à única conclusão de que, no domingo, centenas de milhares de bolchevistas se transferiram para os nacional-socialistas, talvez com a esperança de trocar o pesado destino de desempregado pelo posto de auxiliar de policial pardo.

É impossível negar a fuga de comunistas para o nacional-socialismo. E ela jamais teria sido possível sem a liderança do KPD. Esta pregou, constantemente e até o final, o ódio contra a social-democracia, não surpreendendo então o fato de centenas de milhares terem se deslocado para o lado dos adversários, em vez de se juntarem na esquerda aos companheiros de sua classe.

Levar esses enganados para o caminho de volta, na direção de seus companheiros de classe, é uma das tarefas mais urgentes da social-democracia no futuro. Travar essa luta deve ser nossa promessa agora, assim

---

* O SPD perdeu votos no pleito para o Reichstag, mas aumentou sua votação em algumas regiões.

como uma prova de gratidão para com os milhões que se mantiveram fiéis a nós.

Não é possível superar, de hoje para amanhã, os resultados desse 5 de março. Foram necessários muitos anos até que esse dia chegasse. Estamos certos, porém, de que não durará tanto tempo até que o grande despertar reconduza o povo alemão para outros dias, nos quais não serão a música, os discursos ou as promessas, nem as marchas com tochas ou as notícias sobre grandes tiragens, e sim a razão que levará os eleitores de volta ao terreno dos fatos. Esse dia do despertar será nosso dia, o dia da vitória final do verdadeiro s o c i a l i s m o.

Cronologia

1848
› Os filósofos alemães Karl Marx e Friedrich Engels lançam o *Manifesto comunista*, primeiro programa do movimento operário em expansão na Europa desde o início do século XIX.

1869
› August Bebel e Wilhelm Liebknecht fundam na Alemanha o Sozialdemokratische Arbeiterpartei Deutschlands (SDAP, Partido Social-Democrata dos Trabalhadores da Alemanha).

1871
› O aristocrata Otto von Bismarck, primeiro-ministro da Prússia, completa o processo de unificação da até então fragmentada Alemanha e torna-se o primeiro chanceler do país. O Império Alemão está sob a regência de Guilherme I, antigo rei da Prússia.

1877
› Surge o jornal *Vorwärts*, órgão central do SDAP, em Berlim.

1878
› Bismarck promulga a Lei dos Socialistas, permitindo ao governo perseguir políticos e instituições socialistas e social-democratas. Vários jornais do SDAP são proibidos.

1886
› Ano provável da fundação, por Louis Viereck, do *Münchener Post*, principal órgão da social-democracia bávara.

1888
› Guilherme II torna-se imperador da Alemanha e segue uma política militarista e imperialista.

1889
› Em 20 de abril, nasce Adolf Hitler, em Linz, Áustria.
› Em 15 de novembro, é proclamada a República no Brasil, que o *Post* noticia com cinco dias de atraso.
› Fim do governo Bismarck e da Lei dos Socialistas.

1890
› O SDAP junta-se a outras instituições trabalhistas e é rebatizado como Sozialdemokratische Partei Deutschlands (SPD, Partido Social-Democrata da Alemanha).

1895
› Adolf Müller assume a direção do *Post*.

1907
› A editora Birk & Co. e o *Münchener Post* mudam-se da Windenmacherstrasse para a Altheimer Eck.
› Aos dezoito anos, Hitler faz sua primeira tentativa de ingressar na Academia de Belas-Artes de Viena e fracassa.

1908
› Pela segunda vez, Hitler não passa nas provas de admissão para a Academia de Belas-Artes de Viena.

1912

› Em 12 de janeiro, o SPD torna-se o partido mais forte no Reichstag, o Parlamento alemão. No entanto, continua excluído do governo conservador, nomeado por Guilherme II.

1913

› Em 24 de maio, Hitler parte para Munique, onde passa a viver da venda de seus desenhos.

1914

› Em 28 de junho, o sucessor do trono do Império Austro-Húngaro, Francisco Ferdinando, é assassinado na Bósnia.
› Em 1º de agosto, a Alemanha, aliada da Áustria-Hungria, declara guerra à Rússia, deflagrando a Primeira Guerra Mundial.
› Em 4 de agosto, os parlamentares do SPD apoiam a liberação de fundos para a entrada do país no conflito, aumentando as divergências dentro do partido.
› No mesmo mês, Hitler alista-se no Exército alemão como voluntário e, em outubro, parte para o front.

1917

› Revolução na Rússia põe fim ao regime czarista e dá poder aos conselhos de operários e soldados.
› Os socialistas alemães críticos à guerra fundam o Unabhängige Sozialdemokratische Partei Deutschlands (USPD, Partido Social-Democrata Independente da Alemanha). O *Post* mantém-se como órgão do moderado SPD, rebatizado como Mehrheitssozialdemokratische Partei Deutschlands (MSPD, Partido da Maioria Social-Democrata da Alemanha).

1918

› Greves e revoltas estouram na Alemanha, iniciando a revolução no país.
› Em 7 de novembro, o colaborador do *Post* e líder do USPD Kurt Eisner derruba a monarquia e assume o governo na Baviera.

› No dia 9, é proclamada a República em Berlim.
› No dia 11, a Alemanha e os aliados assinam o armistício de Compiègne, que põe fim à Primeira Guerra Mundial.
› No dia 21, Hitler retorna para Munique.

1919
› Em 1º de janeiro, uma facção do USPD funda o Kommunistische Partei Deutschlands (KPD, Partido Comunista da Alemanha), visando a continuar a revolução no país.
› No dia 5, é criado em Munique o Deutsche Arbeiterpartei (DAP, Partido dos Trabalhadores Alemães), agremiação nacionalista e antissemita.
› No dia 19, o MSPD vence as eleições para a Assembleia Constituinte, que elaborará, na cidade de Weimar, uma nova Carta para a Alemanha. Começa a República de Weimar.
› Em 11 de fevereiro, o social-democrata Friedrich Ebert é eleito presidente da Alemanha.
› No dia 21, Kurt Eisner é assassinado em Munique por um jovem nacionalista. Poucos minutos depois, o líder social-democrata Erhard Auer, futuro editor do *Post*, sofre um atentado na Assembleia. Johannes Hoffmann, do MSPD, assume o governo bávaro.
› Em 7 de abril, comunistas proclamam a República dos Conselhos em Munique. Hoffmann foge para a cidade de Bamberg, de onde continua a governar a Baviera.
› Em 1º de maio, o governo comunista é derrubado por tropas do Exército, corpos de voluntários e milícias de bairro, recrutados pelo governo Hoffmann. Munique vive um banho de sangue, com centenas de mortos.
› Em 28 de junho, é assinado o Tratado de Versalhes: a Alemanha reconhece a culpa pelo conflito, perde suas colônias e parte de seu território, além de ser obrigada a pagar grandes reparações. Uma onda de indignação toma o país.
› Em 12 de setembro, Hitler participa de uma reunião do DAP; dias depois, ingressa no partido.
› Adolf Müller deixa a redação do *Münchener Post*; editores interinos dirigem o jornal.

› O líder social-democrata Erhard Auer cria uma tropa para a proteção de instituições e eventos social-democratas, a Guarda de Auer.

1920
› Em 24 de fevereiro, Hitler discursa pela primeira vez para um grande público na cervejaria Hofbräuhaus e anuncia o programa de sua agremiação, rebatizada de Nationalsozialistische Deutsche Arbeiterpartei (NSDAP, Partido Nacional-Socialista dos Trabalhadores Alemães).
› Em 13 de março, um golpe tenta derrubar, sem sucesso, o governo social-democrata em Berlim e a República recém-instaurada.
› No dia 16, o jurista católico e conservador Gustav Ritter von Kahr assume o poder na Baviera e começa a perseguir os partidos e a imprensa de esquerda.
› No final do mês, Hitler deixa o Exército para dedicar-se à política.
› Em 8 de abril, o *Post* noticia a existência da agremiação nazista NSDAP.
› Em 15 de maio, o jornal menciona pela primeira vez "um senhor Hitler". Começa a cobrir a nova agremiação e o líder que desponta.
› Em novembro, o NSDAP cria para os jovens militantes um "departamento de ginástica e esportes", que se tornará a Sturmabteilung (SA, Tropa de choque).
› Em 17 de dezembro, o NSDAP compra o jornal nacionalista e antissemita *Völkischer Beobachter*.

1921
› Em 3 de agosto, o *Post* publica o artigo "Adolf Hitler, traidor?", o primeiro texto provocador contra o líder nazista.
› No dia 26, o ministro das Finanças da Alemanha, Matthias Erzberger, é assassinado por militantes nacionalistas. O *Post* intensifica sua campanha contra crimes políticos e a violência nazista.
› Em setembro, Erhard Auer torna-se editor-responsável do jornal.
› Em 5 de outubro, o departamento de ginástica e esportes do NSDAP é rebatizado como SA.
› Em 4 de novembro, a SA vive seu "batismo de fogo" na Hofbräuhaus: uma pancadaria entre jovens nazistas e militantes de esquerda.

1922
› O independente USPD funde-se com o moderado MSPD no novo SPD.
› Em 24 de junho, o ministro das Relações Exteriores da Alemanha, Walther Rathenau, é assassinado em Berlim. O governo promulga a Lei de Proteção à República, proibindo a ação de organizações de direita no país, entre elas o NSDAP. A Baviera recusa seguir as ordens de Berlim.
› Em 17 de outubro, o líder fascista Benito Mussolini faz sua "marcha sobre Roma" e dias depois toma o poder na Itália.
› No dia 31, no artigo "Fascismo e polícia bávara", o *Post* dedica pela primeira vez sua manchete da capa ao perigo nazista.
› Em 8 de novembro, o conservador Eugen Ritter von Knilling assume o governo da Baviera.
› No dia 10, a redação do *Münchener Post* é invadida por policiais bávaros.
› Pressionado pelas dívidas a serem pagas aos aliados, o Estado alemão emite papel-moeda de maneira descontrolada, provocando o aumento da inflação no país.

1923
› Em 11 de janeiro, tropas francesas e belgas ocupam a região do rio Ruhr, como pena pelo não cumprimento de uma entrega de carvão. O governo em Berlim anuncia a resistência passiva (greves) contra os invasores. Grupos nacionalistas intensificam sua mobilização na Baviera.
› Em 26 de fevereiro, o *Post* é atacado com granadas de mão e tiros.
› Em 1º de março, homens da SA promovem a primeira invasão ao jornal. As tropas de Erhard Auer levantam barricada para proteger a redação.
› Em 26 de setembro, Berlim anuncia o fim da resistência passiva, o que a Baviera vê como capitulação. Diante das ameaças de golpe, Knilling nomeia Gustav von Kahr comissário-geral do Estado, com poderes quase absolutos.
› No dia 28, policiais bávaros invadem a redação do *Post* e confiscam armas e munições ali armazenadas.
› Em outubro, o governo introduz uma moeda provisória, o "marco para pensões", para conter a inflação.
› Em 8 de novembro, Hitler invade com tropas da SA um evento promovido

por Kahr na cervejaria Bürgerbräukeller e anuncia a deposição do governo em Berlim. A redação do *Post* é destruída mais uma vez. No dia seguinte, o "golpe da cervejaria" fracassa, deixando vinte mortos. O NSDAP e todas as instituições nazistas são proibidos.
› No dia 11, Hitler é preso na casa de campo do amigo Ernst Hanfstaengl.

1924
› Em 26 de fevereiro, começa o julgamento de Hitler e mais nove acusados de alta traição.
› Em 1º de abril, o líder nazista é condenado a cinco anos de prisão, com a possibilidade de abrandamento da pena.
› No dia 25, em artigo no *Post*, o jornalista Martin Gruber acusa Paul Nikolaus Cossmann, editor do *Münchner Neueste Nachrichten* e dos *Süddeutsche Monatshefte*, de falsificar a história, dando início ao chamado "caso da punhalada".
› Em 7 de julho, é fundado em Munique o grupo paramilitar republicano Reichsbanner, apoiado pelo SPD, para defender as instituições democráticas contra ataques nacionalistas.
› Em 10 de agosto, o Plano Dawes é assinado, trazendo novas condições para o pagamento das reparações da guerra.
› No dia 30, uma nova moeda começa a circular no país, o "marco do reino". Inicia-se uma fase de relativa estabilização política e econômica e de efervescência cultural, os chamados "anos de ouro".
› Em 20 de dezembro, Hitler deixa a prisão de Landsberg e logo ganha autorização para refundar seu partido.

1925
› Em 27 de fevereiro, um evento na Bürgerbräukeller comemora a refundação do NSDAP. Hitler reabre o *Völkischer Beobachter* e reorganiza a SA.
› No dia 28, morre o presidente Friedrich Ebert.
› Em 9 de março, o governo bávaro proíbe Hitler de discursar em público por dois anos.
› Em 12 de maio, o marechal de campo conservador Paul von Hindenburg assume a presidência da Alemanha.

› Em 9 de dezembro, Martin Gruber, representado pelo advogado do *Post*, Max Hirschberg, é condenado por injúria no caso da punhalada.

1927
› Em março, Hitler volta a discursar em público.

1928
› Em maio, o líder nazista processa o redator do *Post* Julius Zerfass por um artigo sobre verbas que o NSDAP supostamente receberia do governo fascista da Itália.

1929
› Em 14 de maio, Zerfass é condenado por injúria.
› Em 24 de outubro, acontece o *crash* da Bolsa de Nova York, que provoca uma recessão nos Estados Unidos e em vários países.

1930
› A Alemanha inaugura o ano com 3 milhões de desempregados. Aumenta a agitação nazista nas ruas e nos comícios.
› Em maio, Hitler anuncia a compra da "casa parda", a nova sede do NSDAP.
› Em 14 de setembro, o NSDAP fica em segundo lugar nas eleições para o Reichstag, atrás do SPD.

1931
› Em 22 de junho, o *Post* noticia a homossexualidade do ex-capitão Ernst Röhm, amigo de Hitler e chefe da SA, e a prática de chantagens dentro do NSDAP. Novos processos são abertos contra o jornal.
› Em 18 de setembro, a meia-sobrinha de Hitler, Geli Raubal, suicida-se no apartamento que dividia com o tio; o *Post* sugere ter havido conflitos entre os dois.
› Em 9 de dezembro, o jornal apresenta os planos do líder nazista para os judeus num eventual "Terceiro Reich". Fala de proibições, expulsões, retaliações e trabalhos forçados.

1932
› Em 25 de fevereiro, Hitler consegue a nacionalidade alemã.
› Em 8 de abril, no texto "Cheka na casa parda" o *Post* noticia a existência de uma polícia secreta dentro do NSDAP para liquidar membros indesejados do partido.
› No dia 10, Hitler perde o segundo turno das eleições presidenciais para Paul von Hindenburg.
› Em 17 de julho, o "domingo sangrento de Altona" deixa dezesseis mortos e centenas de feridos.
› No dia 31, o NSDAP torna-se o partido mais votado nas eleições para o Reichstag. Hindenburg nega-se a nomear Hitler chanceler.
› Em 6 de novembro, os nazistas perdem votos nas novas eleições parlamentares, mas mantêm-se como a principal força política do Reichstag.

1933
› Em 30 de janeiro, Hindenburg nomeia Hitler chanceler, numa coalizão com os nacionalistas do Deutschnationale Volkspartei (DNVP, Partido Popular Nacional Alemão).
› Em 4 de fevereiro, Hitler promulga o primeiro decreto que proíbe assembleias políticas e publicações que coloquem em risco a segurança pública.
› No dia 27, o *Post* é proibido de circular até 3 de março. No mesmo dia, o holandês Marinus van der Lubbe põe fogo no prédio do Reichstag, em Berlim; os nazistas culpam os comunistas e deflagram uma onda de perseguição contra os oposicionistas.
› No dia 20, o KPD é proibido.
› Em março, são erguidos os primeiros campos de concentração na Alemanha, entre eles os de Oranienburgo e Dachau.
› Em 5 de março, os nacional-socialistas do NSDAP crescem 11% e ganham as últimas eleições democráticas para o Parlamento.
› No dia 9, Hitler envia um comissário especial, Franz Xaver Ritter von Epp, para assumir o governo da Baviera. Durante as comemorações, tropas da SA destroem a redação do *Post*. O jornal é fechado definitivamente.

› Em 22 de junho, o SPD é acusado de conspiração e proibido pelo governo. Seus membros são perseguidos e todos seus jornais, fechados.

1939
› Com a invasão da Polônia pelo Exército alemão, em setembro, começa a Segunda Guerra Mundial.

1945
› Em 30 de abril, Adolf Hitler comete suicídio num *bunker* em Berlim.
› Em 7 de maio, a Alemanha assina sua rendição.
› No final de setembro, o social-democrata e ex-articulista do *Post* Wilhelm Hoegner é nomeado pelos aliados norte-americanos novo governador da Baviera.
› Em outubro, o ex-editor do *Post* Edmund Goldschagg ganha dos norte-americanos a licença para fundar, em Munique, o *Süddeutsche Zeitung*, o primeiro jornal democrático da Baviera desde o fim do nazismo.

Índice remissivo

A

Abel, Werner 200-1
Abendzeitung 307
Abolição da Escravatura no Brasil 335-6
Altheimer Eck [rua do *Münchener Post*] IV, XIV, 15, 19-20, 33, 88, 90, 92, 99-100, 107-9, 111-2, 125-6, 132, 136, 140, 144, 148, 232, 237, 276, 237, 282-3, 285, 307-8, 352
Amann, Max 253, 255, 281
Arco auf Valley, Anton Graf von 54-5, 151
Aretin, Erwein Freiherr von 290
Associação de Imprensa da Baviera 152
Atwood, Judy 10-1
Auer, Erhard VI, XV, 11, 19-20, 45-7, 49, 55, 78, 86, 90, 95, 99, 101, 107-8, 112-3, 125, 132, 136, 139-42, 144, 156, 161, 171, 178, 196-7, 232, 236, 252, 271, 276, 279, 283-6, 290, 293-4, 298, 303, 354-6
Auer, Sophie 141-2

B

Barlow, Richard 217
"batalha da lenha" 23
Bauer, Gustav 71
Bauhaus, escola 154
Bayerische Staatsbibliothek XV
Bayerische Volkspartei (BVP), *ver* **Partido Popular Bávaro**
Bayerischer Kurier 18, 25, 109, 122, 143, 164, 195, 282
Bayerisches Wochenblatt 139
Bebel, August 24, 351
Bechstein, Helene 96-7
Berchthold, Josef 139, 141
Berliner Tageblatt 108, 174
Birk & Co. 15, 30, 33, 99, 139, 174, 252, 282, 352
Birk, Georg 30
Bismarck, Otto von 26, 243, 351-2
Blum, Franz 156
Bochmann, Klara 265
bolchevismo 65, 86, 109, 241
Bosch, Robert 173
Bouhler, Philipp 217
Braun, Eva 201
Braunes Haus, *ver* "casa parda"
Brecht, Bertolt 154-5
Bruckmann, Elsa 96-7, 217
Bruckmann, Hugo 96-7, 217
Brückner, Wilhelm V
Brüning, Heinrich 225-6, 255
Buch, Walter 238
Buddeli, *ver* **Rosenfeld, Elisabeth**
Bürgerbräukeller (Cervejaria dos cidadãos) XV, 129, 133-5, 137-40, 143-5, 151, 160, 179, 185, 198, 357
BVP, *ver* **Partido Popular Bávaro**

C

Café Heck xv, 81, 218
Café Neumayr xv, 81
Café Stefanie 46
Casa dos Artistas 18-9, 286
"casa parda" x, 215, 217-8, 233, 235, 238, 240, 244-5, 255, 261, 283, 343-4, 358-9
"caso da punhalada" vi, 175, 294, 357-8
"caso Potempa" 260
Centro, *ver* Partido do Centro Alemão
Chaplin, Charles 96
Chemnitzer Volksstimme 40
Chicago Tribune 149
Christlich-Soziale Union (csu), *ver* União Social-Cristã
Cohn, Louis 30-1
comunistas 48, 53-4, 56-8, 62, 71-3, 78, 87, 92-3, 101, 107, 123-4, 126, 129-30, 132, 166, 171, 181, 192, 198, 203, 224-5, 228-9, 257, 259, 266, 270-5, 277, 281-2, 286, 289, 295, 348, 354, 359
Confederação dos Sindicatos 19, 282
Conselho Central de Trabalhadores e Soldados 56
Conselho dos Representantes do Povo 50
Constant [Botelho de Magalhães], Benjamin 333
Constituição de Weimar 64, 124, 258, 273
Cossmann, Paul Nikolaus vi, vii, 75, 133, 169-75, 357
Crash da Bolsa de Nova York 16, 154, 205, 207, 210, 358
csu, *ver* União Social-Cristã

D

Dachau 1933 – Eine Chronik [Dachau 1933 – Uma crônica] (Zerfass) 291
Dachau [campo de concentração] 162, 274, 291-3, 359
Daily Citizen 37
DAP, *ver* Partido dos Trabalhadores Alemães
Dawes, Charles Gates 154
DDP, *ver* Partido Democrático Alemão
Der Kampf 70, 72
Deutsche Arbeiterpartei (DAP), *ver* Partido dos Trabalhadores Alemães
Deutscher Kampfbund (Aliança Alemã de Combate) 123
Deutscher Tag 98, 123
Die Münchener Post während des Weltkrieges (Albrecht Knaus) 309
Die rote Fahne 229, 269, 271, 273, 275
Dill, Hans 90, 156, 289
Dingfelder, Johann 78, 80
Distel, Barbara 274
DNVP, *ver* Partido Popular Nacional Alemão
Dollinger, Hans 287, 299
"domingo sangrento de Altona" 257, 359
Dornberg, John 136, 142
Drexler, Anton 66, 76-7, 85, 151
DSP, *ver* Partido Socialista Alemão
DVFP, *ver* Partido da Liberdade do Povo Alemão
DVP, *ver* Partido Popular Alemão

E

Ebert, Friedrich 53, 132, 136, 180, 354, 357
Eckart, Dietrich 77, 81, 90, 95, 151
Einstein, Alfred 170
Einwohnerwehren (milícias de bairro) 61, 71-3, 79, 91
Eisenschink, Jakob 56, 196, 253, 285
Eiserne Front (Front de Ferro) 251-2, 256, 269-70
Eisner, Kurt I, II, XV, 32, 35, 37-8, 42, 45-51, 53-8, 65, 116, 129, 151, 170, 353-4
Engels, Friedrich 26, 351
Erzberger, Matthias 71, 79-80, 91, 355
Esser, Hermann 253
Esswein, Hermann 196, 253, 285
Estado de S. Paulo, O 149
Evening Standard 229

F

Faulhaber, Michael 254
Fechenbach, Felix 47
Feldherrnhalle III, XV, 145, 183, 198, 282
Fememorde (assassinatos políticos) 73, 91, 266
Ferdinand, Ludwig 123
Ferdinando, Francisco 35, 353
Fest, Joachim 198, 205, 228, 312
Figaro, Le 270
Firner, Hans 291
Flick, Friedrich 216
Folha da Noite 148
Folha de S.Paulo 148
Fonseca, Manuel Deodoro da 333
Frank, Albert 174, 197-9
Frank, Brigitte 199-200
Frank, Hans VIII, 198-201, 295, 301
Frank, Niklas 200
Frankfurter Zeitung 122, 174, 228, 269, 274, 278
Franz Eher Nachfolger [editora] 215
Franz-Willing, Georg 64, 81, 85, 87, 97, 100, 114, 202
Freikorps 61, 73, 77, 83
Frick, Wilhelm V, 183, 268, 271
Front de Ferro, *ver* **Eiserne Front**
Fuchsmühl, caso 23, 31, 167

G

Gato cinza, O (Walter Süss) 253
Geli, *ver* **Raubal, Angela**
Gerade Weg, Der 20, 253-4, 269, 282-3
Gerlich, Fritz 20, 75, 133, 142, 253-4, 282, 292, 298, 307
Germinal (Émile Zola) 28
Gerstenberg, Günther 223
Gestapo (Geheime Staatspolizei – Polícia Secreta do Estado) 175, 294-5
Gleichschaltung (padronização) 298
Goebbels, Joseph 226, 267-8
Göhring, Friedrich 224, 253, 285, 290-1
Goldschagg, Christian 10
Goldschagg, Edmund XIV, 10, 17-20, 40, 196-7, 239, 252-3, 271, 278, 283, 285, 286-7, 289, 297-300, 303, 360
Goldschagg, Rolf 299, 303
"**golpe da cervejaria**" III, IV, V, XI, XV, 32, 75, 146, 153, 159, 169, 183, 188, 191, 198, 200, 202, 215, 224
Göring, Hermann 115, 134-5, 140, 146-7, 160, 268, 277

Gorsleben, Rudolf John 74
Grammbitter, Ulrike 217
Grau, Bernhard 38
Gruber, Martin VII, 32-3, 55, 156, 171, 173-5, 196-7, 245-6, 252-3, 283, 298, 357-8
"guarda branca" 62, 129
Guerra dos Trinta Anos 266-7
Guilherme I 25, 351
Guilherme II 33, 36-8, 352-3

H

Hanfstaengl, Ernst Franz Sedgwick (Putzi) 96, 131, 134, 138, 151, 161, 178, 218, 357
Hanfstaengl, Helene 151
Harrer, Karl 76
Heilmann, Ernst 299
Heilmann, Lene 299
Heimsoth, Karl Günter 233-5
Heines, Edmund 224, 232
Held, Heinrich 166, 178, 180-1, 224, 254, 256, 281
Hentsch, Herbert XII, 265-7
Herald Tribune 270
Hergt, Elise 232, 235-6, 238
Hess, Rudolf 165, 217
Hess, Ulrich 27
Hesse, Herman 28
Heymann, Lida Gustava 136, 144
Hilferding, Rudolf 19
Himmler, Heinrich 137, 247, 281, 286-7
Hindenburg, Oskar 268
Hindenburg, Paul von 181, 225, 248-9, 254-6, 258-62, 268-71, 273, 279, 357, 359
Hirschberg, Erich 10

Hirschberg, Max VI, XV, 10, 20, 156, 171-3, 197, 199-201, 236, 239, 252, 283, 294-5, 358
Hitler, Adolf I, III, V, VIII, IX, XI-XIII, XV, 9, 11-3, 15-8, 20, 32, 36, 46, 51-2, 54, 65-6, 68-70, 73-81, 83-93, 95-103, 107-17, 121-7, 129-38, 140-9, 151-2, 155, 159-67, 169, 172, 175, 177-85, 187, 188-92, 195-205, 211-2, 215-9, 220, 222, 224, 226-9, 231-3, 235-41, 243-9, 251-62, 265-71, 273-4, 276-9, 281-3, 285-7, 289-95, 297-302, 307, 309, 325, 340-3, 347-8, 352-60
Hoegner, Ludwig 12
Hoegner, Wilhelm 11-2, 19-20, 81, 125, 132, 141, 144, 253, 259, 276, 279, 283-4, 286, 290, 292-3, 301-4, 360
Hofbräuhaus [cervejaria] VIII, XV, 74, 78-80, 83, 92, 103, 355
Hofbräukeller [cervejaria] 75, 129
Hoffmann, Johannes 58, 62-3, 73, 354
Hornung, Walter [pseudônimo de Zerfass] 291
Hoser, Paul 30, 58, 72, 152
Hotel Fränkischer Hof XV, 197
Hugenberg, Alfred 268, 277, 347
Hülsen, Hans von 162

I

Illustrierter Beobachter (Observador Ilustrado) 188, 253, 255

J

Jansen, Reinhard 30
João VI 334-5
Journal, Le 229

K

Kahr, Gustav Ritter von 72-3, 75, 79, 84, 125, 127, 131, 133-8, 140, 142-4, 148-9, 151-3, 159-60, 162, 166, 178, 292, 355-357
Kampfbund 134, 152
Kampffmeyer, Paul 41, 74
Kapp, Wolfgang 71
Kapp-Lüttwitz-Putsch 71
Kauffmann, Adolf 171
Kershaw, Ian 76, 81, 86, 146, 164, 182
Kindl-Keller [cervejaria] 129
Kirchpfening, Eugen 90, 196-7, 239, 253, 285, 300
Klotz, Helmuth 236
Kluge, Ulrich 45
Knaus, Albrecht 27, 39, 42, 309
Knilling, Eugen Ritter von 99, 125, 135-6, 166, 356
Kommunistische Partei Deutschlands (KPD), *ver* **Partido Comunista da Alemanha**
Koszyk, Kurt 24-5, 37, 41, 208
KPD, *ver* **Partido Comunista da Alemanha**
Kral, Herbert 248
Kratzsch, Max 55
Kriebel, Hermann V
Kristl, Wilhelm Lukas 253, 290, 300
Krockow, Christian Graf von 36

L

Landauer, Carl 86, 101, 112-3, 170, 289
Lang, Fritz 154
Large, David Clay 47, 65, 110
Lassalle, Ferdinand 24

Lauterbach, Iris 217
Lei de Proteção à República 356
Lei dos Socialistas 26, 30, 351-2
"lenda da punhalada" 168-9, 171, 173
Lerchenfeld, conde Hugo de 90-1, 98
Liebknecht, Karl 37, 50, 61, 73
Liebknecht, Wilhelm 24, 37-8, 351
Liedtke, Harry 342
Liga Oberland 123
Liga Spartacus 37
Lindner, Alois 55
Lorant, Stefan 285
Lossow, Otto von 135-6, 138, 140, 143, 149, 151, 160
Löwenbräukeller (Cervejaria do leão) XV, 137, 185
Löwenfeld, Phillip 171, 237, 253, 283, 295
Lubbe, Marinus van der 272-3, 359
Ludendorff, Erich V, 116, 121-3, 136-8, 140, 143, 145-7, 159-60, 163-4, 169, 173, 178, 181, 197, 204
Luís I 217
Luís III 50
Lüttwitz, Walther von 71
Luxemburgo, Rosa 37, 61, 73

M

Manifesto comunista (Marx/Engels) 351
Mann, Heinrich 28, 155
Mann, Thomas 28, 154
Marx, Karl 17, 25-6, 351
marxismo/marxistas 24, 31, 41, 65, 71, 75, 117, 126-7, 133, 160, 180, 191, 244, 260, 266, 348

Mathäser [cervejaria] XV, 48, 129
Maurice, Emil IX, 92, 112, 115, 134, 139, 141, 145-7, 151, 165-6, 239, 292, 302
Maximiliano I José 217
Mehrheitssozialdemokratische Partei Deutschlands (MSPD), *ver* Partido da Maioria Social-Democrata da Alemanha
Mein Kampf (Hitler) 36, 51, 66, 76, 93, 165, 191, 255, 310
Meyer, Eduard 232-5, 237
Morris, Douglas G. 239
movimento pacifista 32, 46
MSPD, *ver* Partido da Maioria Social--Democrata da Alemanha
Müller, Adolf 31-2, 38-9, 41, 90, 170, 352, 354
Müller, Hermann 225
Müller, Karl Alexander von 136-7
Münchener Beobachter 51, 54, 70, 76, 86
Münchner Neueste Nachrichten 16, 25, 29, 48, 56, 70, 74-5, 80, 109, 133, 142-3, 152, 164, 169, 252-3, 269, 283, 290, 298, 300
Münchner Post [nome atual do *Münchener Post*] 12
Münchner Post [editora] 12
Münchner Zeitung 143
"Munique vermelha" 61-2
Mürriger, Ferdinand 20, 139, 282
Mussolini, Benito 101, 114, 121, 195-8, 277, 295, 356

N

Nacht der langen Messer, *ver* **Noite dos Longos Punhais**
Nationalsozialistische Deutsche Arbeiterpartei (NSDAP), *ver* **Partido Nacional-Socialista dos Trabalhadores Alemães**
Neithardt, Georg 161
Neue Zeitung 49, 56, 72, 192
New York Times, The 149, 165, 172, 270
New York Tribune 149
New York World 149
Nicolau II 38
Nietzsche, Friedrich 97
Noite de São Bartolomeu 244, 343
Noite dos Longos Punhais 292, 295, 298
NSDAP, *ver* **Partido Nacional-Socialista dos Trabalhadores Alemães**

O

Operação Valquíria 294
Oranienburgo [campo de concentração] 274, 359
Osteria Bavaria XV, 218

P

Papen, Franz von 255-9, 261, 268, 277
Para entender Hitler – A busca das origens do mal (Ron Rosenbaum) 88, 188
Parcus [gráfica] 161
Paris Midi 229
Partido Comunista da Alemanha (Kommunistische Partei Deutschlands, KPD) 38, 52, 57, 61, 124, 166, 228-9, 257, 259, 261, 270, 273, 275, 277, 348, 354, 359
Partido da Liberdade do Povo Alemão (Deutschvölkische Freiheitspartei, DVFP) 166, 183

Partido da Maioria Social-Democrata da Alemanha (Mehrheitssozialdemokratische Partei Deutschlands, MSPD) 41-2, 45, 49-50, 52-5, 63-4, 71, 79, 90, 116, 353-4, 356

Partido Democrático Alemão (Deutsche Demokratische Partei, DDP) 52, 102

Partido do Centro Alemão (Deutsche Zentrumspartei), 25, 52-53, 71, 97, 166, 178, 225, 255, 270, 278, 286

Partido dos Trabalhadores Alemães (Deutsche Arbeiterpartei, DAP) 66, 70, 76-7, 129, 160, 354

Partido Nacional-Socialista dos Trabalhadores Alemães (Nationalsozialistische Deutsche Arbeiterpartei, NSDAP) VIII, X, XI, XV, 18, 69, 70-1, 74-5, 77-8, 80-1, 83-7, 89, 92, 96-102, 107, 109-10, 113-4, 117, 121, 123, 126-7, 137, 145, 147-8, 152, 165-6, 178-84, 187-91, 196, 198, 202-4, 215-8, 224, 226-9, 231-2, 234, 236-8, 240, 243-4, 248, 251, 253-5, 257, 259, 261, 265, 268-9, 274, 277-9, 281-2, 292-3, 342-3, 345, 347-8, 355-9

Partido Nazista, *ver* **Partido Nacional--Socialista dos Trabalhadores Alemães**

Partido Popular Alemão (Deutsche Volkspartei, DVP) 53, 185

Partido Popular Nacional Alemão (Deutschnationale Volkspartei, DNVP) 53, 70, 98, 166, 255, 268, 277, 347, 359

Partido Popular Bávaro (Bayerische Volkspartei, BVP) 53-4, 63-4, 71-2, 91, 98-9, 166, 203, 254, 278-9, 282, 302

Partido Social-Democrata dos Trabalhadores da Alemanha (Sozialdemokratische Arbeiterpartei Deutschlands, SDAP) 24, 351-2

Partido Social-Democrata da Alemanha (Sozialdemokratische Partei Deutschlands, SPD) 12, 15, 19, 24, 30-3, 37-8, 40, 53, 116, 124, 136, 156, 166, 177-8, 181-2, 192, 196, 202-3, 225-7, 234, 236-7, 248-9, 252, 258-9, 261, 269-71, 273-8, 289, 301-3, 347-8, 352-3, 356-8, 360

Partido Social-Democrata Independente da Alemanha (Unabhängige Sozialdemokratische Partei Deutschlands, USPD) 37-8, 42, 45-6, 49-50, 52, 55, 70, 72, 116, 353-4, 356

Partido Socialista Alemão (Deutschsozialistische Partei, DSP) 98

Pedro I 29, 335

Pedro II 334-6

Pernet, Heinz V

Pestalozza, Anton Graf von VI, 172-4, 294

Peters, Carl 33

Piepenstock, Klaus 90

Pietzuch, Konrad 260

Plano Dawes 154, 203, 207, 357

Plano Young 203-4, 207-8, 215

Pohl, Karl Heinrich 31, 38

Pöhner, Ernst 79, 136-7, 142

"polícia verde" 144-5

Postillon (Mensageiro) 28

Preussenschlag (golpe na Prússia) 258, 279

Primeira Guerra Mundial 11, 16, 19, 25-6, 29, 32, 36-7, 61, 63, 70, 74, 87, 97-8, 115-6, 131, 153-4, 160, 163-4, 169-72, 177, 185, 195, 217, 243, 275, 294, 299, 309, 353-4

Proclamação da República no Brasil 28, 333

Putzi, *ver* **Hanfstaengl, Ernst Franz Sedgwick**

R
Rathenau, Walter 97, 356
Raubal, Angela (Geli) IX, 166, 239-41, 358
Rebernigg, Franz 253
Reichsbanner Schwarz-Rot-Gold (Estandarte do Reino Preto, Vermelho e Dourado) 19, 178, 184-5, 224, 251, 257, 273, 282, 357
Reichsflagge 116, 123
Reichstag [Parlamento alemão] 19, 30, 32, 37-9, 50, 70, 132, 144, 156, 166-7, 172, 183, 202, 208, 215, 225, 228, 232, 245, 253, 256, 259-61, 268, 270, 272-4, 285-6, 340, 347-8, 353, 358-9
República de Weimar 11-2, 28, 53, 63, 70-1, 103, 116, 169, 173, 192, 226, 228, 243, 268, 302-3, 347, 354
República do Estado Livre da Baviera 48
República dos Conselhos 57, 61, 65, 354
República Soviética da Baviera 309
Rilke, Rainer Maria 28, 97
Röhm, Ernst V, 77, 137, 140, 146, 159, 167, 184, 204, 231-9, 265-6, 281, 292, 299, 358
Roosevelt, Franklin D. 96
Rosenbaum, Ron 88, 188, 231
Rosenberg, Alfred 77, 140, 167
Rosenfeld, Elisabeth (Buddeli) 299-300
Ruprecht, príncipe 279

S
SA (Sturmabteilung), 9-10, 16-20, 73, 77, 86, 91-3, 98, 100-1, 110, 112, 114-7, 123, 134-6, 138-44, 147-8, 152, 155, 160-1, 166, 184-5, 187, 189, 191, 201-2, 204, 216, 218, 223-5, 229, 231-8, 245-6, 248, 251-2, 255-8, 260, 265-7, 273, 276, 278-9, 281-3, 285-7, 290, 292, 302, 342, 345, 355-9
Salvação da honra do povo alemão, A (Birk & Co.) 174
Sauerbruch, Ferdinand 55
Scheidemann, Philipp 50
Schelling Salon XV, 141
Scheubner-Richter, Erwin von 146
Schleicher, Kurt von 262, 268, 292
Schlier, Paula 132, 138, 153-4
Schmid, Eduard 32, 56, 80, 144
Schönberg, Arnold 154
Schröder, Martha, *ver* **Rosenfeld, Elisabeth**
Schulz, Paul 235, 238-9
Schutzstaffel, *ver* **SS**
Schwarz, Franz Xaver 19, 178, 217, 238-9
Schwarze Reichswehr (Exército Negro) 238
SDAP, *ver* **Partido Social-Democrata dos Trabalhadores da Alemanha**
Segunda Guerra Mundial 10, 12, 71, 115, 137, 273-4, 293-5, 297, 299, 302-3, 307, 325, 360
Seisser, Hans von 135-6, 138, 140, 142-3, 151, 160
Shirer, William L. 273, 322-3
Sigmund, Anna Maria 166
Simplicissimus 28
Sociedade Thule 54, 66, 76-7, 86
Sotier, Carl 55, 84, 159, 253, 285
Sozialdemokratische Arbeiterpartei Deutschlands (SDAP), *ver* **Partido Social-Democrata dos Trabalhadores da Alemanha**

Sozialdemokratische Partei
   Deutschlands (SPD), *ver* **Partido
   Social-Democrata da Alemanha**
SPD, *ver* **Partido Social-Democrata da
   Alemanha**
SS (Schutzstaffel) 11, 137, 184, 202, 217,
   247, 251, 255-6, 267, 279, 302, 342, 345-6
Staemmler, dr. 247
Stahlhelm (Capacete de aço) 251, 267
Stálin, Josef 192
Stauffenberg, conde de 294
Sterneckerbräu [cervejaria] 81, 129, 215
Stock, Harimella 11
Stock, Rudi 11
Strasser, Gregor 183, 227, 233, 235-6,
   261, 292
Strauss, E. 55
Streicher, Julius 145, 167, 183
Stresemann, Gustav 124, 144, 154, 185
Sturmabteilung, *ver* SA
Sturmlied (Canção da tormenta) 77
Süddeutsche Monatshefte 169, 357
Süddeutsche Post 27
Süddeutsche Zeitung XIV, 10, 300-1, 303,
   360
Süddeutscher Verlag (editora) 303
Süss, Walter 253

T

Temps, Le 270
Terceira Internacional 192
Terceiro Reich 200, 233, 242-3, 246-7,
   254, 267, 277, 293, 345, 358
Theresienwiese 45-7, 49, 56, 117
Thüringer Waldpost 27

Thyssen, Fritz 216
Times, The 229, 270
Tratado de Versalhes 63, 71, 79, 84, 104,
   111, 169, 181, 204, 243, 354
Trauertag (dia de luto) 107
Traven, B. 17, 309
Tribunal de Nuremberg 199, 301
Triunvirato bávaro 135-8, 140, 143, 147,
   151, 160, 162
Troost, Paul Ludwig 217

U

Unabhängige Sozialdemokratische
   Partei Deutschlands (USPD), *ver* **Partido Social-Democrata Independente da Alemanha**
União Social-Cristã (Christlich-Soziale
   Union, CSU) 302-3
United Press 148
Unterleitner, Hans 132, 141
USPD, *ver* **Partido Social-Democrata
   Independente da Alemanha**

V

Viereck, Louis 25-7, 29, 352
Völkischer Beobachter XV, 13, 70, 76-7, 86,
   88, 90, 95, 97, 114, 117, 123-4, 131-3, 138-
   -41, 144, 147-8, 153, 166, 178, 187-9, 191-2,
   201, 211, 215, 218, 224, 226, 229, 234-5,
   237, 255, 261, 268, 274, 278, 289, 298,
   325, 355, 357
Volkszeitung 284
Vollmar, Georg von 29-30
Von Epp, Franz Xaver Ritter 17, 281,
   284, 293, 359
Von Gerlach, Hellmut 19

Vorwärts 24, 32, 100, 170, 205, 271, 275, 351

W
Wagener, Otto 216, 244
Wagner, Adolf 281, 342
Wagner, Richard 96
Wagner, Robert v
Warnecke, Klaus 12
Weber, Friedrich v
Wels, Otto 19
Welt am Montag 219
Wittelsbachs, dinastia dos 48, 127

Z
Zerfass, Julius VII, 15, 20, 99, 196, 198, 200, 219, 253, 283, 285, 290-3, 300, 358
Zirkus Krone III, 87-8, 107, 109-10, 113, 340
Zola, Émile 28

Agradecimentos

Foram muitas as pessoas que ajudaram na elaboração deste livro sobre o *Münchener Post*, sobretudo bibliotecários e arquivistas, que me apoiaram, sempre com paciência e dedicação, durante a fase de pesquisa. Por isso, agradeço, em primeiro lugar, aos funcionários das seguintes instituições: Biblioteca do Estado da Baviera, Arquivo Municipal de Munique, arquivos estatais da Baviera, Instituto de História Contemporânea, Biblioteca da Universidade Ludwig-Maximiliam (todos em Munique), Biblioteca da Universidade Ruprecht-Karl, em Heidelberg, e Arquivo Federal de Berlim. Sem a organização impecável e o aconselhamento permanente desses órgãos, seria quase impossível para uma estrangeira ter acesso aos jornais, documentos e microfilmes necessários para a obra.

Agradeço ao historiador Paul Hoser, o maior especialista sobre a imprensa bávara, pelo acompanhamento e pela paciência de responder, sempre com prontidão, a minhas inúmeras dúvidas.

Sou grata ainda:

Aos descendentes dos corajosos jornalistas e advogados do *Post* Harimella Stock, Erich Hirschberg, Christian Goldschagg, Ludwig Hoegner e Judy Atwood, que me aproximaram de alguma forma dos protagonistas desta história.

À psicoterapeuta Ursula Sedlmayer, por me receber nas instalações que antes pertenciam à antiga editora do *Post*, na Altheimer Eck.

A Otavio Frias Filho, pela ideia do livro e por confiar-me este trabalho.

Ao editor Alcino Leite Neto, pelas valiosas sugestões e pelo rigor na correção do texto.

A Regina Jage, pela hospitalidade em sua pequena pensão na Kaulbachstrasse, em Munique.

A Karola Ehrhard e Nahid Alizadeh, pela atenção dada à minha filha durante as minhas frequentes ausências em Heidelberg.

A Andreas Draguhn, Tomás e Catarina, sem o apoio dos quais este livro nunca teria sido possível.

Também me ajudaram com material e informações: Florian Demmel, Bernhard Grau, Margrit Grubmüller, Manfred Jöchle, Michael Langgärtner, Johann Paintner, Markus Schmalzl, Heinz Starkulla, Michael Stephan, Hans-Jochen Vogel, Clemens Vollnhals, Fritz Wagner, Klaus Warnecke, Reinhard Weber, Anton Wernig e Jürgen Wilke. Obrigada a todos vocês.

Sobre a autora

Silvia Bittencourt nasceu em São Paulo em 1965. Estudou jornalismo na Escola de Comunicações e Artes da USP e história na Universidade de Colônia e na Universidade Livre de Berlim. Entre 1985 e 1990, foi coordenadora de artigos, repórter e correspondente da *Folha de S.Paulo* em Frankfurt. Vive desde 1991 na Alemanha, onde trabalhou, nos primeiros anos, para a Deutsche Welle e a Rádio França Internacional. Atualmente, é colaboradora da *Folha*, tradutora e docente do Laboratório de Línguas da Universidade de Heidelberg. Escreveu O *Euro* (Publifolha, 2002).

Este livro foi composto na fonte Albertina
e impresso em maio de 2013 pela Corprint,
sobre papel pólen soft 80 g/m^2.